混合所有制改革下国有企业控制权的合理配置

郭　斌 / 著

THE RATIONAL ALLOCATION OF STATE-OWNED ENTERPRISES
CONTROL RIGHTS UNDER THE REFORM OF MIXED OWNERSHIP

☆北京市自然科学基金面上项目“京津冀科技园区环链布局与演化机制研究：基于跨区模块化协同创新视角”（9192007），北京市自然科学基金青年项目“中关村高新科技企业技术创新的国际共生网络研究”（9154027）
☆北京市教委科研计划重点项目“非首都功能疏解下中关村科技跨区环链模块化创新布局与演化研究”（17GLB079）
☆2019年北京市教委高校青年拔尖人才项目、北京第二外国语学院研究生“课程思政”改革课程项目“产业经济学”（2018GS13001）、教务处2018年校级“互联网+”国际化双创实践基地项目和市场营销思政化教师团队项目

经济管理出版社
ECONOMY & MANAGEMENT PUBLISHING HOUSE

图书在版编目（CIP）数据

混合所有制改革下国有企业控制权的合理配置/郭斌著．—北京：经济管理出版社，2021.1
ISBN 978-7-5096-7742-1

Ⅰ.①混…　Ⅱ.①郭…　Ⅲ.①国有企业—混合所有制—企业改革—控制权—配置—研究—中国　Ⅳ.①F279.241

中国版本图书馆 CIP 数据核字（2021）第 025499 号

组稿编辑：王光艳
责任编辑：丁光尧
责任印制：黄章平
责任校对：董杉珊
出版发行：经济管理出版社
（北京市海淀区北蜂窝 8 号中雅大厦 A 座 11 层　100038）
网　　址：www.E-mp.com.cn
电　　话：（010）51915602
印　　刷：唐山昊达印刷有限公司
经　　销：新华书店
开　　本：720mm×1000mm/16
印　　张：15.5
字　　数：270 千字
版　　次：2021 年 4 月第 1 版　　2021 年 4 月第 1 次印刷
书　　号：ISBN 978-7-5096-7742-1
定　　价：68.00 元

序
Preface

1978年改革开放后，我国摸着石头过河，进行经济转型。关于国企影响社会经济发展的利弊的争论，也不绝于耳。部分国企具有行业垄断性，会给民企带来不公平感和忧虑情绪。此外，我国民众也非常认可国企推进我国经济高速发展的事实，对国企充满信赖。尤其是面对具有高度不确定性的全球市场体系，国有企业的积极行动，经常能凝聚人心、振奋精神。在实施“一带一路”倡议、实现“两个一百年”奋斗目标、破除西方大国技术贸易围堵的新背景下，国企要立足于自身发展。其管理机制构建和治理制度改革，也应向着更加符合国际市场经济惯例的方向发展。面临共同的历史使命，只要我国国企不断探索符合社会化大生产、满足我国社会主义市场经济体制的先进企业制度，就不用畏惧展示其独特合理的国有性质，进而寻求国际社会的尊重与认可。

在国企治理机制中，包含着关键性资源所有者依据产权逻辑支配控制权的各种制度博弈片段。在特定的社会经济情境下，即使存在一种资源主导控制企业的治理逻辑，也不能完全排斥其他资源经过演化而更具显著性的治理逻辑。不同资源所有者的治理逻辑出现竞争博弈与控制冲突，并不鲜见。在讨论国企混改治理的控制权合理配置问题时发现，治理机制存在多样性，不同制度逻辑间又存在竞争关系。从经济体制比较的视角看，该制度逻辑的矛盾，内生于政府治理能力的变化。由单一控制市场的经济交易主体，转变为多方管理市场的经济参与主体。国企混改与其说是市场化改革，不如说其前期是去行政化改革。其具体路径可认为是脱胎于国家行政体制的企业制度集合，逐步添加各种要素市场的制度安排，不断演化出替代并超越国企行政化治理机制的新制度集合，彰显适应该经济发展制度与国内外市场情境的新势力，在整个市场中占据更有利的竞争地位。

然而，基于所有制结构多元化的国企混改，能够完全适应市场竞争吗？提升其资产值及自主创新活力的问题就会迎刃而解吗？国企混改后，会自发向好变化并良性发展吗？事实表明并不尽然，且存在着极其复杂的现实情况。往往解决一个问题，会引发更多的问题。无论是在理论上，还是在实践中，各种争议，甚至完全相反的观点，是往来交错的。随着国企制度变迁，混改仍处于并将经历一个旧制度退出、新制度生成的漫长实践过程。政企关系从合一到分离的转变，也不可一蹴而就。国企混改后的控制权配置，既源自于政治制度变迁对市场体制的干预，又基于组织内外部各种生产要素的资源互动关系。混改期间，必然会遇到各种国家经济发展的现实矛盾，以及各类国企经营的实践挑战，也要去经历无数大相径庭的国企制度改革试错。所以，国企混改将会经历所有权此起彼伏、控制权起落无常的动态治理机制变化。在国资、集体资本、非公资本等交叉持股、相互融合的混合所有制企业中，难免存在控制权的冲突与调整，呈现出“共生—排他—共生”的动态配置过程。

在国企混改的过程中，是让拥有优势技术实力、庞大经营规模的国有或集体资本继续保持控制权占优，还是放宽持股限制让更具创新积极性、市场灵活性的非公资本控制权占优？有必要对该问题进行深入研究，提出有益于国企在混改中合理配置控制权的建议，从而推进国企深化公司治理改革，规范其现代企业制度，增强国内外市场竞争实力。由此，笔者在分析我国国有经济发展与改革历年数据的同时，查阅国内外相关研究成果，围绕国企混改的新形势及现实问题、专用性资源与混合所有制企业控制权配置的逻辑关系、国企混改控制权的动态配置，以及国内外国企混改后配置控制权的实践经验，进行了综合性的理论阐述，并总结出明确国企混改方法论原则、丰富国企混改模式选择、鼓励非公资本参与国企混改及国企改革要打破市场行业垄断等建议，旨在为探索如何促使国企与非公资本或民企进行优势资源互补、产业链合理对接，以推动混合所有制企业合理运营，发挥国有经济活跃性，支撑我国经济快速平稳发展。

最后，本书进一步拟定我国国企混改控制权合理配置的对策体系，即分类引入优质资源优化国企股权结构、完善国企混改顶层设计，以及推进国企治理能力和治理机制的现代化，对深入研究国企混改、促进国企转型升级、推动国有经济快速发展具有重要的理论意义，以期对各国有资产主管部门、国企相关单位、民企、投资机构、行业咨询顾问等具有一定的借鉴价值。此外，本书的纂写得到了国内很多权威专家和学者的指导与支持，同时参考了近年来国企混改与国有资产监管研究领域的最新成果，在此谨向相关专家和学者深表谢意！由于作者水平所限，书中难免还有疏漏和错误，敬请各位读者批评指正！

郭　斌

于北京第二外国语学院知行楼

2020 年 7 月 29 日

目 录

Contents

第一章

研究背景与意义

目前，我国国企经营与发展面对着更复杂的国内外环境，大致可以归纳为以下三个方面：一是宏观层面，国内外贸易竞争加剧，主要表现为跨国合作频繁、西方大国科技围堵、贸易规则趋严；二是中观层面，国内产业经济步入工业化后期，主要表现为发展进入新常态、产业转型升级加快、行业谋求行政垄断、有失社会公平、过度市场化；三是微观层面，国企改革进程缓慢，主要表现为股份改制不到位、国有资本（以下简称国资）监管不健全、缺乏国资投资运营平台、经营者管控待改进。我国坚持社会主义市场经济体制的改革方向，是深化国企混合所有制改革（以下简称混改）必须遵循的基本原则。尽管新一轮国企混改已逐步展开，但大范围、整体性的推进举措还未全面铺开。目前，仍处于试点①摸索期，亟须进一步理论创新，对国内外优秀国企的实践经验和混改路径也要审慎甄别与选择。2017 年《政府工作报告》更为具体地提出，要深化混改，在电力、石油、天然气、铁路、民航、电信、军工等垄断性领域迈出实质性步伐②，标志着国企混改正进入一个崭新的发展阶段。

---

① 2014 年，国资委分别选取 6 家国企作为试点。央企改组国资投资公司，即中粮集团有限公司、国家开发投资公司；央企发展混合所有制经济试点，即中国医药集团总公司、中国建筑材料集团有限公司；央企董事会实行高管选聘、业绩考核和薪酬管理职权试点，即中国节能环保集团公司、中国建筑材料集团有限公司、新兴际华集团有限公司和中国医药集团总公司。以此，鼓励非公资本参与国企混改重组，推动国企股权多元化。

② 李克强．政府工作报告——2017 年 3 月 5 日在第十二届全国人民代表大会第五次会议上［N］．人民日报，2017-03-17（1）．

第一节　国企混改监管治理的最新要求

所谓国企混改，主要是指通过股权多元化方式，将国企原有的国家、全民或与部分国资混合的所有制实现形式，转变为多种所有制资本再混合的企业组织。我国国企之所以现在要进行混改，主要是政府实行所有制多样化和股权多元化，期望以此改变国企现有的社会资源结构和行政隶属关系，确立其真正独立的企业法人地位，以完善治理结构和激励监督机制，提高国企经营绩效；筹集更多民间资本去杠杆，减轻国企资金不足负担；发挥国企职工（各管理层、科技人员、基层工人）的积极性和创新作用，做大做强做优国企。同时，必须清醒认识到：国企混改只是做大做强做优的一种方式，但绝不是唯一出路。非公有制（以下简称非公）资本参与国企混改，已经使国资从不少产业退出。[①]其目的是增强市场竞争活力、促进产业创新发展，而不是使国有经济失去对国民经济的控制力。国企混改强调的是不同所有制资本的混合经营，不是改变原有国资的所有制性质，不是国有资产的变相私有化。其任务是引入非公资本激发国企内部治理机制完善，构建正规、有竞争力的管理制度与创新体系。所以，任何以国企混改名义，将其视为瓜分国有资产“盛宴”的行为，都是违反马克思主义的，不仅违背党和国家的宗旨，而且会严重损害我国人民的根本利益。

2013 年，党的十八届三中全会通过了对国企混改具有里程碑意义的文件，即《中共中央关于全面深化改革若干重大问题的决定》，提出要紧紧围绕使市场在资源配置中起决定性作用，更好地发挥政府作用深化国有经济体制改革。因此，基于政府和市场两种手段，对“积极发展混合所有制经济”的国企混改也提出新的要求。

一、国家立法做好国企混改监督的顶层设计

党的十一届三中全会以来，我国一直在探索如何通过国企改革搞活国有经

① 国资在整个国民经济中的比重已下降到只有 30%左右。

济。从计划经济向市场经济转轨的过程中，政府从公共财政职能中分解出公共管理职能，并将后者作为主要职能。[①] 由此，国企混改试图引进非公资本股东，调整原国有股权结构，并促使各入资方相互监督，积极参与到国企治理结构中，从而改善治理质量和经营绩效，以实现政企分开（摆脱将国企作为行政附属物的关系）、政资分开（建立公共财政体系下的国资经营机构和监管体系）、官商分开（国企经营者非官员化）。推进国企混改，坚持上下结合、试点先行、协同推进的方法论原则，做到蹄疾而步稳。

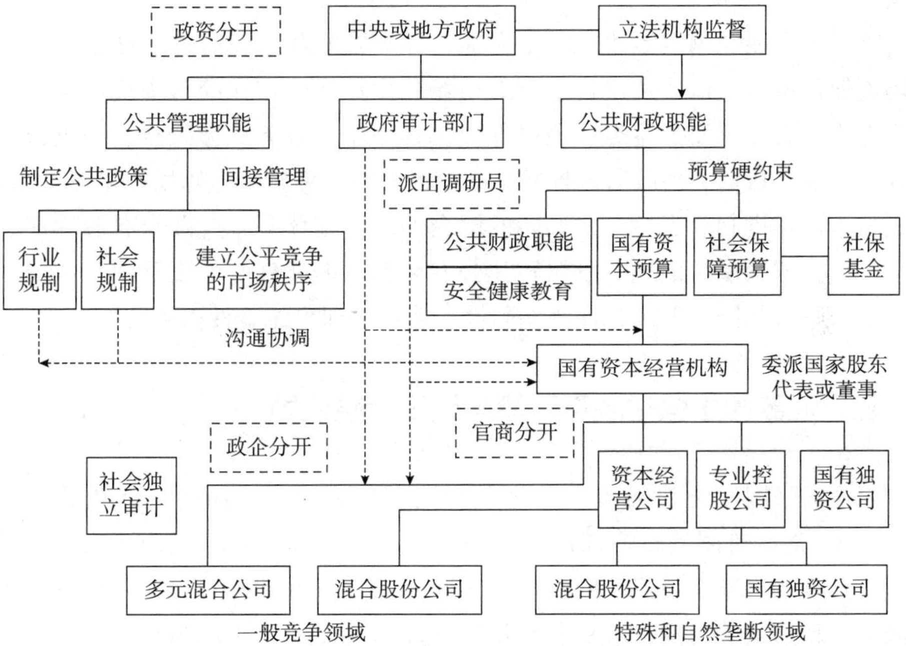

图 1-1　政府职能分解和国有资本经营体系

如图 1-1 所示，进入新时代，国有经济新的管理体制将会由“国有资产管理委员会（以下简称国资委）—国资运营或投资公司—一般经营性国企”三个层次构成，可覆盖所有国有经济，协调推进国企产权治理改革、政府监管功能完善，推动国企健全现代公司治理，以调整我国社会主义市场结构。

---

① 政府的公共管理职能实行间接管理，不干预国企经营；而公共财政职能包括有公共财产属性的国资经营。

二、国资委建立差异化国企的分类混改治理

当前，我国正处于新的历史发展时期，应立足于经济新常态形势、国资运营增效战略定位和国有经济充分发展目标，准确界定不同国企在经济发展和公共服务中的现实组织形态与社会功能责任，结合其主营及核心业务的行业领域范围，将其划分为商业类和公益类，以建立相应类别的股权混合治理结构。

其中，商业类国企混改①的目标锁定为增强国有经济活力和社会功能、实现国资保值增值，依法独立自主开展市场化生产运作，在经营中优胜劣汰，市场进退规范有序。而公益类国企以保障国计民生、服务社会大众、提供公共产品为主要经营目标，由政府调控社会必要产品或服务价格，以增产增效为目的，积极引入市场机制。当然，在具体的国企混改实施环节，要做到混改程序公正规范、执行方案依法依规、股权转让公开公允、内部分配公正透明，保证非公有资本公平参与国企混改，促使垄断性产业结构向可竞争性市场转变。

三、混改国企强化高管薪酬与员工持股激励

国企向来因缺乏对经理人的有效激励与监督机制，而产生严重的代理问题。② 国企混改对调整高管合理的薪酬激励，以及采取市场化的选聘监管，都确立了严格的指导性规范。同时，作为国企薪酬制度的有益补充，鼓励员工股权激励，特别是关切国企未来发展和积极参与内部管理的优秀员工。

因此，一方面，不断改善国企治理结构，进一步规范国企管理运行体制，形成相互制约、利益共享、风险共担的机制；另一方面，发挥内部员工比较优势，调动国企内生创新的积极性和主动性，能够挖掘内部成长的动力和潜力，也能增进骨干员工的凝聚力和向心力，有助于改善国企经营效率，提升竞争实力和盈利能力。例如，坚持"激励相容、增量分享、长期导向"三项原则，国

① 主业处于关系国家安全、国民经济命脉的重要行业和关键领域，以及主要承担重大专项任务的商业类国有企业，要以保障国家安全和国民经济运行为目标，重点发展前瞻性战略性产业，以此实现经济效益、社会效益与安全效益的有机统一。

② 国企混改能否有效激励高管仍处在理论探讨阶段，至今，仍缺乏大样本实证分析。"如何提高非公资本股东参与混改的积极性"也是国企改革的一项难题。

有上市公司自行设立并管理员工持股计划，或委托给信托保险、资产管理、证券基金等专业资本运营公司和具有资质的资产管理机构。

第二节 国企改革治理结构的演变历程

在经历 40 多年的理论讨论与实践探索后，国企混改从尝试、认可、启动到全面展开，国有经济随之进入一个全面深化改革的新时期。总体而言，回顾我国国企混改的发展历程，通过梳理不同历史阶段的具体差异，有助于总结国企混改的经验教训，对“多种所有制资本取长补短、相互促进、共同发展”有着重要的作用。我国国企混改先后经历了三个阶段。

一、1978~1992 年（改革开放到党的十三大）

第一个阶段，国企改革的重心主要落在“所有权与经营权分离”层面，发展出“放权让利、承包经营、股份制”模式，主要任务是“引导部分亏损国营单位走出计划经济体制的旧观念，能够逐步适应商品化经营的市场环境，完成现代企业化和公司制改造”。改革开放初期，就是原有计划经济体制向社会主义市场经济体制的过渡期，但仍受制于苏联建设社会主义经验干扰。在意识形态上，坚决回避私有化经营。国有企业由政府直管，属国家机关或其附属机构，缺乏自主经营权，国企改革未触及所有权。随着对混合组织形式认识的提高、不断实践扩大国企经营权，部分国企开始实行承包制、租赁制，以及尝试股份制，非公资本也在逐渐积累壮大。虽然在国家战略政策上，未明确提出国企混改，但也开始从放开经营权向改革所有权进行探索。

1978 年 12 月 18 日，党的十一届三中全会确立了“计划经济为主、市场调节为辅”的经济运行体制。[①] 在城市开启以扩大自主经营为主要内容的国企改革，打破政府高度干预与集中控制国有企业经营，力图改造为相对独立的生产单位。在部分地方国企改革实践中，进行“放权让利”试点工作。1979 年 7 月 13 日，在对四川等省份下放国企经营权的经验总结的基础上，国务院下发《关

① 中国共产党第十一届中央委员会第三次全体会议公报［N］. 北京日报，1978-12-24（1）.

于扩大国营工业企业经营管理自主权的若干规定》。[①] 将国企改革思路转到剥离所有权中的经营权，使两权相分离，实行承包制和租赁制。1984 年 5 月 10 日，国务院又颁布实施《关于进一步扩大国营工业企业自主权的暂行规定》，进一步深化“放权让利”。“国企改革原则是两权分离、政企分开”，调动国企生产积极性、主动性和创造性。同时，实行“利税”改革，理顺政府部门与国企的分配关系。[②] 1984 年 10 月 20 日，党的十二届三中全会提出，“商品经济是社会主义经济不可逾越的发展阶段，增强全民所有制大中型国企活力是经济体制改革的中心环节，使其成为独立的商品生产者和商品经营者”[③]，多次强调国企的所有权和经营权可以适当分开。

1987 年 10 月 25 日，党的十三大指出，实行所有权与经营权分离，把经营权真正交给国企。国企改革的内容是在不涉及改变国家所有权的前提下，通过让利承包方式（租赁制、承包制和资产经营责任制），将经营权下放给国企。其中，国有大中型企业普遍采用承包经营责任制[④]，小型国有企业采用租赁制。通过承包合同，将经营权完全下放给国企的实际经营者，又让其完全承担相应的经营责任。通过明确国企所有制性质和微观权利主体，由“国营”转向“国有”，促使国企转变为市场主体，提高国资营运效率。1988 年 2 月 27 日，国务院发布《全民所有制工业企业承包经营责任制暂行条例》，列示了承包经营责任制的内容和形式、承包经营合同、签署双方的权利及企业经营者义务等承包经营国企的管理内容。[⑤] 1992 年 7 月 23 日，国务院通过《全民所有制工业企业转换经营机制条例》，为了推动全民所有制工业企业进入市场增活力、提效益，明确其是独立享有民事权利和承担民事义务的企业法人，享有 14 项自主经营权，并承担自负盈亏的经营责任。[⑥] 但是，未触及国企全民所有制的性质，推行经营权从所有权中分离出来的产权制度改革。并且先后实行利润留成、利改税、承包经营等多种组织形式，扩大自主经营权。随之，国企改革步伐加快。

改革期间，我国政府开始意识到，解决国企问题要改变其所有权结构。反

① 王政，原国锋．三十年国企三大转变（纪念改革开放 30 年）［N］．人民日报，2008-12-15（15）．

② 国务院关于进一步扩大国营工业企业自主权的暂行规定［J］．中国劳动，1984（S4）：2-3．

③ 中共中央关于经济体制改革的决定［J］．经济体制改革，1984（5）：1-12．

④ 全民所有制工业企业承包经营责任制暂行条例［J］．武汉财会，1988（3）：29+32．

⑤ 承包经营责任制，采用招聘竞争确定国企经营者及其需完成的承包指标，并通过公正的法律合同，将国家和经营者的权责利关系确定下来。

⑥ 全民所有制工业企业转换经营机制条例［J］．陕西省人民政府公报，1992（16）：10-16．

观1984年4月，国家体改委召开城市经济体制改革座谈会时，就提及股份制。当时，股份制是否符合我国社会主义国情和经济体制改革方向？有不少怀疑观望者，甚至是反对抵制者。在改革开放先行地区，对部分经营好的国企试行股份制改造①，呈现良好的发展态势。鉴于此，党的十三大也指出，“改革中出现的股份制形式，是社会主义企业财产的一种组织形式，可以继续试行”。自1992年5月15日至9月17日，国家体改委会同工商、财政等有关部门，制定并陆续公布《股份制企业试点办法》《股份有限公司规范意见》《有限责任公司规范意见》《股份制试点企业财会制度》《股份制试点人事管理制度》5份指导股份制健康发展的配套文件。以鼓励各地城市集体企业、乡镇企业和小型国企，多采用股份合作制。内部职工可入股持股、年终分红，逐步理顺了国企和政府的产权关系。股份合作制改革后，国企经济效率也有所提高。根据1994年对我国1992年进行股份合作制改革前300家规模排序大型国企中50家的抽样调查，销售收入、年终利润和净资产的增长率分别为49.73%、97.44%和35.19%，均高于全国平均水平。②

综上所述，在本阶段不改变原有政府隶属关系、不触及全民所有制产权属性的前提下，通过扩大国企增量收益的处置权，特别是自主经营权，引入物质刺激和股权激励，可以有效调动国企生产积极性及市场竞争意识。其中，“放权让利”首先是允许在生产计划、产品销售、资金使用上有部分自主权，其次是利润留成、超计划利润及亏损包干等，最后是实行利改税（把上缴利润改为税收）与拨改贷（将国家无偿拨款投资改为建设银行贷款）。但是，作为国企所有者与经济调控人，国家政府始终存在身份混淆的问题。“承包责任制”实际上就是委托代理关系。政府关心利润税收上缴（指责国企未按合同完成生产），而国企关心留存收益发展（抱怨政府干预经营过多）。政企不分、产权不清、包袱过重，导致包营不包亏，降低了生产效率。“股份制改革”必然会遇到国企产权结构的变化。社会舆论界普遍认为其改变了我国国有经济的所有制属性，而予以反对。但理论学者和经营实践者认为，国企引入股份制，规范产权所属，是走向现代企业制度的第一步。但由于缺乏成熟的制度支撑，遂折中采取股份合作制。然而，上述办法在事后都被证明是不成功的，进行了二次改制。不完善的治理结构导致了无效率的治理机制，但是，股份合作制的阶段性尝试，为国企改革引入股份制开创出全新阶段。

---

① 例如，北京航空食品股份有限公司和上海飞乐音响股份有限公司。

② 邵宁．国有企业改革实录［M］．北京：经济科学出版社，2014.

二、1993~2002 年（党的十四届三中全会到十五届四中全会）

第二个阶段，国企改革重心主要落在建立现代股份制企业和调整国有经济结构上。其主要任务是引导国企确立与社会主义市场经济体制相适应的资本意识和产权观念，实行股份制改革，以及重新布局国有经济，进行战略性结构调整，初步解决国有经济如何适应新的市场竞争，优胜劣汰的问题。① 由此，从国企股份制改革和国有经济结构调整两个方面，转变了当时“国有经济量大面广、国企经营良莠不齐、国家财政负担过重”的不良局面。

1992 年 2 月 20 日，邓小平发表的南方谈话肯定了股份制，为国企改革解放思想。1992 年 10 月 12 日，党的十四大确定“建立社会主义市场经济体制的方针”②，以股份制为组织形式的国企改革是必然发展趋势。1993 年 11 月 11 日，党的十四届三中全会指出，“随着产权流动和重组，财产混合所有的经济单位越来越多，将会形成新的财产所有结构”，首次提出“混合所有制经济”并与国企改革相联系，国企改革的方向是建立现代企业制度。③ 1993 年 12 月 20 日，第八届全国人民代表大会常务委员会第五次会议通过《中华人民共和国公司法》（以下简称《公司法》），国企公司制股份制改革成为国有经济体制改革的重心。④ 1993 年 1 月至 1994 年 7 月，以山东诸城地方中小型国企股份合作制为代表的产权制度改革，取得实践成功和理论认可，使其他地方的中小型乡镇集体企业改革受到启发。⑤ 1999 年 9 月 22 日，党的十五届四中全会指出，“大中型国企以其优势，宜于实行股份制改革，要通过规范上市、中外合资、互相参股等形式，但国家对重要上市公司要实施控股”。此时，非国有经济要想迅速壮大，需谋求新的发展领域。由于国企面临较多困难，两者便开展大范围的资本混合。股份改制并上市融资，已成为大中型国企混改的路径。⑥ 由此，国有经济微观层面的大规模所有权改制逐渐铺开，到 2002 年底达到高潮。然而，经济

---

① 郑新立．贯彻党的十六届三中全会精神 加快推进国有企业改革［J］．宏观经济管理，2004（3）：4-9.

② 张士义．从“南方谈话”看党的十四大的三大历史性决策［J］．中国特色社会主义研究，2012（1）：22-25.

③ 也就是说，产权清晰、权责明确、政企分开、管理科学，即公司制改革。

④ 乔石．在八届全国人大常委会第五次会议上的讲话［J］．人大工作通讯，1994（2）：4-6.

⑤ 1998 年，长春市 50%以上企业、兰州市 60%以上企业，都通过职工持股方式进行改制。

⑥ 大多数国企将优良资产重组，来完成改制上市，而将大量不良资产和冗余职工留在原国企内。由此，导致国有资产二元股权分置结构。

欠发达地区的中小型国企改革多采取股份合作制。由于模式单一，产生入股资金有限、股份过于分散、治理机制不够完善等问题，许多企业还面临着“内部人控制”（决策效率低下、追逐短期效益）问题。[①] 所以，初期进行股份合作制改制的中小型国企在经营一段时间后，还需进行二次改革。

1995 年 9 月 28 日，党的十四届五中全会提出，“着眼于搞好整个国有经济，抓好大型国企，放开和激活小型国企”，即我国在不断增设国企现代股份制改革试点的同时，通过“抓大放小”[②]，推进国有经济战略性结构调整[③]。为解决国有经济行业分布宽、整体素质低、资源配置差问题，将其战略性调整与产业结构优化、所有制配比调整相结合，加快国企“兼并重组、主辅分离”[④]，集中力量搞好关系国计民生、需国家控制的重点大型国企，放开竞争性小型国企股权，全部或部分转让予非公资本。同时，引入国资市场退出机制[⑤]，并成立四家金融资产管理公司，对部分还款困难国企实施“债转股”。1997 年 9 月 12 日，党的十五大指明，“公有制经济包括国有经济和集体经济，以及混合所有制经济中的国有成分和集体成分”，“对国有经济实施战略性改组，决定用三年左右时间，对国有大中型企业改革脱贫，而中小国企的所有权改革直接实行更加彻底的民营化”。国企与政府的产权关系，随着股份制改革和国有经济结构调整，而变得更加明晰。国企从行政管理体系中，被剥离出来，即“政企分开、政资分开”。国企的现代公司治理结构和治理机制，也随之形成。

1990~2002 年，为保持国有经济控制地位及其对国民经济的主导作用，防止国有资产流失，国企改制上市需实施对大部分国有法人股暂时搁置保留的政策，形成“存量国有股份不流通，募集增量股份可流通，两种差别股份并存”

---

① 例如，成都、兰州、长沙等地的国企改制，以股权支付职工下岗补偿。虽然是内部人持股，但没有外部资金入股。而且，没有带来新观念，经营机制又难以转换。国企依然缺乏后劲，对折股后的大部分补偿金而言，存在巨大减值风险隐患。

② 截至 1994 年 12 月，在改制国企中，国有控股 1841 家（占 89.1%），资产总额 28548 亿元（占 95.6%）。其中，绝对控股 1581 家（占 76.5%），资产总额占 90%；相对控股 260 家（占 12.6%），资产总额占 5.6%。在试点中，进一步明确建立多元化的融资渠道。以此，使存量国有资产，通过市场机制，实现跨地区、跨部门的混合所有制重组。

③ 江泽民．正确处理社会主义现代化建设中的若干重大关系——在党的十四届五中全会闭幕时的讲话（第二部分）[J]．新长征，1995（12）：2-7.

④ 主辅行政隶属关系分离、辅业股份制改革，即要建立以资产为纽带的母子公司。在股权多元化改制后，仍有国有股份的辅业企业。原主体企业按出资比例对其派出股东代表，由行政管理转变为法人治理。

⑤ 国有独资或控股不能使中小型国企有效建立现代管理体系。所以，也难以成为真正独立的市场主体。最后，大多数小型国企均被出售。

的股权结构及公司治理安排，即股权分置。进而，将国有上市公司股权划分为国家股、法人股、社会公众股、内部职工股、外资股等类型。国有上市公司中的大量国资被布局于竞争性行业，但配置效率差，盈利能力弱，需要转移至重点领域和基础产业中去。但是，国有股和法人股的非流通限制，却又使存量国资被固化在竞争性行业。从流动性角度，对国有上市公司股份进行人为划分，造成了股权分置的二元结构。国有股和法人股在国有上市公司的股权结构中占据控制地位。① 在此状态下，国有股的"一股独大"问题②，严重制约了国企股权多元化，扭曲了国企治理机制。国有上市公司无力或不愿与其控制股东在人才、财产和资产等上真正分离，沦为控股股东工具，缺乏独立的法人意志。多数国有上市公司的现代治理结构形似而神不似，流通股东难以对其经营决策产生影响，为控股股东"隧道挖掘"埋下制度隐患。③ 再加上国有股权泛化④，使"内部人控制"问题频发。

三、2003~2013 年（党的十六大到十七大）

第三个阶段，国企的改革重心主要落在以国资管理体制改革推动国企改革上。其主要任务是"设立国资委，负责监管国企实现国资保值增值目标，以解决国有经济管理部门群立、监管效率低等问题，通过市场机制壮大国资"。于是，在"政企分开"的基础上，围绕产权改革，推进"政资分开"，重塑国资所有权主体，建立国资所有者与国资经营者间的平衡关系，为国企混改明晰产权创造必要条件。

2002 年 11 月 8 日，党的十六大明确指出，进一步探索公有制多种有效实现形式，除极少数必须由国家独资经营外，推行股份制，发展混合所有制经济，改革国有资产管理体制，是深化经济体制改革的重大任务，关系国民经济命脉和国家安全的大型国有企业、基础设施和重要自然资源等⑤，由国务院代表国

① 在股权分置阶段，国有上市公司的流通股平均只占总股本的 1/3。

② 有董事会、监事会形同虚设，董事、监事未尽诚信和勤勉义务，经理层缺乏激励约束等问题。

③ 大股东凭借控制权优势构建复杂的控股结构，采取关联交易侵蚀中小股东利益。

④ 国有股权泛化即国资所有者的非人格化，虽然国有股归全民所有，但全民财产必须通过委托代理方式，转交政府派驻代表来经营管理。

⑤ 截至 2008 年，央企发电量占全国的 55%，民航运输总周转量占 82%，水运货物占 89%，汽车产量占 48%，高附加值钢材占 60%，水电设备占 70%，火电占 75%。在国民经济重要行业和关键领域的央企户数占全部央企的 25%，资产总额占 75%，实现利润占 80%。

家来履行国资出资人职责，并行使其权利。其他国有资产则由省（区、市）等各级地方政府，在接受国务院国资工作指导方针下，代表国家履行出资人职责，并行使股东权利。于是，要求中央政府和省市两级地方政府设立国有资产管理机构，以此为主体，探索有效的国有资产经营方式。2003 年 3 月 16 日，根据党的第十届全国人民代表大会第一次会议批准的《国务院机构改革方案》和《国务院关于机构设置的通知》，组建成立国资委，作为国务院下属机构，来履行代表国家行使出资人权责，形成新的国资监管主体：管国资与管人、管事相结合；对国资实行中央与地方分级管理；对国企规范并加大股份改制，推进有资产优势条件的国企能够整体上市；完成股权分置改革，消除二元股权结构，规避不公平股权制度的弊端；建设股东会、董事会和监事会，即“新三会”，完善外部董事和独立董事的引入制度；主业与辅业分离，改制辅业，突出主业，整合主辅资产。由此，从体制框架上，推进社会公共管理人与国资出资人的两项政府职能分开，有助于规范国企调整国资运营、布局产业结构、监管重大重组、业绩统计考核等。

在国资监督和国企管理新体制的推动下，完成公司制改革的国企将再以股份制为主要组织形式，尝试更深入的产权制度改革。特别是将触及国企的国家所有权核心，即国资和非公资本的融合，不断引入非公资本的混合所有制企业，在国民经济中发挥越来越大的作用。2003 年 10 月 11 日，党的十六届三中全会进一步指出，“要适应经济市场化不断发展的趋势，进一步增强公有制经济的活力，大力发展国有资本、集体资本和非公有资本等参股的混合所有制经济，实现投资主体多元化，使股份制成为公有制的主要实现形式”。① 国资委努力推进央企及其下属国企的公司制股份制改革，其数量占比由 2002 年的 30.4%提高到 2008 年的 64.5%，积极实现其主营业务的整体上市。② 虽然国企改制后基本脱离运转困境，但仍效率低下。混合所有制改革仅停留在股份所有者有差异即可，未形成混合经营。非公资本在国企混改治理结构中股权比例少，决策权相对弱。政府依然采取过度的行政干预。无效率配置资源，又产生大量浪费，非公资本入股混合所有制企业的积极性不强。2003 年以来，国资委陆续发布关于国企混改职工持股及管理层收购（Management Buy Outs，MBO）的规范性文件。例如，

---

① 唐海滨．中国共产党关于非公有制经济理论和政策的创新及发展——学习党的十六届三中全会《决定》的体会［J］．经济研究参考，2004（6）：22-30.

② 国勇．央企八成资产集中八大领域［J］．企业改革与管理，2008（10）：87.

国资委《关于规范国有企业改制工作的意见》（2003 年 11 月 30 日）①、《国务院办公厅转发国资委关于进一步规范国有企业改制工作的实施意见的通知》（2005 年 12 月 19 日）②、国资委、发展改革委、财政部、电监会《关于规范电力系统职工投资发电企业的意见》（2008 年 1 月 28 日）③、国资委《关于规范国有企业职工持股、投资的意见》（2008 年 9 月 16 日）④ 等。以此保障职工权益，防止国资流失，强化国企有序推行混改的监管程度。

2007 年 10 月 15 日，党的十七大提出，“以现代产权制度为基础，发展混合所有制经济”。⑤ 所以，要将传统产权制度进行根本性变革，以符合我国具体国情。并且形成体现我国社会主义基本经济制度和适应我国社会主义市场经济体制的现代产权制度，即理顺产权关系、完善法人治理。国家掌握终极所有权，塑造多元经济主体和市场竞争主体，使国资与非公资本相互搭配、有效组合、依存运行，发挥混合所有制经济提升效益的功能。也就是说，混合所有制企业的组织形式为国有经济体制与市场经济机制的结合，创造了基础性条件。例如，本阶段的辅业改制承接上阶段的主辅分离。不论辅业企业是否为国有控股，主体企业都要严格按《公司法》有关法规，依法行使出资人职能。辅业企业独立经营核算，培养适应市场机制必要的竞争能力。其中，上阶段主辅分离后的富余人员分流安置，就是在本阶段辅业改制的基础上，进一步深化改革的政策创新。大多数辅业企业在主辅分离改制后，以多种方式实现产权多元化经营，增强了竞争活力和发展后劲。⑥ 总体而言，国企混改相对顺利。至 2011 年 12 月，央企控股上市公司 368 家，其总资产、营业收入、归母公司的净资产与净利润分别占央企的 54.85%、62.39%、69.86%和 116.65%。⑦ 然而，央企母公司层面改制滞后。2011 年，改为公司制 29 家，股权多元化 9 家，国有独资 20 家。

---

① 费伟伟．进一步推进国有企业规范改制——国资委负责人就《关于规范国有企业改制工作的意见》答记者问［J］．现代企业，2003（12）：1.

② 卢奇骏．深化国企改革必须完善基本制度——简评《关于进一步规范国企改制工作的实施意见》［J］．中国房地产业，2006（5）：11-13.

③ 李其谚．电力职工持股规范出台始末［J］．财经，2008（7）：104-106.

④ 刘梦霓．推进国有企业改制规范职工持股行为——《关于规范国有企业职工持股、投资的意见》答记者问［J］．企业文化，2008（10）：22.

⑤ 木子．以国资国企改革发展的新业绩迎接党的十七大胜利召开［J］．企业与文化，2007（5）：4.

⑥ 截至 2005 年，93.9%的央企辅业单位被改制为非国有控股企业。其中，职工股占 57%，国有股和法人股占 18%，外来投资者占 15%。而改制后的企业经营发生深刻变化，员工市场竞争和生存危机意识也显著增强。

⑦ 李伟．学习贯彻十八大精神 中央媒体走进国资委［EB/OL］．［2012-11-23］．http：//dangjian.people.com.cn/n/2012/1123/c117092-19681509.html.

但到2012年6月，央企下属公司在境内外首次公开募股（Initial Public Offering，IPO）有近100家。①

第三节　国企混改治理控制的现在阶段

当前，新一轮国企改革思路是将通过股份制改革后形成的混合所有制，上升到我国社会主义基本经济制度重要实现形式的高度，出台多项国家政策，积极促成国有资产与非公资本融合的混合所有制经济发展。不仅为国企混改治理控制权的理论研究与实践探索指明方向，也预示着混合所有制经济将进入深化加速期。与前阶段相比，现阶段深化国企混改，更加注重其各方治理主体适应市场化的竞争行为。例如，以管资本为主，从静态国资监管转变为动态授权运营；分类分层混改，从整体统一管理各类国企转变为界定功能区分管理；员工持股，从全员持股合作制转变为优秀积极员工股权激励制；健全混合所有制企业法人治理结构，从结构多样化股权转变为行为相制衡治理；推行市场化高管招聘薪酬制，从行政人事管理转变为人力资源管理等。

一、分类推进逻辑下的国企混改（2013年至今）

2013年11月9日，党的十八届三中全会通过的《中共中央关于全面深化改革若干重大问题的决定》进一步明确指出，“国资、集体资本、非公有资本等交叉持股、相互融合的混合所有制经济，是基本经济制度的重要实现形式，有利于国有资本放大功能、保值增值、提高竞争力，有利于多种所有制资本取长补短、相互促进、共同发展”②，以及“以管资本为主，加强国有资产监管”。作为新时期指导和推进国企改革的纲领性文件，2015年8月24日，国务院印发《关于深化国有企业改革的指导意见》并明确指出，“分类分层推进国

---

①　刘飞．五大部的黄金十年［EB/OL］．［2013-01-07］．https：//www. chinatimes. net. cn/article/33895. html.

②　刁吉海．不断推进全面深化国资国企改革——来自党的十八届三中全会代表的心声［J］．企业文明，2013（12）：5-8.

企混改”①，即根据国有资产战略定位和国有经济发展目标，结合不同国企在我国社会经济中的基础作用、功能需要、发展现状和未来前景，将其划分为商业类和公益类，并且分类发展、分类监管、分类考核、分类定责。随后，广东（2015 年）、重庆（2015 年）、上海（2016 年）、北京（2019 年）等 21 个省（自治区、直辖市）相继出台省属（市属）国企混改指导意见。于是，分类推进国企混改，将成为我国国有经济发展的新常态。目前，首要紧抓的任务战略是根据不同国企在国民经济中的性质与功能差异划分出商业类国企，特别是充分市场竞争性领域里的商业类国企，再进一步市场化混改。

2015 年 9 月 24 日，国务院出台国企混改专项纲领性指导文件，即《关于国有企业发展混合所有制经济的意见》，指出“鼓励非公资本参与国企改革，有序吸收外资参与国企混改，鼓励国资多种方式入股民企，分类、分层推进国企混改，在电力、石油等七大国家垄断性强的领域改革开展竞争性业务、推进混改试点示范”。② 再次强调国企混改的重要性，并初步拓宽至垄断行业。混合所有制企业，将是未来社会主义市场经济的参与主体。2015 年 10 月 25 日，国务院印发《关于改革和完善国有资产管理体制的若干意见》提出“改革国有资本授权经营体制”③，改组国资投资运营公司，并明确其与国资委的隶属关系。同时，相继开展“由国资委授权国资投资运营公司，代为履行部分出资人职责”的试点工作。④ 2016 年 12 月 14 日，习近平总书记在中央经济工作会议上明确提出，“深化国企国资改革，要以提高核心竞争力和资源配置效率为目标，加快形成有效制衡的公司法人治理结构、灵活高效的市场化经营机制，把混合所有制改革作为国企改革的重要突破口”。⑤ 随着《关于国有企业功能界定与分类的指导意见》（2015 年 12 月 7 日）、《关于国有控股混合所有制企业开展员工持股试点的意见》（2016 年 8 月 2 日）、《国务院国资委以管资本为主推进职能

---

① 中共中央国务院关于深化国有企业改革的指导意见［N］. 人民日报，2015-09-14（6）.

② 国务院印发关于国有企业发展混合所有制经济的意见［EB/OL］.［2015-09-25］. http://theory. people. com. cn/n/2015/0925/c49154-27632822. html.

③ 国务院关于改革和完善国有资产管理体制的若干意见［J］. 中华人民共和国国务院公报，2015（32）：106-110.

④ 2014 年，国资委首次在国家开发投资公司、中粮集团两家央企开展国有资本投资公司试点；2017 年，新增神华、宝武、中国五矿、招商局、中交、保利 6 家央企，扩大投资公司试点，运营公司试点在诚通集团、中国国新开展，合计 10 家。与此同时，35 个地方国资委也已完成 52 家国有资本投资、运营公司的改组工作；2019 年，央企国有资本投资公司试点增从 10 家（新增航空工业、国家电投、国机、中铝、中国远洋、通用技术、华润、中国建材、新兴际华、中广核、南光集团）增至 19 家。

⑤ 王大树. 更好发挥改革的牵引作用［N］. 经济日报，2016-12-29（13）.

转变方案》（2017 年 4 月 27 日）等指导国企混改的政策密集出台实施，至 2017 年 9 月 28 日，党的十八大以来新一轮国企改革的“1+N”顶层设计政策体系[①]已基本成型。

二、国企混改需要关注并亟待解决的治理问题

国企发展存在的主要问题及其原因是什么呢？实际上，国企发展存在的主要问题归纳起来并不难。综合来看，具体有产品质量劣、技术水平低、债务负担重、经营绩效小、腐败现象多、干群关系差等。然而，国企发展存在问题的原因是什么？理论上的回答有很多，实践中也做了诸多改革尝试。但无论是理论，还是实践，都仍在不断摸索。改革开放初始，国家制定的早期国企改革政策未明确混合所有制方向，理论学者与社会舆论仍对其所有制性质存疑，国企混改就具有政策实施的不确定性。改革聚焦于在面对更为开放的市场环境时，国企产品如何更具有竞争力。由此，国企改革的目标主要还是集中于国企生产积极性上。首先，要放开经营权，让国企自主经营、自负盈亏，即经营权与所有权分离，也就是第一阶段需要完成的改革任务。但采取放权让利、承包经营制等生产组织形式后，并未普遍改变或摆脱国企产品差、技术弱、效率低、负债重、腐败多等困境。其次，也就进入第二阶段的国企改革，即股份制改革。虽然在第一阶段中，国企尝试改为股份合作制，但面对股东构成单一、无新资本流入、政企未分、治理机制虚设等问题，以失败告终。然而，这并未彻底否定股份制。而且随着我国资本交易形式增多及证券市场建立，社会各界都在积极呼吁国企实行混改，特别是已初显发展规模的非公资本和国企的实际经营者。前者迫切通过股份制与国企融合，以进入某些社会公共领域或垄断性行业，开展业务；后者期望获得企业股权，激励干劲儿。

所以，国有资本与非公资本间、国有资产与非公资产间的兼并重组、投资入股，已成为国有经济与民营经济交叉合并的常用手段。混合所有制企业的成立是一种客观必然。因此，进入第三阶段。政府不断发布国企混改的相关政策，明确实施细节，包括顶层设计及配套措施。由此可知，国企改革并不能“一劳永逸”，要适应国内外各种不断变化的经济社会情境。随着我国社会主义市场经济体制日益完善，国企改革的步伐一直未曾停下来。从国家政策脉络上看，对

---

① 以中共中央、国务院《关于深化国有企业改革的指导意见》为统领，以 22 项文件为配套，形成“1+N”政策体系。

国企混改的支持力度愈来愈大。混改形式日趋多样，层次和范围也更加广泛。也就是说，根据所处每一阶段的社会发展新形势、经济增长新任务，才能确定国企改革的幅度和深度，每一阶段都存在相对应的国企改革形式。那么，可以推测，国企改革是动态进行的，国企混改也将会是一个动态过程。目前，国企混改是社会呼声最高和政策倾向最明显的改制方向。但是，具体细节仍需更多的理论探讨和一段时间的实践摸索。值得注意的是，国企问题的出现，从未归因于公有制性质或视其为本身的固有缺陷，国企混改实践也未曾要彻底改变国家或全民所有制。由此可以发现，伴随着国企改革各阶段的进行，国企产权构成逐渐清晰，治理机制也随之完善。国企混改后，效益确实有了显著提高。

如图 1-2 所示，改革开放初始阶段，国家产权集中，拥有国企的收益权、经营权、所有权和控制权等各项权力。所有者为全民，国家是权利主体，代理全民对国企收缴收益、集中经营、全民所有和绝对控制。所以，没有治理主体及团队主体，治理机制和管控体系也就不存在，而且没必要存在。第一阶段，国家放开国企收益权，让渡国企部分收益留存分配。国家产权就仅集中在国企的经营权、所有权和控制权。所有者还为全民，国企员工同国家共同成为权利主体。但是，国家代理全民对国企集中经营、全民所有和绝对控制。所以，仅有组织主体，尚未有治理主体和团队主体，治理机制也不存在，而且没必要存在。但是，出现了管理体系的雏形。第二阶段，国家再放开国企经营权，与所有权相分离，让国企改制为国有公司法人，自主经营且自负盈亏。国家产权就仅集中国企的所有权和控制权，所有者还为全民，国企实际经营者及员工同国家成为权利主体，而国家代理全民对国企全民所有和绝对控制。所以，已有管理层团队，但尚未有治理主体，治理机制也不存在，而且没必要存在。但是，管理体系逐渐壮大。第三阶段，国家再开放国企所有权结构，让国企股份制改革为股份公司或上市公司，形成混合所有制企业。国资委履行出资人资格，持有国有股。国家产权仅集中国企的控制权。所有者转变为多种股东，混合所有制企业股东、管理层成为权利主体，而国资委代理国家对混合所有制企业中的国有资本进行绝对控制。随着国内外产业规模扩大，混合所有制企业的管理体系逐渐健全。由于多种股东与管理层存在委托代理关系，所有股东均处于企业治理的弱势地位。所以，亟须构建完善的公司治理机制，规范混合所有制企业的运作，保障所有股东权益。

综上可知，国企问题产生的原因主要是领导工业生产和组织市场经营的治理机制的缺失与管控体系的低效。通过梳理国企改革的演变历程，如表 1-1 所

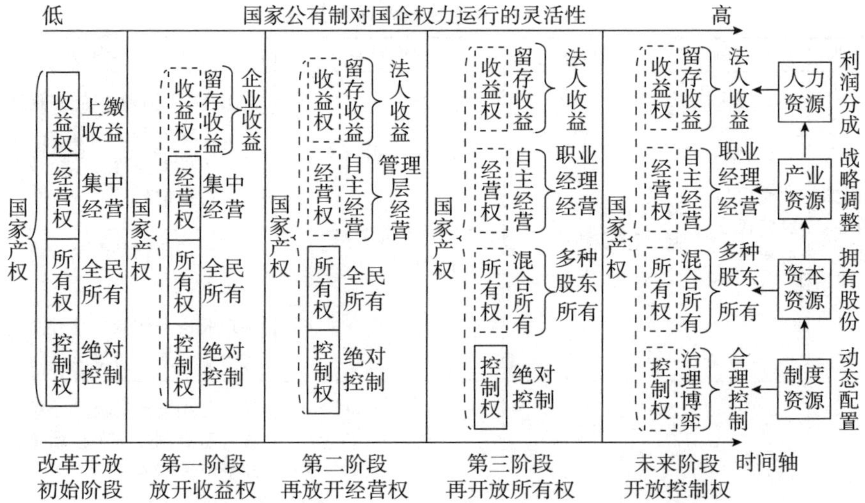

图 1-2　国企改革各阶段权利主体确立与权力运行明晰的过程

示，可以发现，在全民所有制不变的情况下，国企逐次经历“政企分开”“政资分开”的权利主体确立过程，也就依次经历“经营权与所有权相分离”“经营权、控制权与所有权相分离”的权力运行明晰过程。国企改革（含混改）实质上就是逐渐完善公司治理机制，并带动管控体系健全的过程。所以，国企混改要做好顶层设计，即关注并解决治理问题。

推至未来阶段，国资委就只监管国资投资运营公司，而后者负责国资保值增值。由于控制权是掌控国企混改后企业的根本权力，与所有权、经营权和收益权密切相关。国资委代理国家管控国资投资运营公司，是否使其可对混合所有制企业在一般正常经营状态下适度放开控制权？只有在发生特殊经营困难、面临极其特别的资产并购事项或遭遇恶意侵吞国资行为时，国资委或其委派的国资投资运营公司会及时收回混合所有制企业的控制权？即混合所有制企业控制权的动态配置。只要这样，国家产权就可以分散于国企混改后企业内的各类权利主体中掌控：控制权动态配置，国家合理控制混合所有制企业；各类股东拥有混合所有制企业的股份，享有所有权益；职业经理依据国内外市场环境制定战略，调节混合所有制企业的经营模式；混合所有制各利益相关者，根据相关法规进行利润分成。混合所有制企业权力运行就会更加灵活，也能同时满足治理主体和管理主体的经济活动诉求，提高积极性和创新性，提高混合所有制企业的绩效水平。

表 1-1　国企改革各阶段历程

改革阶段	产权明晰	组织形式	党的重要会议	改革内容
开始探索期(1978～1992年)	所有权与经营权分离	放权让利、承包制、租赁制	十一届三中全会	《关于扩大国营工业企业经营管理自主权的若干规定》;《关于进一步扩大国营工业企业自主权的暂行规定》
			十二届三中全会	国企改革原则是两权分离,逐步政企分开
			十三大	出现股份合作制,是社会主义企业组织形式,可继续推行
初步发展期(1993～2002年)	提出混合所有制经济	抓大放小、公司制、股份制	十四届三中全会	随着各类资产的流动重组,财产混合所有制经济单位增多,形成新的财产所有结构
			十四届五中全会	抓好大型国企,放开搞活小型国企
			十五大	公有制经济不仅包括国有经济和集体经济,还包括混合所有制经济中的国有成分和集体成分
			十五届四中全会	国有大中型企业通过规范上市、中外合资和企业相互参股,改为股份制企业,发展混合所有制经济
全面推动期(2003～2013年)	股份制深入改革	股份制改造、股权分置改革、重组上市	十六大	除极少数必须由国家独资经营的企业外,积极推行股份制
			十六届三中全会	进一步增强公有制经济的活力,大力发展国有资本、集体资本和非公有资本等参股的混合所有制经济
			十七大	提出以现代产权制度为基础
分类深化期(2013年至今)	分类推进国企混改	股权多元化、分类分层混改、员工持股、职业经理人	十八届三中全会	混合所有制经济是基本经济制度的重要实现形式
			中央经济工作会议	要求在电力、石油、天然气、铁路、民航、电信、军工七大领域迈出国企混改实质性步伐
			国企改革领导小组三次会议	1+N顶层设计文件体系,设立国有投资公司和国有运营公司试点

但是，要想实现国企混改后企业控制权的动态配置，就需要有对应的企业制度予以保障。而混合所有制企业制度的形成，直接依赖于治理结构和治理机制。但是，后两者的建立是基于多方权益主体①，凭借各自资源优势②，进行治理博弈的最终结果。然而，对于一家长期经营国企混改后的企业而言，没有哪项资源优势是不会变化的。该如何动态配置控制权才能满足多方利益相关者的诉求，特别是国资的保值增值？本书将探讨专用性资源演化和国企混改后企业控制权合理配置的理论逻辑关系，以此解答上述问题。

第四节 研究意义

一、研究对象

基于我国基本国情，混合所有制经济的产生与发展，同国家进行社会主义市场经济体制改革与国有经济总体产业布局政策紧密相连。国企混改，既满足国内社会各界与经济全球化发展的实际诉求，又反映“当下国有经济需要并不可避免地与非国有经济长期并存，共同参与社会主义市场竞争”的客观现实。自党的十一届三中全会确定我国改革开放以来，国家政府对社会主义经济体制的改革进行着不断探索，以国企改革作为全面深化改革实践的关键点。作为公有制代表的国有经济如何与其他所有制经济在社会主义市场经济体制框架下更好地融合与发展，一直以来是我国改革开放需要破解的根本性问题。

进而转入微观层面，在混合所有制企业内，国资如何与非公资本依据社会主义现有的商法框架形成有效的公司治理机制，实现相互监督管理与合作共赢？也就是说，国企混改后应该怎样合理配置混合所有制企业控制权，激发国资支持、引导非公资本积极参与国内外市场竞争的巨大潜力？同时，解决国有经济从计划体制下遗留的管理体系、运行方式、定位布局、组织形式等难以适应市场体制的突出矛盾，不断提高效率并发展壮大，从而发挥在国民经济中的主导

① 控制权主体拥有制度资源，所有权主体拥有资本资源，经营权主体拥有产业资源，收益权主体拥有人力资源（见图 1-2）。

② 本书主要对混合所有制而言，该项资源在专用性及关键性的强度上有优势。

作用。因此，本书以国企混改中的控制权配置为研究对象，系统探讨“专用性资源演化对国企混改中控制权配置的动态影响及其互动规律”。

二、研究内涵

国企混改，即国企产权多元化，是现在适应市场经济体制最为有效的现代企业组织结构。所以，国企产权多元化形成混合所有制企业至少包括两个层次：一是引入非公资本，即非国有法人或个人股东，将国有独资企业转变为国有控股或参股企业，以达到股权结构演化和产权多元化的目的；二是引入多种国资，或国有法人，或国有股东，将单一国有股东控制的国有独资企业，转变为多个国有法人或多个国有股东控制的国企，以达到国有股权结构多元化和国资结构多元化的目的。无论是非公资本还是多种国资，只要参与国企混改，就必然要求混合所有制企业建立现代公司治理机制。

但是，政府和企业是经济社会运行中最基本的两个主体。两者的利益取向，时而会存在差异。企业作为独立的经济理性法人，其经营行为的目标是实现自身利润最大化。政府代表国家和全民的根本利益，是社会公共服务的主要承担者，其对全社会管理和资源分配的目标是实现全部群众获得感、提高人民幸福感。所以，政府利益取向是多方面的，不仅要完成经济目标，还要满足社会目标。因此，政企间既要理顺非市场化关系，又要按市场规则调节彼此的经济行为。在此过程中，必然会引发国企混改后的控制权配置问题。于是，本书将以此为题。

三、研究重点

1978 年改革开放以来，国企经营改革经历了从被改建为承包经营工厂到股份合作制企业，再到有限责任公司、股份有限公司以及国资委授权经营的国有独资公司。而且，国企治理改革也通过非银行债转股、拨改贷转增国资、职工持股、招商引资、发行股票挂牌上市、股权分置改革等多种途径，逐步推进治理结构多元化。在此过程中，确定了公司制股份制改革后的国企法人治理地位，即厂长转变为总经理，不再对应行政级别，并建立股东会、董事会、监事会来设定各自职权范围和运作规则。国资委成为履行国资所有者职能监管及国有产权持有的机构，政企分开。于是国企混改后企业控制权合理配置逐渐重要起来，并成为本书的研究重点。

但是，从自洽的理论研究成果到全面的法规政策制定，再到积极的执行与实施，不一定就会出现理想的改革实践结果。自 1993 年，国家不断推行优化资本结构的国企改革试点，基本以增资减债、破产分流为主要形式。但此时，国企改革并不单是建立现代企业制度，重点是救急解困。然而，不少现代企业制度改革的试点国企却不断遭遇被迫兼并重组、停产关闭的厄运，即使那些自 2003 年开始已实行多年股权多元化的国有上市公司，多数也难以实现政企分开，更不用说建立行之有效的公司法人治理结构。许多改革试点国企在当时都经营得很好，也在股改上市、转换机制、完善治理上做了不少工作，后来还享受大量优惠政策。但绝大部分改革试点国企的经营业绩与其他国企一样平平无奇，并未显示出特别的市场优势。

近 20 年过去后，试点国企所在行业都已成长出一些优秀大型民企或混合所有制企业。而当年的这些改革试点国企，占比却非常少。虽然有些还在正常经营，但实际上很多国企都曾遭遇过、即将面临或未来难以应对控制权争夺、转移或失去等权力配置问题。因此，本书的难点就是回答清楚“怎样合理配置国企混改后的控制权”的问题。

第二章

国企混改的文献梳理与研究展望

经过四个阶段直至目前，我国国企不断改革并持续发展，取得了巨大变化。大致可以归纳为以下四个方面：一是收益稳步提高，国企产品质量提升，竞争力增强，大部分国企已摆脱困境，并对经济社会发展做出显著贡献；二是经营政企分开，政府建立国资委，使政府公共管理职能与国资出资人职能相分离，有效改变“九龙治水”与“内部人控制”，国企经营相对独立，国资监管相对规范，财政预算不用再补充国有资本金支出与贴补经营性亏损；三是混合所有权治理机制优化，多数国企已完成公司制股份制改革，建立起现代企业制度和现代公司治理结构；四是控制经济布局，国资逐步从一般性加工行业和竞争性市场退出，更多集中于关系国民经济命脉的重要行业和关键领域，并发挥主导作用。但是，并非所有国企改革都很成功。

从国有经济改革不到位[①]（资产战略性调整不及时、缺乏各层面产权制度立法、国资所有者行为行政化、多种所有制资产混合有制度障碍、资本运营监管主体不明晰）和国企改制不彻底（国资“一股独大”仍然存在、公司制股份制改革缺位、经营者行为官员化、缺乏风险真正承担者）两个方面，可以归纳得出，我国国企改革面临的突出问题已不再停留在收益权、经营权和所有权上，而是集中在控制权上[②]。而且，进入新一轮国企混改阶段，虽然混合所有制改革从总体上看是当前国企与社会主义市场经济体制逐步相适应的组织实现方式之一，但如何控制国企并使其进一步加速发展仍是一个难题。因此，需要思考“国企混改该如何妥善配置控制权”的问题，以此阐释“各种所有制资本取长补短、相互融合、共同发展”的重要作用。

---

① 程承坪，刘凡．破除所有制界限释放我国生产力发展的潜力［J］．政治经济学研究，2015（16）：41-54.

② 夏小林．“一股独大”不是国有企业的弊端［J］．红旗文稿，2014（10）：4-7.

第一节　国内外相关文献梳理

截至 2017 年 12 月，在国资委监管的央企及下属子公司中，混合所有制企业户数占比 69%（资产占比 65%），在地方国资委监管的国企中，其占比 56%[①]，国企混改数量和资产规模都相对庞大。目前，混合所有制企业“数量不少，质量不高”[②]，以国企的名义混改，国资“一股独大”、维持原有经营的多[③]，即只是过渡到混改的股权结构形态。也就是说，国企混改假象多，引入持股比例大、积极参与治理的非公资本股东进行实质混改的少，未能跨越混合所有制企业建立现代公司治理机制的拐点[④]，甚至连股权控制结构混合后的权利制衡效应都没有出现过。国企混改虽混在股权，但融在治理。因此，要有透明的治理结构，增强非公资本在规范的治理机制中的话语权。[⑤]

“保障非公资本合法权益，尤其是在混合所有制企业中的话语权，也就是让非公资本有利可图才愿意来。”[⑥] 而且，混合所有制企业不一定非要国有控股，特别是不能再依旧参照原国企制度进行管理。否则，就没有把市场竞争机制真正引入企业治理体系中。“虽然股份制了，但国企还是半市场化”。[⑦] 因为各类资本所有者在国企治理中利益诉求不同，所以要在收益权、经营权与所有权相互分离的基础上，探索控制权合理配置方式。例如，在一般竞争性市场领域，国企混改在引入非公资本且国资转为参股后，可允许其将部分国资转为优先股；在关系国家安全、国计民生的重要领域，探索建立国家特殊管理股制度，保证国资控制力。所以，对目前有关国企混改中控制权合理配置问题的研究文献进行梳理后发现，研究成果大致可以划分为四个方面。

---

① 石军．混合所有制现状：民企行动快 国企等安排［N］．中国企业报，2014-01-21（2）．

② 姚冬琴，等．推进“混改”，当前需警惕三大问题［J］．中国经济周刊，2014（39）：40-42.

③ 卫祥云．国企改革新思路：如何把正确的事做对［M］．北京：电子工业出版社，2013.

④ 张文魁．国资监管体制改革策略选择：由混合所有制的介入观察［J］．改革，2017（1）：110-118.

⑤ 关树江．关于国企混改分类实施的探讨［J］．改革与开放，2017（24）：35-36.

⑥ 黄速建．中国国有企业混合所有制改革研究［J］．经济管理，2014，36（7）：1-10.

⑦ 宋志平．关于当前国企改革工作的一些思考［J］．国资报告，2018（9）：30-34.

一、混合所有制企业控制权配置对企业绩效的影响

（一）各类所有制资本控制下混合所有制企业绩效表现

对参与国企混改的各类所有制资本和不同类别股东而言，个人（自然人）普遍积极参与混改，其资本与混改后企业绩效表现为显著的正相关，而法人(机构组织）资本对混改尚存犹豫，表现为显著的不稳定的正相关，但集体(公共团体）资本则与混合所有制企业绩效呈不相关。其中，国家（政府）资本表现为很显著的负相关①，国企改制对利润率有显著的正效应。但是，不影响生产单位成本与劳动生产率，其显著性很弱。② 从 1998～2003 年我国全部工业国企的数据表现上看，改制后其代理成本（管理费用率）降低，国有控股企业和非国有控股企业经济效益都较好。③ 国企引入非公资本改善了企业经济绩效，但国企控制权的变化对于绩效提升的效果更为明显。改制后国企的资产使用效率、利润率和劳动生产率会显著上升并有所持续④，但国企不宜尽快或完全改制为非公资本控股，否则会降低企业绩效⑤。上述研究文献主要关注国企混改后，国资与非公资本股权比例结构对国企混改后企业绩效的影响，以及混改治理机制，特别是控制权配置对混合所有制企业绩效的影响。

股权集中的国企，适应中国国情。政府会设计完善的国企股权结构，法人治理结构也会持续高效运营，比非公企业同行还好。国企仅引进非公资本不能提升经营绩效⑥，还需吸收其先进的管理方法、优化控制权配置，以及理顺政府、民营或外资企业家与国企的产权关系。国企混改引入非公资本有积极作用，然而，国企控制权配置机制的改革对国资保值增值、提升国企竞争力的作用会更大。在现今中国特色社会主义经济体制下，国企改革完全非国有化，并没有

---

① 刘小玄．民营化改制对中国产业效率的效果分析——2001 年全国普查工业数据的分析［J］．经济研究，2004（8）：16-26.

② 宋立刚，姚洋．改制对企业绩效的影响［J］．中国社会科学，2005（2）：17-31+204.

③ 白重恩，路江涌，陶志刚．国有企业改制效果的实证研究[J]．经济研究，2006(8)：4-13+69.

④ Brandt L.，J. Van Biesebroeck，Zhang Y. Creative Accounting or Creative Destruction? Firm-level Productivity Growth in Chinese Manufacturing［J］. Journal of Development Economic，2012，97（2）：339-351.

⑤ 辛惠琴．破解国企民营化后企业绩效提升难题［J］．江苏商论，2008（11）：106-108.

⑥ 李稻葵．国有企业改革：产权多元化还是改善经营管理［J］．经济学报，2005（1）：1-4.

促使改制后企业努力发展具有竞争力的核心业务。① 股权多元化企业在平均经济效益（资产回报）及负债风险等方面，也并不比那些仍有国家持股的股份公司表现得更好。② 国资参股而非控股的混合所有制企业应当是国资保值增值的很好选择。根据 1998~2007 年我国工业国企调查数据，可看出该时期国企不同方式改革后的经济绩效变化情况，得出所有权和控制权同时转移予非公资本，可扩大混合所有制企业效率的提升幅度的结论。③

（二）政府作为出让方在国企混改中的作用

由于我国国企混改并购中存在着很强的政府干预，所以国内很多学者对此两者间的关系影响进行了考察。基于 1980~1999 年调查数据的实证研究发现，政府放弃国企部分产权，并非是为提高企业效率，而是为了缓解财政压力，即停止财政基金补贴亏损企业，并出售部分国资增加财政收入。但是，对失业和降低控制权收益的担心，已成为国企混改或破产清算的重大障碍。④ 基于 2001~2003 年地方政府控制国有上市公司的样本发现，地区市场化进程减轻了地方政府控制国企经营的经济动机。然而，混改策略，使地方政府有了控制大规模和关键行业的国企的动机。⑤ 随后，基于 2003~2007 年国企股权转让数据发现，政府转让国企控制权有明显的政治动机，但追求国企经营业绩提高的经济动机较弱。在股权转让中，也更倾向于保留规模大的和有战略意义的国企控制权。⑥ 尽管混改带来国企业绩的改善，但政府在混改前却因为政治顾虑，而存在不把业绩不好的国企控制权转让出去的明显倾向。所以，各级政府作为卖方，在国企混改并购中既会出于经济利益，又会关注政治效应，还会出于地区产业战略性发展的考量。

各级政府作为买方，在国企混改并购中既可以是非国有资产的争夺者，也可以是民企发展的支持者。但是，具体还要视双方企业所处的具体经济社会情

---

① 李骥．外商直接投资经济实效与中国企业内向型国际化［J］．改革，2005（1）：69-76.

② 朱恒鹏．地区间竞争、财政自给率和公有制企业民营化［J］．经济研究，2004（10）：24-34.

③ 武常岐，张林．国企改革中的所有权和控制权及企业绩效［J］．北京大学学报（哲学社会科学版），2014，51（5）：149-156.

④ 王红领，李稻葵，雷鼎鸣．政府为什么会放弃国有企业的产权［J］．经济研究，2001（8）：61-70+85-96.

⑤ 夏立军，陈信元．市场化进程、国企改革策略与公司治理结构的内生决定［J］．经济研究，2007，42（7）：82-95+136.

⑥ 杨记军，逯东，杨丹．国有企业的政府控制权转让研究［J］．经济研究，2010，45(2)：69-82.

境而定。从 1998~2001 年国有上市公司收购非上市民企的研究数据可知，当国有上市公司有配股或避亏动机时，进行并购能够在短期内显著提升其会计业绩。但在无保资格之忧时进行并购，是为了掏空所有资产，对会计业绩没有显著的影响。① 基于 2001~2005 年地方国有上市公司收购数据发现，政府干预对营利性国企样本的并购绩效有负面影响，而对亏损国企样本绩效有正面影响。② 从 1994~2007 年国企的并购数据发现，地方政府直接控制的国企更容易实施本地并购，而国务院下属央企可以突破地方政府设置的障碍，实现异地并购。③ 通过地方国企异地并购及其经济后果也发现，地方政府干预会明显影响国企异地并购，而锁定在本地并购。基于 2003~2005 年地方国企上市公司收购非上市公司数据发现，地方国企异地并购的概率显著低于民营企业，地方国企异地并购会导致消极的市场反应。而且，与同地并购相比，异地并购后的实际所得税率和银行贷款成本均会显著增加。④

二、国企混改后国资理想的持股比例

（一）国有资本要居控股地位

国企混改后国资占比是国企改革的研究热点。基于不同理论视角和具体实践数据，国内外学者进行了大量的研究工作。自 1980 年新自由主义思潮兴起，西方发达国家和很多发展中国家都进行了大量的私有化运动和国企所有制改革，围绕着“应该采取何种程度的私有化改革政策”，本质上就是确定国资应保持何种比例。基于寡头垄断模型，大部分学者认为国企特殊产权性质决定其经营目标与民企不同。纯寡头垄断产生的社会福利，要低于混合寡头垄断。⑤ 部分的私有化⑥，甚至完全国有化，在特定情况下是最优的。但是具体到现实情境，

---

① 刘凤委，孙铮，李增泉．政府干预、行业竞争与薪酬契约——来自国有上市公司的经验证据［J］．管理世界，2007（9）：76-84+128.

② 潘红波，夏新平，余明桂．政府干预、政治关联与地方国有企业并购［J］．经济研究，2008（4）：41-52.

③ 方军雄．政府干预、所有权性质与企业并购［J］．管理世界，2008（9）：118-123+148+188.

④ 潘红波，余明桂．支持之手、掠夺之手与异地并购［J］．经济研究，2011，46（9）：108-120.

⑤ 杨全社，王文静．我国公共服务供给的最优市场结构研究——基于混合寡头垄断市场的博弈分析及模拟检验［J］．中央财经大学学报，2012（10）：18-24.

⑥ Matsumaura T. Partial Privatization in Mixed Duopoly［J］. Journal of Public Economics，1998，70（3）：473-483.

却出现大量的“国有资产流失”现象，即国有资产或国企股权被低价转让给非公资本，导致计划经济体制下国企积累多年的财富被肆意瓜分出去。其实，经过“抓大放小”，国企改革效率提升，还伴随民企并入国企的国有化现象。① 因此，应该发展基于国有或集体控股的混合所有制经济，把全面深化国企混改作为放大国有经济功能、巩固公有制经济、强化国资主导的有效途径。② 国企混改必须继续坚持和完善以公有制为主体、多种所有制经济并存的社会主义基本经济制度，充分发挥国有经济在国民经济中的主导作用，不断提高国有经济的控制力、影响力和带动力，努力做大做强做优国企，不断提高其市场竞争力，坚定反对私有化思潮的误导。③

改革开放以来，国有经济在国民经济中的比重持续下降，符合改革初期我国经济社会情境的客观实际，是合理正常的。但当前仍然不断降低国有经济的比重，就会使其丧失对国民经济的主导地位，可能会使我国以公有制为主体的基本经济制度面临威胁。如果在此情况下还鼓吹国资退出市场运行体系的话，对我国社会主义制度来说无异于釜底抽薪。而且，国企是国家推行并实现重大发展战略的重要经济力量。国企要大力吸收、支持并引导非公资本发展，大力改革产权制度并优化资本市场，让非公资本能够顺利与国企融合。然后，在保持对混合所有制企业控制权的基础上，依据市场规则确定其股权结构，并减少行政干预。最后，重点推进自然垄断行业的国企改革，保持国有独资地位，利用非公资本参与度高的特点，在不改变所有制性质的情况下创新多种经营合作模式。

（二）非公资本应该占优比例

国企改革初期，有一系列文献都聚焦于国企混改，并得出“不混改，国企效率会更低”的研究结论。④ 但是，国资产权属性可能会导致较弱的治理安

---

① Hsieh C. T., Klenow P. J. Misallocation and Manufacturing TFP in China and India [J]. The Quarterly Journal of Economics, 2009, 124 (4): 1403-1448.

② 王佳菲. 现代市场经济条件下我国国有经济历史使命的再认识 [J]. 马克思主义研究, 2011 (9): 70-78.

③ 林岗，张晨. 关于进一步推进国有经济改革发展的一些意见 [J]. 经济理论与经济管理, 2013 (2): 5-15.

④ Jefferson G. H., Su J. Privatization and Restructuring in China: Evidence from Shareholding Ownership, 1995-2001 [J]. Journal of Comparative Economics, 2006, 34 (1): 146-166.

排[①]，使政府倾向于为政客和官僚从国企捞取利益[②]，进而影响到社会福利增值。所以，最好能对其进行彻底的私有化改造。而且，国有资产或国企股权转让时的价格受多种经济社会因素影响。[③] 若偏低，可能是市场竞争的正常结果，并不一定等价于“国有资产流失”。[④] 要发展基于非公资本控股的混合所有制经济，将全面深化国企混改作为发挥非公资本参与国民经济积极性[⑤]、削弱国资或集体资本垄断地位、强化市场机制决定性作用的有效方式[⑥]。特别是要着力推行中央特大型国企混改，如国企集团法人整体上市等，得以尽快实现国企混改股权多元化的低限目标。

我国可以长期维持特大型国企混改后的企业形态，再逐步释放更多的国有股权份额，不断降低国资持股比例。同时，形成符合国际惯例、商业化导向的现代公司治理机制，促进混合所有制企业商业化运作。国企混改可以降低原国企的政策性财政负担，而且自然垄断性行业国企混改后，企业效率明显高于竞争性行业国企混改。[⑦] 因此，从减轻国企对财政的政策性负担、提升混合所有制企业效率的角度看，下一阶段国企混改的重点还应放在自然垄断性行业。当然，发展混合所有制经济，仍然要保持公有制经济的主体地位。其落脚点在于放大国资功能和保值增值，增强国有经济的活力、竞争力、控制力和影响力。国企混改的目的是通过适度引进非公资本，提高资源配置效率，但是应该坚持国资的主导作用。也就是说，非公资本可以股权占优，但要严防过度的私有化，国资要保有混合所有制企业的控制权[⑧]。

---

① Estrin S., Perotin V. Does Ownership Always Matter? [J]. International Journal of Industrial Organization, 1991, 9 (1): 55-72.

② Shleifer A., Vishny R. W. Politicians and firms [J]. The Quarterly Journal of Economics, 1994, 109 (4): 995-1025.

③ 盛丹. 国有企业改制、竞争程度与社会福利——基于企业成本加成率的考察 [J]. 经济学（季刊），2013，12（4）：1465-1490.

④ 杨丹. 国有企业资产转让定价行为分析——兼评国有资产流失观 [J]. 经济研究，1999（12）：3-5.

⑤ 陈林，唐杨柳. 混合所有制改革与国有企业政策性负担——基于早期国企产权改革大数据的实证研究 [J]. 经济学家，2014（11）：13-23.

⑥ 林毅夫. 市场经济新形势下如何启动经济增长 [J]. 中国经贸导刊，1998（16）：3-5.

⑦ 张文魁，袁东明. 中国经济改革 30 年. 国有企业卷：1978~2008 [M]. 重庆：重庆大学出版社，2008.

⑧ 郑联盛. 理顺六大问题 防止混合所有制变“混搭经济” [J]. 党政干部参考，2014(21)：33-34.

（三）根据市场环境确定比例

国企混改后的股权比例是面对激烈产品市场竞争时，通过众多股东及经营者与复杂的经济社会制度情境开展互动后形成的最终产物，其客观形成的比例结构就是最理想的。例如，中国建筑集团有限公司、中国医药集团有限公司的国企混改实践表明，国资在集团中应绝对控股（70%），对下属公司相对控股（50%）或参股（30%），才会最理想。国企混改均衡模型及其最优解的存在表明，存在最优混改方式且有效可行。但是，实施该方式的关键在于理顺政府和民营企业家与国企的产权关系，以及经营者、员工与国企的劳资关系，让各利益相关者参与到国企混改中去，进而重塑各方对收益的共有信念。① 然而，不同所有权性质的控股股东在混合所有制企业治理中发挥控制权的作用，受到市场竞争程度影响动态地发生变化。其中，非公资本控股的治理绩效明显高于国资控股。② 但是，随着市场竞争加剧，相对于非公资本控股，国资控股的治理绩效有更明显提高。与地方国企控股相比，市场竞争强度对央企控股的混合所有制企业治理绩效的提升作用更加显著。

当然，国企与民企从来都没有绝对的对立关系。许多学者单强调民企效率一定高过国企，也是不实事求是的。何况我国改革开放40多年，国资早已经历大规模的市场化改革，国企也经历了大部分的股份多元化。现在，国企和民企互相融合，已没有纯国企或纯民企。在社会主义市场经济体制中，国企与民企此消彼长，不应看成谁在消灭谁，而是市场竞争中的一般现象。因此，国企混改后理想的国资持股比例取决于内外环境、市场类型、竞争状态、企业效率等多种因素。③ 对于当前我国国企混改而言，非公资本控股并不适应我国社会主义市场经济体制改革的实际，也与我国社会主义基本经济制度相悖。但是，片面强调所有混合所有制企业都要国资控股，也违背改革开放的初衷。随着各种经济社会情境要素的波动变化，国有资本与非公资本为各方利益交织博弈，便形成了混合所有制企业治理中控制权的动态配置过程。

---

① 王世权，丁洁．国企民营化中的利益相关者行为归因研究——基于通钢股份的案例分析［J］．管理评论，2014，26（7）：159-169.

② 梁英，梁喜农．产品市场竞争程度、控股股东性质与公司治理绩效［J］．当代经济研究，2012（12）：75-78.

③ 孟庆春，安起光，高杰．国企改革中国有股份最优比重问题研究［J］．山东大学学报（理学版），2005（3）：45-48.

三、国企混改控制权配置问题及分类配置方式

(一) 国企混改控制权配置问题

1. 委托代理问题

虽然国企改革进程一直持续进行，但由于国企股权泛化，其国资产权呈现国家与国企的委托代理关系。国家代表全体人民行使国资所有者产权，但国家和全体人民都是相对抽象的委托人，没有法律意义上的国企所有人实体，缺乏动力监督约束代理人，即国企经营者。然后，政府采取国有企业“抓大放小”和国有经济“战略调整”等改革措施①，但总会受到国企所有者缺位及其“内部人控制”等委托代理问题的困扰。2003 年，国资委成立，以缓解国企混改中的上述控制权配置问题。但是，由于国企混改中股东类型逐渐多元化，国资委及其控股国企倾向于采用多层级控股结构配置混合所有制企业控制权，却又致使国资控制链条不断增多，委托代理引发“内部人控制”更为严重。② 由此，学者提出多种解决方案。比如，推进国企产权制度改革③、完善公司治理结构④、改善国企外部经营环境⑤等。在混改后国企中，委托代理关系引发的“内部人控制”会导致国有资产流失的不良后果。⑥ 例如，曾引发社会广泛争议的管理层收购，就被认为造成了大量国有资产的流失。

2. 国有资产流失

自 1995 年以来，国有资产流失广受社会各界诟病，导致国企讳莫如深，不敢放手混改，唯恐断送仕途而不作为，错失改革良机。实际上，政府确实借鉴吸纳了学者提出的对策，即“放权让利”，进行国企市场化改革。虽然国企改革思路清晰、方向明确，但在真正执行的改革实践中，并非一帆风顺。国家作

---

① 夏立军，陈信元．市场化进程、国企改革策略与公司治理结构的内生决定［J］．经济研究，2007，42（7）：82-95+136.

② 钟海燕，冉茂盛，文守逊．政府干预、内部人控制与公司投资［J］．管理世界，2010（7）：98-108.

③ 张维迎，吴有昌，马捷．公有制经济中的委托人——代理人关系：理论分析和政策含义［J］．经济研究，1995（4）：10-20.

④ 杨瑞龙，周业安．论利益相关者合作逻辑下的企业共同治理机制［J］．中国工业经济，1998（1）：3-5.

⑤ 林毅夫．企业自生能力与国企改革［J］．发展，2005（8）：11-12.

⑥ 袁志刚．关于国有资产流失问题的若干思考［J］．经济研究，1995（4）：37-41.

为国资所有者，委托国企管理者代理运营国有资产。但双方不同的诉求导致激励并不相容，扭曲了管理层行为①，反而造成国企绩效下降。通过关联交易、操纵投资、粉饰报表等虚假操纵，制造国企业绩恶化假象，管理层后期再低价收购国企，侵吞大量国有资产②。因此，放权让利让国企陷入“一放就乱，一乱就收，一收就死，一死又放……”的怪圈儿，优质的国有资产也在其内流失掉了③。所以，在我国经济制度转轨的特殊时期，国企改革实践给我们政府必须要结合特定情境给予干预的启示④。

3. 政府过度干预

以国企并购行为为例，在考察政府干预与“内部人控制”的影响时发现，政府干预有助于抑制“内部人控制”问题，对并购绩效存在积极影响。但政府过度干预后，国企并购绩效会出现下降⑤。在“内部人控制”下，受政府干预强的国企的投资行为效率要优于干预弱或不干预的国企。⑥ 虽然政府干预目的是追求社会效益而非经济效益，但也具有抑制“内部人控制”问题的作用。⑦ 事实上，在很多经济转型国家中，政府干预企业经营的现象极为普遍。并且在经济社会行为中，确实发挥着重要作用。⑧ 与其他转轨经济体不同，我国国企还存在党组织干预的制度约束。⑨ 此外，国企泛行政化也是政府干预、行政性垄断的深层原因。国企混改必须“去行政化”，落实政企分开。⑩ 国企混改面临的政府干预主要来自两个方面：一是政府部门，尽管自 1992 年就已加快政企分离，但依然存在政策性财政负担和国企经理官员晋升刺激，使政府可凭借贷款、

---

① 钱颖一．企业的治理结构改革和融资结构改革［J］．经济研究，1995（1）：20-29.

② 汪伟，金祥荣，汪淼军．激励扭曲下的管理层收购［J］．经济研究，2006（3）：82-89.

③ 卢昌崇．公司治理机构及新、老三会关系论［J］．经济研究，1994（11）：10-17.

④ Melvin S. The Little Red Book of China Business［M］. London：Judy Piatkus，2007.

⑤ 黄兴孪，沈维涛．政府干预、内部人控制与上市公司并购绩效［J］．经济管理，2009，31（6）：70-76.

⑥ Tenev S.，Zhang C.，Brefort L. Corporate Governance and Enterprise Reform in China：Building the Institutions of Modern Markets［J］. World Bank Publications，2002，16（2）：118-148.

⑦ Opper S.，Wong S. M. L.，Hu R. Party Power，Market and Private Power：Chinese Communist Party Persistence in China's Listed Companies［J］. Research in Social Stratification and Mobility，2002（19）：105-138.

⑧ Sawant R. J. Asset Specificity and Corporate Political Activity in Regulated Industries［J］. Academy of Management Review，2012，37（2）：194-210.

⑨ 马连福，王元芳，沈小秀．中国国有企业党组织治理效应研究——基于“内部人控制”的视角［J］．中国工业经济，2012（8）：84-97.

⑩ 戚聿东，刘健．深化国有企业改革的方向和路径——“深化国有企业改革研讨会”观点综述［J］．中国工业经济，2013（12）：31-38.

土地、行政级别等重要资源，影响国企决策；二是国资控股股东，政府作为所有者，干预国企行为顺理成章（Chang et al.，2004）。

（二）分类配置国企混改控制权

1. 分类宗旨

国企混改要根据产业分布、竞争状况、功能定位的分类情况，配置其控制权。进入新时代，我国混改目标绝不是私有化，消灭国企，也不仅是设计激励机制，围绕国资保值增值，而是建立保证国有经济完成国家使命的有效制度。所以现阶段应围绕“国企面临盈利和公益的目标二重性冲突”进行国企混改，引入“国企三分类控制权配置、国资三层次治理监管”等体制机制改革思路。前者将国企划分为公共政策性、特定功能性和一般商业性三类，分别规定混改治理机制和控制权配置方式；后者设计国资三层次监管架构，即政策决策部门（负责国有经济改革、国资管理等大政方针）、国资运营部门（运营公司、投资公司和大型国企集团）和国企，逐层对上级负责。国企混改要纳入“三分类”，即公益性、垄断性和竞争性，也符合我国国有经济的基本布局，但是还未形成有针对性的治理与管控及其评价体系。国资分类布局改革，尽可能使三类国企功能更加纯粹。不同类型国企，有符合其本质属性的经济作用。在国企治理评价上，要制定符合各类属性的指标体系和治理准则，并且将做优做大做强作为国企未来综合改革的方向。

2. 各类方式

对社会功能性国企，要国有独资或相对控股；对竞争性国企，要进行股权有限多元化或参股，引入新的机构战略投资者；对涉及国家安全和关键行业的国企，进行国资控股的公司制改革；对重大基础设施，采取特许制度控制；对自然垄断行业国企，可以公私合营但必须国资控股。国资比重下降，非公资本股东对重大战略决策事项的表决权就会增多，海外战略投资者持股增多后，会与国资进行制衡。特别是社会公共事业国企混改，政府的控制力会相对弱化。[①]所以可设立黄金股控制，使国企既获得收益，又保证公众获益。对政府担心国资完全退出的国企，采取“必要时引进重要国企绝对控股的政府金股”模式；对政府犹豫退出的国企，可在必要时引进国企相对控股或参股的金股制度；对

① 陈志标．分类改革后国有企业治理机制与国资监管体制的完善［J］．经济研究导刊，2014（33）：17-19.

政府放心退出的国企，可在国资完全退出后，直接设政府金股。[①] 对公益保障类国企，要加大国资投入且独资；对特殊高科技及军工国企，适当引进非公资本弥补市场失灵；对适宜市场竞争国企，推进股权多元化并构建国资退出机制。深化国企改革，应从国有经济战略定位出发，根据国企承担功能分类进行，建立不同产权制度和经营模式。[②] 对承担公益功能国企，应“国有国营”；对特殊功能国企，应“国民结合”；对盈利功能国企，则“让民经营”。[③] 并且，有计划出让国资股权，集中于公益和特殊国企。对竞争类国企，可参股或相对控股；对政策类和平台类国企，要绝对控股。[④]

四、专用性资源与混合所有制企业控制权配置的关系

（一）专用性资源价值与其所有者夺权行为

界定专用性资源的价值，需要考虑企业主观的资源需要。有价值、稀缺、不可模仿与不可替代的资源，是企业持续竞争优势的保证。[⑤] 但是，究竟什么样的资源才有价值？专用性资源的价值，是其本身的价值，还是其创造的价值？是其独立价值，还是与其他资源组合的协同价值？混合所有制企业引入新资源时，只有综合分析其对企业所拥有资源整体协同的效用特征，才能正确评价与衡量。[⑥] 也就是说，专用性资源有经济主观性。[⑦] 但现有研究大多基于某项特殊资源或某些资源组成的特殊结构，并未考虑企业使用资源过程的差异性，对企业具体经济实践活动也缺乏指导意义。譬如，大多结论为企业应重视某项资源或应具备某方面的资源组合，但对于企业应如何识别资源并以此控制其他资源，

---

① 常玉春，徐松之. 利用金股模式推进公共事业改革［J］. 上海国资，2008（11）：84-85.

② 邵安菊. 国有企业分类考核的激励约束机制研究［J］. 上海市经济管理干部学院学报，2014，12（2）：29-37.

③ 盛毅. 新一轮国有企业分类改革思路发凡［J］. 改革，2014（12）：44-51.

④ 李维安，韩忠雪. 民营企业金字塔结构与产品市场竞争［J］. 中国工业经济，2013（1）：77-89.

⑤ Lockett A., Morgenstern U., Thompson S. The Development of the Resource-based View of the Firm: A Critical Appraisal［J］. International Journal of Management Reviews，2010，11（1）：9-28.

⑥ Makadok R. Toward a Synthesis of the Resource-based and Dynamic-capability Views of Rent Creation［J］. Strategic Management Journal，2001，22（5）：387-401.

⑦ Foss N. J. Realism and Evolutionary Economics［J］. Journal of Social and Evolutionary Systems，1994，17（1）：21-40.

则未有详细论述。此外，拥有资源并不是企业有持续竞争力的充分条件，资源整合能力、与其他资源依存、资源互补性也可带来竞争优势。对于企业来说，资源是静止的，而一组资源的合理配置所具备的价值创造能力才更有价值。然而，并不能否认作为一个资源组合整体，企业的内部权力配置结构性特征，以及其决定的各资源间的匹配程度，与企业绩效更为相关。

专用性资源能激励所有者为保障准租金而监督并控制各方遵守契约并维系合作。① 专用性资源所有者掌握控制权，严格维护合作关系，而确保其他各方不发生投机行为。如果某合作方违约，专用性资源将被抽走，使违约方投资成为沉没成本。资源专用性程度越高，施加的控制强度就会越大。因此，在高专用性资源注入的情况下，所有者就会争夺控制权并采取一体化策略。在垂直一体化后，专用性资源所形成的控制权会增强企业内部抑制投机行为的约束力。由此，给其所有者设计治理机制的优先权，以获取更为有效甚至超额的报酬激励。专用性资源包括管理资源、人才资源、信息资源、资金资源、科技资源、政策资源，会直接对企业绩效产生影响。② 在资源基础理论中，某单个企业被假定在一个非均衡市场中，由一位有限理性管理者全权控制的一组资源集合。③ 资源价值判断具有信息不对称特征④，若所有者有预判或说服合作方其资源的未来价值，就会凭借该资源获得控制先机，即前摄效应。同时，维护或创新该资源不易转移且不可模仿的特性，为获得企业控制权的竞争力创造条件，即后摄效应。⑤ 在多数情况下，资源所有者与资源本身不可分离，具备干预企业资产使用的动机和能力。⑥ 股东作为资源所有者，以其所有的资源及对企业不同的重要程度（资源依赖属性）而取得不同的话语权，以此影响治理结构与企业未来价值创造的进程。

---

① 陈俊龙，汤吉军．资产专用性与所有制结构分析——兼论我国混合所有制经济的发展［J］．经济问题，2014（6）：36-40.

② 余绍忠．创业资源对创业绩效的影响机制研究——基于环境动态性的调节作用［J］．科学学与科学技术管理，2013（6）：133-141.

③ Bromiley P. Testing a Causal Model of Corporate Risk Taking and Performance［J］. Academy of Management Journal，1991，34（1）：37-59.

④ Lecuona J. R.，Reitzig M. Knowledge Worth Having in Excess：The Value of Tacit and Firm-specific Human Resource Slack［J］. Strategic Management Journal，2014，35（7）：954 - 973.

⑤ 周其仁．市场里的企业：一个人力资本与非人力资本的特别合约［J］．经济研究，1996（6）：71-80.

⑥ 葛永盛，张鹏程．家族企业资源约束、外部投资者与合同剩余［J］．南开管理评论，2013，16（3）：57-68.

(二) 资源专用性差异配置国企混改控制权

相对于独资企业，混合所有制企业能更有效整合国企和非公资本的资源(Guillen，2003)。然而，拥有规模资金、先进技术、优先信息、关键性人力资本[①]等专用性资源的投资方，往往会获取控制权。国企“控制权回报”为其经营者提供激励机制，导致国有经济严重的无效率现象的产生。[②] 国企混改障碍可能来自经理控制权回报损失，而且难以补偿，才会阻止国企进行有效率的混改。国企经理只有经营权，没有剩余索取权。但是，国企委托代理关系使经理凭借人力资源拥有事实上控制企业其他资源的权力，即“侵占控制权租金”。[③] 而且，国企所有者并没有控制资源而不能给予经理任何大额回报，便无法诱使其选择使国企价值最大化的决策（Gill，2003)。只有从根本上改革国企产权结构，使经理收益与国企价值全面对应，或引进有赎买积极性的非公资本股东，才能更好推进有效率的混改兼并。在我国政府对国企“放权让利、公司制股份制”改革过程中，经理掌握经营资源，进而掌握国企控制权，最终形成转型中特有的内部人控制，加之我国国企内外部治理机制都不完善，往往会转化为严重的“内部人控制”问题。

在新古典经济学的完全竞争市场中，假设资源有充分流动性，不会有沉没成本影响国企改革，国资与非公资本可自由进退。[④] 然而，非公资本进入国企混改后，沉没成本构成非公资本对国资的“敲竹杠”，同时，国资先行优势对非公资本造成“在位诅咒”，形成两者间融合发展的壁垒。国企控制权难以稳定的问题，在引入外资的国企混改中尤为突出（Johnson，2001)。外资持续投入国企并集聚市场资源，增强收回混改后企业控制权的谈判实力。所以，股东及其委派经理具有的专用性资源，是混合所有制企业经营的内生性要素。国资与非公资本、国有股东与非国有股东、股东与经理等，难免会陷入争夺混合所有制企业控制权的尴尬境地，造成“国企控制权不可补偿性损失”。因此，深化国企混改，必须将沉没成本、行政垄断等因素导致的资源专用性优势差异问

---

① Williamson O. E. The Economic Institutions of Capitalism：Firms，Markets，Relational Contracting [M]. New York：Free Press，1985.

② 周其仁. 产权与制度变迁：中国改革的经验研究 [M]. 北京：社会科学文献出版社，2002.

③ 雷连鸣，占硕. 国有企业引进外资战略投资者研究——控制权租金引发的股权转移和效率损失风险分析 [J]. 亚太经济，2005 (5)：69-72.

④ 汤吉军. 国有企业“在位诅咒”与市场导向的改革思路[J]. 经济与管理研究，2014(7)：34-41.

题综合起来，坚持“两个毫不动摇”，使混合所有制企业处于优质资源竞争的市场环境中，实现企业控制权优化合理配置。

第二节 研究成果综合评述与展望

目前，混改是国企改革的重要方向。如何稳步推进混改关系着国企在我国经济进入新常态之后，能否加快转型并持续释放改革红利。同时，国企混改也关系我国经济供给侧结构性改革的成效，也是当前社会各界关注的焦点。推进国企混改，控制权配置问题需要被关注并亟待解决。国企股份制改革之后，形式上呈现混合所有制。但是，“一股独大”与“内部人控制”限制其发挥提高绩效的产权优势，许多学者将其归因于国资股权比例不合适。但是，股权结构关系不同所有制资本的剩余索取权与控制权。降低国资比重有助于吸引非公资本进入混合，但过多丧失国资股权，特别是失去控股地位，则容易扭曲政府对国企经营设置的功能目标，影响国有经济在重要行业及关键领域的控制力。所以，国资比重会影响到国企混改后的企业效用函数，以及其利益追逐目标。另外，国家还鼓励国资以多种方式入股民企。那么，国资持股比例是多少才最合适？设计出最理想的国资持股比例是一个巨大难题。也有学者提出，由于国资与非公资本双方的信息不对称，国企混改可采用交叉所有权、相互持股等策略。但是，上述策略都是停留在国企混改如何调配股权结构上，以试图依据股权比例占优获得控股地位，进而取得混合所有制企业的控制权。

本书认为，应该跳出传统的产权理论。国企混改要以社会福利最大化、保障国有经济在国民经济中的主导地位、保证国家对关键领域及重点行业的控制为目标，不能仅聚焦于混合所有制企业的股权结构上，即国企混改后需要的是企业的控制权，而不光是企业的控股权。从国企改革实践的历程来看，掌握国企混改后企业的控股权，并非在实际意义上掌握了控制权。即便国资控股，但因其有限理性以及与经理或非公资本股东间的信息不对称，极易导致国企混改后失去实际控制权，让混合所有制企业的“实际控制人”产生机会主义行为。所以，控股权只是控制权的充分条件，而不是必要条件。国资不依靠股权占优直接控制混合所有制企业，不就解决实际占优控制权问题了吗？但这样又会导致国企没有必要股份制改革。即使国企实施了股份制改革，国资直接控制国企，也无法吸引非公资本参股。即便参股，非公资本股东也没有积极性参与公司治理。综上，国企一方面要股份制混改，另一方面要控制混改后的企业。于是，就需要设计混合所有制企业的治理机制，动态配置企业的控制权。那么，除股权占优外，还有什么方法能够达到上述目的？国企混改控制权合理动态配置的基础究竟是什么？通过梳理文献可知，这些都是前人研究成果无法解释的问题。所以，就需要本书给予相应的解答。

一、研究评述

综上所述，如表 2-1 所示，国内外混合所有制企业控制权配置问题的研究，尚存在以下三点不足之处。

表 2-1　国内外混合所有制企业控制权配置问题的研究现状

	国外	国内
研究焦点	①与中小股东利益保护的关系 ②关注股权结构及资产专用性影响 ③与利益分配机制的关系 ④以外资跨国合并的混合所有制企业为主	①与企业绩效的关系 ②关注理想控股比例及分类配置依据 ③与有效治理机制的关系 ④以有非公资本参与混改的国企为主

第一，国外学者对混合所有制企业控制权配置的内在机理、影响因素及规范政策进行了较为深入的研究，但多以欧美发达资本主义国家为背景。然而，我国的基本经济制度是以公有制为主体、多种所有制经济共同发展，国企混改的控制权配置除强调提高企业绩效外，更要求发挥国有经济的主导作用，引导非公经济的发展。所以，既有理论框架与分析方法并不完全适用。许多学者在论证规制国资股东控制义务上，仅从其对国企的持股比例多少来进行分类，即分为绝对多数控股、相对多数控股和特殊地位控制等。但都以股东主体为核心，即针对国资股东或非公资本股东的股权控制地位制定特定的控制权约束规则，未能以行为为核心，即针对股东某类行权行为制定特定规则。前者通常适用于不同治理主体，给予特定的控制权实施规范；后者适用于同一行为，无论由任何主体治理，都由同一个控制权实施规范。国资控制股东与一般非公资本控制股东应当具有不同的控制权约束，而并不因为都是控股股东身份，就承担同样的义务。国资控制的国企有很多属于关系国计民生和国家命脉的重要领域和自

然垄断行业。国企不同于纯粹以利益最大化为根本目的的民企，往往承载公益负担。因此，国资股东可以控制国企追求非经济目标，该行为并不能被认定为违反控制权实施规范。另外，在国资股东控股时，国企混改关联关系及关联交易的认定，也应当使用特殊规则。

第二，一些文献多以外资跨国兼并重组后的混合所有制企业控制权配置为研究对象。其理论范式未能有效回答“有非公资本参与混改的国企应如何配置控制权，才能不断增强国有经济活力、控制力、影响力，同时激发非公有制经济活力和创造力”的问题。① 而且，难以为当前党和国家鼓励非公经济参与国企混改提出有益的政策建议。许多学者指出，外资股东已成为完善国企混改治理机制的重要因素。引入外资股东，有助于国企治理机制的改善和代理成本的降低。此外，非公资本股东天然的逐利本性和利己理性，也有助于抑制其承担的政策性负担。但是，不同性质的非国有股东对不同类别国企混改的“一股独大”现象会有相同的制衡作用吗？现有文献鲜有成果。大多研究关注的是国企混改后的企业绩效较少关注在市场逻辑下由产业型治理向金融型治理的转变，以往研究多聚焦于国企的股权多元化改革。此外，与国企混改相比，虽然同是针对财产权分属不同所有制类别所有者的股份制改革，即具体形式可以是国有股份或集体股份与外资股份或个人联合，也可以是国企或集体企业与国内民企联合组成混合所有制企业，但是两者的区别在于，国企股权多元化改革只强调股权结构变化，而不强调治理行为或经营方式一定变化。然而，国企混改既要变化股权结构，也要转变治理机制。同时，股权多元化的关键区别就在于，只强调多个法人持股，但狭义上的混改一定是改革成为国资与非公资本共同持股的企业。

第三，很多学者将研究焦点放在“国企混改中如何确定理想控股比例”及“控制权分类配置依据”上。各种观点各执一词，还未形成系统的理论阐述。② 虽有学者基于资源基础观，尝试引入资产专用性来解释国企混改中的控制权配置问题。但仅停留在静态建立两者的关联上，忽视，混合所有制企业控制权配置也会随着专用性资源的演化而发生动态调整。国内外很多学者对经济转轨国家的混合所有制企业绩效进行对比发现，国资比重越高，绩效越低，但是混合所有制企业绩效高于同类所有制企业。有学者指出，国资持股比例在 10%～

① 武常岐，张林．国企改革中的所有权和控制权及企业绩效［J］．北京大学学报（哲学社会科学版），2014，51（5）：149-156.

② 余菁．转型中的中国国有企业制度［M］．北京：经济管理出版社，2014.

50%时，尤其是处于30%时，混合所有制企业绩效最高。[①] 所以，得出国企混改可以提高绩效的结论，且认为其主要原因是产权主体明晰后对管理层有激励作用。另外，彻底私有化也存在诸多难以避免的问题。例如，重组国企资产的民企的初衷并非是提升企业价值[②]。同时存在多个大股东并不一定能够改善国企混改的治理机制，所以仍需进一步完善资本市场，通过外部监管制度来约束。保障国资及非国有股东的权益、最大化非公资本作用，是国企混改的重点。混合所有制企业不应该存在公私之分[③]，但引入非国有股东，必然会影响国有股东的治理行为，形成新的控制权配置。

二、相关展望

国企改革是关系国计民生及涉及多方利益的重大复杂工程。当前，讨论政府与国企间的关系、国企改革的政策走向等问题是不明朗的，国内外各界众说纷纭，各种截然对立的争议不绝于耳，分歧远多于共识。如表2-2所示，将对国企改革的政策主张划分为不同的派别。各派主张有的相互补充，如后华盛顿共识就不同于华盛顿共识；有的相互替代，如圣地亚哥共识代替华盛顿共识；还有的完全对立，如北京共识与华盛顿共识。[④] 因此，需要将诸多分歧置于历史逻辑相统一的框架内深入探讨，归纳为政府和国企控制权的关系问题。

表2-2　国企改革派别及其主张

派别	主张	归纳
摸着石头过河，先试点后推广	改革过程中会遇到各种新的问题，在改革目标不明确和改革实践经验不足的情况下，必须先经过试验，摸清规律，评估风险，审慎渐进	政府不放国企控制权

① 刘小玄．民营化改制对中国产业效率的效果分析——2001年全国普查工业数据的分析［J］．经济研究，2004（8）：16-26.

② 李靖，汤谷良．混合所有制不是灵丹妙药［J］．中外管理，2014（2）：38-39.

③ 朱光华，王贺东．不确定性视角下的国企改革研究［J］．南开学报（哲学社会科学版），2009（6）：112-118.

④ 蓝定香．中国国企改革理论的三种流派及其比较评析［J］．国有经济评论，2013（2）：1-8.

续表

派别	主张	归纳
顶层设计	2011年“十二五”规划首次提出，更加重视改革顶层设计和总体规划；2013年《关于全面深化改革若干重大问题的决定》提出，加强顶层设计和摸着石头过河相结合，整体推进和重点突破相促进；2015年《关于深化国有企业改革的指导意见》强调，正确处理搞好顶层设计和尊重基层首创精神的关系	国资委把握国企控制权
华盛顿共识	国企实施快速私有化，放松对分类产业的转入限制，法律保护私有产权	政府不要国企控制权
后华盛顿共识	国企私有化不太重要，没有良好的政府，私有产权不能带来效益，法人治理机制比产权制度更有意义，市场竞争能够促进产权改革	政府要有国企控制权
圣地亚哥共识	应减少经济改革社会成本，使每人都能从改革中受益，不应降低政府在社会发展进程中的作用，健全法制，实现社会稳定	政府合法拥有国企控制权
北京共识	不搞国企全面私有化和金融快速自由化，不听从以美国为首的西方国家建议，坚持走自己的政治经济发展道路，发展中国家要强调创新	政府要有国企控制权
斯德哥尔摩陈述	政府作用及产业政策不可或缺，市场发挥资源配置的决定性作用，政府要在许多市场自身的局限性上发挥重要作用，国企是政府最常用的政策工具	政府应有国企控制权
产权改革	国企主导经济会产生不公平竞争，所以要先改革所有制结构，改革国企产权	政府出让国企控制权
市场竞争	竞争是企业提升效益的基本动力，且与变动产权无关，国企改革的关键是创造充分而公平的市场竞争环境	政府可有可无国企控制权
治理机制	国企改革目标在于建立现代企业制度，核心在于健全公司法人治理结构	国资委出资国企
加强监管	2015年《关于深化国有企业改革的指导意见》提出，加强监管是搞好国企的重要保障，学界和政界特别强调对垄断行业国企更应加强监管	政府要严格控制国企

党的十八届三中全会提出，使市场在资源配置中起决定性作用和更好发挥政府作用。这是社会主义市场经济体制改革，特别是我国国企混改的基本共识。针对国企混改的控制权问题，要先发挥市场在资源配置中的决定作用。其中，与控制权有关的市场是资本股权市场，其关键点在资源上，即“什么资源参与

配置”的问题。之前的许多研究也承认市场在资源配置中的基础性作用，呼吁改革资本股权市场，但是将焦点放在配置上。至今 30 多年，资本市场经历了多次改革，国企治理机制也为能够更好适应市场需求进行改革，以便合理有效配置控制权。然而，国企每次改革后，总会遇到新的控制权问题。所以，解决控制权配置问题的方法不是设计出更好的配置方式或治理机制，而是回到控制权配置的出发点，即股东资源。也就是说，各类股东拥有对国企混改后企业绩效提升有益的资源结构，决定了混合所有制企业的控制权配置。再以此设计相对应的治理机制，保障这种股东资源结构的稳定性，也就是控制权配置的稳定性，使混合所有制企业绩效能够持续提升。当然，除经济效益诉求外，国企或国资还要实现社会公益诉求。因此，在国企混改的治理机制设计中，政府要发挥支持、把控和监管作用。

本书在已有研究基础上，引入股东资源为研究国企混改控制权配置问题的新视角。不同于传统仅关注治理机制的立论基础，需要打破大股东与中小股东和委托代理的关系等，仅从持股比重或产权分离分析范式，从同质化股东资源假设转向异质化股东资源假定。那么，国企产权也不再仅根据治理角色或职位设定来进行明晰，而是依据股东资源及其呈现的专用性来确定。从本质上讲，异质性股东资源以及股东间资源依赖性关系，即专用性资源，才是控制权配置中的权力基础。当然，还可以将经理个人的人力资源或社会资源，即经理的社会资本，考虑至其中。因此，使股东和经理各自拥有的异质性资源，以及两者的不同资源专用性，也被纳入控制权配置的权力分析框架。如表 2-3 所示，国企混改内部控制权配置研究沿着“股东的同质资本—异质性股东角色—治理主体异质性资源”主线转变。

表 2-3　国企混改内部控制权配置研究视角的转变

研究维度	股东的同质资本	异质性股东角色	治理主体异质性资源
股权结构	持股比例	身份关系	资源类别
股东角度	同质抽象化	所有制性质差异	资源种类不同
职能角色	委托代理关系	大股东与中小股东关系	资源依赖关系和专用性
问题原因	内部人控制和恶意收购	投票权委托和一致行动人关系	静态治理制度约束动态调整

因此，基于资源专用性视角的分析，更接近权力来源本质，对国企混改现实中的控制权配置现象也更具有解释力。对国企混改中股东资源专用性的思考，

开启了控制权配置及混合所有制企业价值提升等研究的新思路。股东资源如何体现在控制权配置中？如何匹配国企价值创造与治理机制中各类股东的资源差别，才能避免国企经理代理风险和非公资本控制股东隧道挖掘行为？这些问题都具有研究意义。未来研究更应关注资源专用性对混合所有制企业治理机制的影响，如三会结构、经理人激励对企业绩效或价值创造的影响等。国企混改初始阶段，控制权配置基础是股东资本投入，即持股比例。然而，后期各不同发展阶段，该控制权配置的股东资源基础可能会发生演化。因为各类被需要的资源，在混合所有制企业的不同发展阶段会有所不同，由此导致不同资源的相对重要程度或是否关键，即专用性，在不同时点上也会有较大变化。所以，混合所有制企业资源所有者在不同阶段表现在内部治理中的控制权也会随之动态配置。比如，初创期，企业控制权可能归属于一个家族；成长期，创业家族与风险资本分享企业控制权；成熟期，企业上市募集外部资源协商控制权配置，创业家族可能从中退出。[①] 因此，考虑在国企混改中国资与非公资本交叉持股、相互融合所形成的混合所有制股权结构对企业绩效的作用，而且进一步思考并实证探索"专用性资源演化如何对国企混改控制权配置产生动态影响"，将会是未来更有意义的研究课题。

① Sirmon D., G., Hitt M. A., Ireland R. D., Managing Firm Resources in Dynamic Environments to Create Value: Looking Inside the Black Box. [J]. Academy of Management Review, 2007, 32 (1): 273-292.

第三章

异质性股东资源与国企混改控制权配置问题

解决国企混改控制权配置问题。一方面，要聚焦于调配合理的股权结构，形成相互制衡的公司治理结构。根据各种法律法规，构建现代公司治理机制，并合理配置混合所有制企业的控制权。但更重要的是另一方面，即让国有股东成为行为意志统一且反应灵敏的法人股东，或其治理行为能够类似于自然人股东。于是，就需要摆脱“股权结构—治理机制—控制行为—企业绩效”的思维限制，建立“重构治理机制—动态配置控制权—企业绩效”的新逻辑框架。但是，如果不参考现代公司治理理论框架或不完全依据股权结构来形成治理机制的话，那又要靠什么来重构呢？其答案是关键资源的专用性，或者称其为专用性资源。股东资源是配置控制权的重要基础。早期研究多关注金融性财务资源，认为其所有者应该掌握控制权。而随着研究不断深入，决定控制权配置的资源基础范围开始扩展到其他有价值、关键的专用性资源范围。同时，也从资源所有者拓展至资源具体的调用能力和使用行为上。在公司治理中，配置稀缺专用性资源及调动其与附属资源间互动的权力，就是争夺控制权地位的标的物。只要治理主体能界定什么是专用性资源，并予以控制，就能拥有控制权，就能有权组织配置其他相对丰富或次要的资源，以连接并组成整体权力的行为过程。[①]在组织中，因占有专用性资源而占据关键位置的主体，能够优先获取信息及处理组织各种不确定性情形的权力。[②]

此外，制度安排对权力也有影响。但在研究中，很容易忽视权力行为与制

① Pfeffer J., Salancik G. R. The External Control of Organizations: A Resource Dependence Perspective [J]. Social Science Electronic Publishing, 2003, 23 (2): 123-133.

② Williamson O. E. Transaction-Cost Economics: The Governance of Contractual Relations [J]. Journal of Law & Economics. 1979, 22 (2): 233-261.

度安排的关系。其实，在治理行为稳定后，权力的资源基础就转变为行权人可操纵的制度符号，如声誉、职位、网络、政策等。通过专用性资源调配其他资源，掌权者可以建立相对持久的、有利于稳固资源配置关系结构的政策体系，如创立章程和设定规则等。组织制度化后，就能降低其他行为人夺权的潜在风险，进而继续执掌权力，以便掌权者超越其资源对组织的有用性，使其个人权力能够持久存在，即形成制度的控制，但与结构控制①有所不同。后者认为，权力是基于人际关系结构来控制资源配置的。但是，有结构不一定会有行为，没有行为就不会有权力。结构被行权人搁置或结构底层人行权而架空结构高层的情况也多有发生。其原因在于，在结构中，未明确规定各关系人所具有的权利与义务。然而，前者是基于结构内的非正式关系，在转变为正式关系后，直接靠制度来稳固权利与义务。虽然制度也可能会被搁置，但与结构控制相比，不会因锁定某人在结构中的资源属性或角色关系就长期独立存在。被搁置的制度，也会客观上被新制度替代。当然，被搁置的结构，也会转变为新结构。但是，其对形成新结构内部新人际关系的依赖性极强，而且其转变速度也远落后于制度替代。

也就是说，依赖于个人的、复杂关系的结构控制体系，会让位于不以个人为基础的、界定好权责的制度控制形式，以至于形成新的结构。由此可见，在制度控制中，必然包含着结构控制。如果组织中的个体希望提升权力的稳定性，则可通过制度化工作（Institutional Work）建立新的秩序，而被赋予更多的控制权。所以，制度安排也是权力基础，但制度安排和专用性资源并非对立，反而是融合统一的关系。凭借拥有的专用性资源，个人可以构建组织规则的行动，就对制度安排有重要影响。所以，伴随着国企混改进一步深化，更多的非公资本将进入国企及国有经济领域，会在国民经济发展中发挥越来越重要的作用。于是，与之相伴生的控制权配置问题就会成为关注的焦点。无论是国资控股，还是国资参股，混合所有制企业治理都是为协调不同资本属性，以形成激励相容机制，即控制权的合理配置是保障有效发挥非公资本在国企混改中应有作用的关键。也就是说，混改激发了以“国家规划经营目标、政府指调配资源、部门下派任命高管”等为特征的国家行政型国企治理，逐渐向“资源依靠市场定价、获取、配置、使用”等为特征的市场资源型治理的转变，而后者正是民企与生俱来的治理形式。两种治理模式间的差距，就决定了在混合所有制企业微

① ［美］W. 理查德·斯科特. 组织理论：理性、自然与开放系统的视角［M］. 高俊山，译，北京：中国人民大学出版社，2011.

观层面上“国资与非公资本能否妥善合理配置控制权”的治理协同难度。因此，基于专用性资源视角，根据企业控制权的含义，需要尝试联结并论证专用性资源与混合所有制企业控制权配置的逻辑关系。

第一节　异质性股东的专用性资源

本节借鉴资产专用性与所有制经济结构关系的研究成果[①]，探索专用性资源与国企混改中控制权配置的内在逻辑关系。现代公司治理，即股份公司中用于定义产权秩序规则与控制权规范，已成为企业内部的中心行政机制。但因为存在交易费用，所以专用性资源能够改变产权结构并配置控制权力。[②] 显然，任何股份公司都会设计出一套决定内部控制权配置的正式或非正式产权规则。以此，使企业所有者会为不断激励资源拥有者，而选择在企业内部对其分享部分所有权。马克思对财富创造与分配控制有更为科学清晰的理论认识，即“原料、资本、土地、技术、劳动、管理”等要素投入与资源使用，才是构成财富生产的实际源泉。归根到底，利润是实物、人力等资本投入者共同创造出来的。所以，基于公平正义原则，按贡献分配[③]剩余索取权的逻辑也应当是“谁创造，谁占有”。[④] 拥有异质资源的股东可能有多重治理角色，特别是在混合所有制企业内，各类股东兼具所有者（股东）、经营者（总裁、经理）、监督者（董事、监事）或控制者（实际控制人）。所以，对国企混改控制权配置的研究，理应考虑到不同股东的异质资源是否为掌握控制权的基础。例如，金融资本、人力资本，以及与其他位于治理边界的利益相关者所结成关系的社会资本。也就是说，研究控制权配置要先关注控制权的来源。那么，则需更多地从资源视角出发。因此，将控制权归结于，资源主体可控制其他主体或组织持有资源配置的影响力。

---

① 陈俊龙，汤吉军．资产专用性与所有制结构分析——兼论我国混合所有制经济的发展［J］．经济问题，2014（6）：36-40.

② 何亚斌．对企业产权交易几个理论问题的再认识［J］．国有资产研究，1999（4）：3-5.

③ 如果企业剩余价值（利润）是各种要素持有者共同创造，那么就应该为各方共同获得。各种要素持有者根据其在财富创造中的劳动贡献，获得相应收入。

④ 贾可卿．混合所有制与国有企业改革［N］．经济参考报，2020-03-23（7）.

一、专用性资源的概念及分类依据

（一）专用性资源概念

专用性资源是在企业发展中对创造价值有重要驱动作用，并能带动或联合其他资源投入生产的关键资源。资源的专用性是资源专用于形成某项特定生产力的属性。也就是说，现有的专用性资源，可以脱离现有的其他资源，也可以重新组合外部其他同类资源转化为现有的生产力。而现有的其他资源，却不能主动脱离现有的专用性资源。否则，将成为沉没成本。这样，在用途上就有专用性。除非结合新的专用性资源形成新的生产力，即在使用综合资源产生的价值中，如果某类资源贡献远高于其他资源，那么，在该用途中的该资源就是关键资源。具体来说，非关键资源是为支撑专用性资源服务的，并耐久性地与其共同被投入组织的生产与交易过程中。一旦形成某项资产或再被投资于某专属领域，就会被锁定在某种配置形态中，形成特定的生产力。若转为他用，则该生产力就会减弱或消失。而且，其他附属资源在该生产力投入上的机会成本也会降低。① 因此，国企自有或被注入的专用性资源，作为生产性资产或一种生产组织形式，如专用设备、专门知识，在该生产状态下，不能将该资源用于其他用途，就像“只能低温烧制器皿用的黏土，若挪为他用，则无法找到替代物烧制”一样。在国企混改中，判断某种资源是不是专用性资源，主要是看其被抽走后会不会影响到国企生产能力及其生产过程。当然，其所属的资源用途也是可变的，但是该资源组成该生产的用途却更为关键。专用性资源与财务定义上的固定资产、流动资产等资源有很大区别，在一定的生产状态下，只有不能改变用途的关键资源，才有专用性特质。

一直以来，对专用性资源的界定并没有统一。在国企治理研究中，常用其他资源概念代指专用性资源，如国企资源。在经济学中，企业资源的概念是“为创造财富，而投入生产的全部要素”，即资本、土地、劳动等三种主要生产资源。管理学在经济学定义企业资源概念的基础上，又将企业家精神、技术创新及各种要素的相互组合都纳入生产资源的范围中。同时，之前的国企改革研

① Kor Y. Y., Leblebici H. How do Interdependencies among Human-capital Deployment, Development, and Diversification Strategies affect Firms' Financial Performance? [J]. Strategic Management Journal, 2005, 26 (10): 967-985.

究，多停留在资源要素专用性的强度比较以及在组合结构中判断其是否关键上。随后的国企混改研究，便开始基于专用性资源，探索国企与引资行为、经营战略、协同制度间的逻辑关系，并拓展国企资源种类范围。有研究指出，投入生产的资源要素很少具有自发生产性。例如，机器设备、品牌声誉、专利技术、人力资本等，只有合理配置利用后，才会带来价值。① 在所持有或实际控制的资产技术、知识信息、组织流程等资源中，专用性资源是国企依靠的某种资源，用来制定、施行经营战略，并提高效益，即“国企实施战略时，可以利用的重要资源”②。国企混改引入专用性资源，并与自有资产协同使用，最终可转换成产品或服务③。所以，其可分为交易知识（专利、特许权）、物质资源（财产、厂房与设备）与人力资本。此后，专用性资源的范围不断被扩大，以致其内涵也随之泛化。更有学者提出泛资源概念，既有财务、物资等有形资源，又包括自然、环境等无形资源，还有时间、空间、伦理等更广泛的含义。④ 由此可见，任何资源都曾在不同国企混改的案例中被发现是专用性资源。所以，国企混改所涉及资源的类别，不是分辨其是否有专用性的关键。那么，什么才是判断的主要依据？具体归纳起来，大致有以下两点：一是看其将国企混改后绩效的贡献是否突出；二是看将其引入是否能在国企治理机制设计后被定义为关键。

在国企治理的控制权配置研究中，以股权结构为依据，对“资本”“股东”的分析已进一步深入到对股东“资源”上。在国企混改中，不同所有权股东的治理关系源于其持有的异质资源。各类股东资源间相互依赖、不可替代的互补关系，支撑着企业保有生存发展的竞争力。所以，配置各类股东的治理控制权，也与国企内部股东异质资源的专用性排序密切相关。而长久以来，对配置股东控制权的研究，仍聚焦于“持股比例”。大多研究认为，比例最高，股权最大，就占有控制权（分为绝对控制和相对控制）。但是，按照持股比例配置控制权，是基于股东同质化的假设，即股东都是无差别的财务资本出资者。虽然有研究已涉及国有股东拥有的政治关联、政策优惠等特殊资源，但只是将其作为一般

① Grant R. M. The Resource-based Theory of Competitive Advantage: Implications for Strategy Formulation [J]. California Management Review, 1991, 33 (3): 3-23.

② Barney J. B. Firm Resources and Sustained Competitive Advantage [J]. Advances in Strategic Management, 1991, 17 (1): 3-10.

③ Amit R., Schoemaker P. J. H. Strategic Assets and Organizational Rent [J]. Strategic Management Journal, 1993, 14: 33-46.

④ 张险峰，葛宝山．资源对公司创业行为的影响研究［J］．国际商务（对外经济贸易大学学报），2011（4）：112-120.

股东资源看待，未能考虑或重视其与公司治理中控制权配置的逻辑关联。事实上，对国企改革而言，最初是国家投入全部资源，国家资源就是企业资源。但在国企经营过程中，面临有限资源和经验不足，往往被迫混改，即引入新的外部资源，如资金、技术、市场等。所以，需付出稀释股权、分享控制权的代价，来引入新的非国有股东。[①] 企业资源不断积累，股权资源相互融合，为国企生存与发展提供动力。因此，国资与非公资本的股东资源组合才构成企业资源，才是国企竞争力、灵活力和驱动力。但是，大多研究至此为止，得出“国企混改要根据股东投入资源的金额，给予不同数量的股份，再依据股权比例配置控制权”的研究结论。然而，一方面，并不是所有资源都有公允价格，都能转化为对等资金；而且，这种对价关系也不会永远不变。另一方面，无法解释“股权比重小的股东，甚至是没有股权的经理层，在某些条件下也能掌握国企的控制权”的情况。所以，专用性资源的价值评估、动态变化，以及与资源相关的机制设计，都会影响控制权的配置。

（二）专用性资源分类

如果资源具备完全同质、富足不稀缺、能充分流动等特征，那么就不需要区分专用性资源类别。由于专用性资源含义泛化，国企各种相关资源都被包含在内。一般来说，大致会将国企专用性资源分为三类。

1. 有形实物的专用性资源

有形实物（即人财物）是专用性资源的主要形式，而且被专门用于生产型国企或特定国有工业。若有形实物被抽走，则资源的专用性消失，该国企或特定国有工业将无法进行任何生产活动，其他非专用性资源只能闲置或被无用消耗。在许多情况下，甚至有形实物进行很小的质量或数量调整，都会附带很多其他资源的耗损。因此，将以有形实物为基础的专用性资源划分为以下四种类型：一是场所位置，地位属性（如距离、城乡、境内外、内陆沿海等）难以仿制、移动或重置，如基础设施、自然环境等；二是实物生产资料（如设备、工具等），用于生产商品的物质形态资产；三是人工人才，与生产技术工艺不能分割，被培养于“边干边学”的实践中，与场所位置也密切相关；四是特殊标识（商标），满足特定消费群体偏好，可与生产工厂分离投资推广，增加标识价

---

① 郑志刚．分权控制与国企混改的理论基础［J］．证券市场导报，2019（1）：4-10+18.

值[①]会提升该商品的价值。

2. 无形概念的专用性资源

基于信息传播与科技创新，专用性资源是无实体形态且在概念上客观存在的特殊资源，如生产技术、顾客信任度、品牌形象、分销渠道、国企文化和管理能力等。例如，生产技术是工业国企最重要的一项无形资产，也是无形的专用性资源。虽然各国企属于同类行业且处在同样的市场定位，服务于类似特征的顾客全体，并拥有相似的技术探索方向，但在其实际生产经营中，其商品的功能体验及其所代表的设计理念却都是独有的。一项专用性生产技术，往往需要其他资源与技术予以支持和配合。于是，其客观上相互间会形成依赖[②]，就会增强其专用性程度。例如，缺少商业情报[③]，未来买卖交易就会有不确定性风险[④]，无疑会使双方的讨价还价变得更为艰难。最终也不一定能达成理想的交易结果，甚至会遭受直接损失。此外，还有与营销有关的广告推广、分销网络、销售合约、优良声誉，用于稳固锁住顾客的专用性资源，与经营相关的文化氛围、团队精神和管理能力等，以及可延续正常经营活动[⑤]的专用性资源。

3. 广义的专用性资源

狭义的专用性资源包括有形资源与无形资源。[⑥] 而广义的专用性资源，除含有狭义的专用性资源外，还将自然世界和人类社会中任何有用的、有价值的客观物质都看作专用性资源。例如，任何对国企经营决策和战略执行起作用的混改资源，如人力资源、财务资源、社会关系、品牌形象、知识产权、自然环境、技术创新等，均视为国企混改的专用性资源。其中，包括专用性制度改革资源。例如，政府规制、地方习俗、商业惯例，以及其他隐含于意识当中的非正式制度安排，都会对国企生产经营或其他资源有一定程度的专用性影响。因而，专用性制度资源往往是政策环境变量的线性函数，与专用性实物资源大不相同。[⑦]

---

① 如果该资源持有者采取机会主义欺骗行为，则创建商标的投资很难再在其他地方得到补偿。而且，企业也无法轻松地将其转为他用，或出售给其他企业。

② 若该生产技术离开本已适应或有机结合的研发制造环境，则剩余的资源与技术就也得不到有效应用或干脆闲置，难以模仿原来的生产动力与创新氛围，商品价值或企业绩效会大幅度下跌。

③ 熟悉该市场供求动向及交易网络的信息情报就是无形的专用性资源。

④ 在某类市场领域，买卖双方的交易信息不对称，兼有利己主义动机，协商谈判成本过高。

⑤ 一旦撤出专用性资源，其他资源便会减损价值，企业绩效也会短期下滑。

⑥ 罗辉道，项保华．资源概念与分类研究［J］．科研管理，2005（4）：99-104+57.

⑦ Richman B. D.，Boerner C. Transaction Cost Economizing Approach to Regulation：Understanding the NIMBY Problem and Improving Regulatory Responses［J］. Yale Journal on Regulation，2006，29（23）：29-76.

例如，某类设备机器磨损会产生有形损耗，技术进步或设备换代本会存在该资产的贬值准备，但是遇到国家及地区的会计制度改变，就会加速或减速折旧。所以，相对于设备的实际损耗，制度更为关键，同样表现出资源专用性。

表 3-1 专用性资源分类情况

研究学者	专用性资源分类
Penrose（1959）	实物资源、员工资源
Ansoff（1965）	财力资源、人力资源、物质资源
Wernerfelt（1984）	半永久性的有形资产和无形资产
Barney（1991）	资产技术、知识信息、组织流程
Amit et al.（1993）	可交易知识（如专利、特许权）、物质资源（财产、厂房与设备）与人力资源
Miller et al.（1996）	实物资源、财务资源、人力资源、商标专利、技术资源、管理资源、本地知识
Das et al.（1998）	财务资源、物质资源、技术资源、管理资源
Ardichvil（2000）	财务资源、物质资源、人力资源、社会资源
Ahuja（2000）	技术资源、商业资源、社会资源
Newbert（2007）	财务资源、物质资源、人力资源、知识资源、组织资源
刘益等（2004）	金融资源、技术资源、物质资源、管理资源
林嵩等（2005）	物质资源、人力资源、组织资源、资金资源、场地资源、人才资源、科技资源、管理资源
黄茂生（2008）	经济资源、人力资源、社会资源
李薇等（2010）	物质资源、技术资源、管理资源、市场资源
罗友花等（2010）	有形资源与无形资源；一般资源与稀缺资源；专有资源与国别资源

当然，如表 3-1 所示，除上述类别外，学者基于不同研究视角对专用性资源的划分以及对其各类别的归纳总结，往往会存在差异。在其他实证模型的研究中，学者不去定性地判断某资源是否具有专用性，为了便于量化资源的专用性，通常会设计或构造一些更加细致的量表指标。例如，是否归企业所有、具有异质性、具备完全流动性等。① 从企业资源（狭义与广义）与竞争优势（普通与战略）的关系上，可以通过“2×2”维度分类法，将专用性资源分为 4 类。当然，也可以从资源的表象性（有形与无形）、功效性（一般与特殊）和约束

① Wernerfelt B. The Resource-based Theory of the Firm [J]. Strategic Management Journal: 1984 (5): 171-180.

性（企别与国别[①]）等三个专用性标准，通过“2×3”维度分类法，将其分成6类[②]。

（三）股东身份角色

作为将资源投入混改并用于国企价值创造的所有者，外部入资国企后的股东[③]（以下简称外部股东）不单纯是在国企治理中发挥监督经理人的身份角色，最重要的是，其对国企注入的必要资源再进行价值创造。其中，股东资源是“股东个体所拥有的、投入于公司的，并用于提升其竞争优势与价值增长的所有生产要素”，不仅有股东财务资源，也包含投入并有助于企业发展的各类其他形式资源。但是，不限于物质实物、社会关系、人力知识、市场渠道与技术专利等非财务资源。一般情况下，很多国企资源，特别是基础资源，并不能从市场购买或等待自行开发得到，更多的是国企内部股东不断注入资源或直接充当资源。所以，国企混改只有接受不同股东身份角色提供的各种资源[④]，才能谋得发展。在本质上，股东被视为一群资源所有者，为实现国企股东团体价值增值目标，而聚合在一起。多类股东角色会有各种异质资源，如政企关系、管理经验、融资能力等各种不同方面。而且，资源间互补竞争优势、创造价值也是股东聚合经营企业的核心原因。[⑤] 对国企而言，其股东多见长于独特的人力资本、资产规模、政府关系等。但是，财务资金短缺、市场渠道闭塞是普遍现象。所以，除接受财务股东投资解决资金需求外，也需要接受产业股东投资，以克服技术约束和市场局限，这将是国企混改的必然选择。

国企要酌情选择外部股东[⑥]，与非国有股东构建新型股东关系。在现实经

---

① 按照资源的流动约束性标准，可分为企别（Firm Speccial）资源与国别（Country Speccial）资源。

② 罗友花，李明生．资源概念与分类研究——兼与罗辉道、项保华先生商榷［J］．科研管理，2010（1）：26-32.

③ 当然，此处包含参与国企混改的其他国有股东和非国有股东。由于本书更多地关注非国有股东，所以文中很少出现外部股东，经常用非国有股东来指代外部股东。因为从国资保值增值角度上看，如果能妥善处理非国有股东参与国企混改引发的控制权配置问题，那么对于国有股东而言，对其处理方式只要在此基础上做适当调整，就能够妥善处理。

④ 陈炳亮．股东多元化与企业多元化：股权与身份的作用［J］．软科学，2011，25（7）：107-112.

⑤ Teece D. J.，Pisano G.，Shuen A. Dynamic Capabilities and Strategic Management［J］. Strategic Management Journal，1997，18（7）：509-533.

⑥ 也包括到境外投资的其他公司，即国企作为境外投资主体，通过投入外币证券、实物技术、股权债权等资产或提供担保，获得境外企业所有权、经营权、控制权及其他相关权益。

营中，国企股东（尤其是国有大股东）的角色并不单纯是收益回报的监督者，同时也会依据资源类型、质量、数量等，索取治理参与权、控制权，以及享有管理权、分红权等。国有股东对不同股东资源的组合与利用方式决定其竞争力，影响国企绩效的提升。在既有的国企治理研究中，国有股东原有资产、国资股东政治背景、外资股东资金实力、民企股东经营经验、海外股东市场渠道等，都能转化为提高国企竞争力、增加国企价值的资源要素。国企会根据资产债务情况、专业技术程度与融资偏好成本来选择外部股东，不同类型的外部股东对国企混改治理效率有显著不同的影响。① 外部股东是以实现长远战略或短期利益为目标，长期持有大量公司股份，并参与指导核心业务或进行关联交易的外部机构投资者。一般情况下，外部股东可以是资本投资运营公司或产业经营实体公司。外部股东有成熟的同产业从业经验，与被投资国企从事同样业务或存在产业上下游关联。同产业外部股东投资目的是在执行建设产业集群或联合体的战略规划下，通过注资入股在同行业公司的治理中参股控股，使各公司间进行资源互换②，分别获得各方新资源，共同维持竞争优势或弥补发展短板。所以，除投入财务资金外，还能在技术管理、生产场所、市场经验、营销网络与品牌声誉等方面为国企提供互补资源，提升活力与竞争力。③

通常外部股东资源有专用性和稀缺性，难以被替代或模仿。于是，外部股东各项产业资源投入国企后，必然会索要对应部分的股权④，分享国企混改资源集合的控制权，或仍然保留对投入资源的部分处置权。另外，相对于财务资金来说，非财务资源更具有专用性，一旦投入，不易撤回。例如，内部股东引入外部股东合资共建厂房，无论双方任何一方提前撤走资金或违约转移资源，都可能会导致所建厂房未能按期完成，或者即便已建成，但也难挪为他用，其价值将大受影响。因此，内外部股东一般都会稳定持股，并监督彼此潜在的短期投机行为，共同寻求长期利益。但是，内外部股东并非持有同等数量的股份或很难平等分享国企混改后的控制权，总会分出控制股东与其他股东。前者是

---

① 葛永盛，张鹏程．家族企业资源约束、外部投资者与合同剩余［J］．南开管理评论，2013，16（3）：57-68.

② 股权出资、交叉持股是非国有股东以非货币财产参与国企混改的一种形式，非公资本主体以其持有的其他公司股权出资，投资国企。

③ Dushnitsky G.，Lavie D. How Alliance Formation Shapes Corporate Venture Capital Investment in the Software Industry：a Resource-based Perspective[J]. Strategic Entrepreneurship Journal，2010，4(1)：22-48.

④ 外部股东投资后，并不限于融资换股权的方式，还是聚焦于一种资源互换行为（Dushnitsky et al.，2005）。由于产业投资者有自身主营业务，其投资收益也不完全依赖于被投资企业，与创业企业利益并非完全一致。

在公司治理中，拥有绝对多数表决权的股东，或者拥有相对多数部分，但可联合其他股东构成一致行为人，足以行使实际控制权的股东，或者通过合法章程、行为合同等制度安排，能够有效控制董事会的股东。此外，在控制股东与其他股东间达到股权制衡或控制权合理配置后，还要考虑到管理层也会凭借投入资源（如财务协调、供应链关系、市场信息、管理技能等），取得除经营权外的股权激励以及相对应的控制权收益。

（四）各类股东资本

近年来，随着经济社会发展和对权力构成、知识经济与技术创新的认识普遍加深，智力资本、人力资本及关系资本等各种资本概念不断兴起，打破了资本仅限于货币形态的观念。在传统理论中，依据货币资本界定的“同质化”的股东概念，也被拓展了外延，丰富了内涵。[①] 因此，股东并非只投入财务资本，还投入或连带注入其他与股东身份角色密不可分的非财务资本如关系资本、组织资本等。股东资本也有异质性，具体表现为股东投入资源的差异性。国企混改引入外部非公资本，实现股权多元化。在此过程中，国企要先自评已有及缺失的资源，再有针对性地引入相应股东，投入该类资源。

表 3-2　股东资本类别

分类序号	划分标准	各种类别
1	支配范围	内部资本、外部资本
2	触及表象	有形资本、无形资本
3	货币形态	财务资本、非财务资本
4	异质关系	互补资本、增添资本
5	使用途径	通用资本、特用资本
6	可转移性	公地资本、产权资本

借鉴专用性资源分类方式，如表 3-2 所示，对各类股东资本进行分类，深入分析其不同特征。总体归纳，有以下六种划分方式。一是根据支配范围，可分为内部资本与外部资本。前者由内部股东投入资源，一般为国有股东及其主管部门和国有职工集体（工厂班组队）在混改前注入或创造的国有资产积累；

① 汪青松，赵万一．股份公司内部权力配置的结构性变革——以股东“同质化”假定到“异质化”现实的演进为视角［J］．现代法学，2011，33（3）：32-42.

后者存在于国企外部，主要是改革开放后在利好政策下不断成长的非公资本，通过购买国企股份注入各类资源，获取股权及部分控制权。二是根据触及表象，可分为有形资本与无形资本。前者包括国有股东投入的财务资本与实物资本，其价值量易确定，不会有合同争议；后者则包括与股东财务资本连带投入的人力资本、知识资本、技术资本、组织资本与市场资本等，很难估值，也是引发控制权争夺的一种原因。三是根据货币形态，可分为财务资本与非财务资本。与按支配范围分类法相似，股东财务资本仅指财务资金投入，而物质资本、技术资本、关系资本与人力资本及其他形态的资本，均被视为非财务资本。因后者没有较为成熟的交易市场，加之我国产权法律法规还不完善，确认所有权归属及评估价值价格都会有困难。非财务资本价值通常会随着要素市场供需变化，而发生激烈波动。同时，又不易找到可比价的其他资源，难以被替代。所以，非财务资本很难在投融资合同条款中，权责不留争议。四是根据异质关系，可分为异质的互补资本与同质的增添资本。前者是各类股东间有不同使用价值的资源。若国企需要，其投入将转化为互补资本。其中，财务资本的同质性高，与非财务资本的互补性也高，而非财务资本类别越多，互补性越高。后者是外部股东投入与内部股东同质或类似的资本，用于扩大国企原有规模。五是根据使用途径，可分为通用资本与特用资本。前者相对容易改变资本用途。若被改变，并不会对整合资源创造价值过程造成太大损失。后者具有专用性，不易改变用途。而且，一旦改变，价值创造就将遭受很大损失或彻底停滞。财务资本可归为通用资源，其流动性最强。但多数非财务资本不易改变用途或不能退出国企，如厂房、设备等有形资源，技术、专利等无形资源和适应当地独特营商制度环境的管理特长等。六是根据可转移性，可分为公地资本与产权资本。产权资本依据《公司法》确权并受到保护，如财务资本、实物资本与人力资本等，不可随意转移，不易被他人无偿侵占。公地资本没有对应的产权保护，如知识、情报及专业技术等，虽然也不易模仿，但产权模糊，缺少法律确权并予以保护。所以，存在很容易非自愿、不知情地被转移或侵占而受到利益伤害的风险。①

综上所述，许多研究都是以资本用途或资源特征为依据对资源或资本本身进行分类，将分类的焦点锁定在资本，而不是其所有者，即股东的身份角色。这就造成各类研究只关心资本，而忽视股东依靠资本在治理中行权的动机，甚

① Mowery D. C., Oxley J. E., Silverman B. S. Technological Overlap and Interfirm Cooperation: Implications for the Resource-based View of the Firm [J]. Research Policy, 1998, 27 (5): 507-523.

至形塑或重塑治理机制的行为。资源是股权治理结构的基础，但资源并不直接产生治理行为或配置控制权①，而是股东凭借资源转化为资本行使权力。所以，资源或资本只是工具②，要真正关注其所有者，即股东在治理中的角色与影响。本书着眼于国企各类股东参与混改的动机，将专用性资源转化的资本划分为三大类。一是股东资金财产资源转化的金融资本，即货币（现金）出资入股国企混改。非公资本直接注资国企而获得国企股权，是其参与国企混改最为普遍直接的方式。非公资本出资人要具有雄厚的资金实力，以法定货币单位认缴等额国企股份，其动机往往被假设为间接参与或不参与国企的实际经营活动。相对于股息分红，非公资本出资人更偏爱股票在二级证券市场交易后的溢价。所以，只会中短期持有股份，而不会长期持有。但对国企而言，简单便捷且能直接增加流动资金，摆脱资金困境。二是股东产业技术资源转化的产业资本，即实物出资入股混改，如设备机器、原料辅料、零件配件、货物建筑、土地使用权③、厂房环境等。投入实物必须能公允评估折价，或与国有股东协商定价，换算为现金，对价给付股份，确定好持股比例。其动机被假设为，更愿意直接产于国企实际经营。相对于远期的股权溢价收益，更偏爱近期的股息股利，更倾向于长期持股。非国有股东投入的实物，一般须为国企经营必需资产，符合有益性，定价公允，防止国有股份稀释而导致国资流失。而且，用实物代替现金出资，可省去购买时间。三是股东个人关系资源转化的社会资本，即股东个人及其社会网络资源投入混改，如政府背景、人际关系、客户联系、社会公关等。综合体现为非国有股东在社会结构中建立的信任、权威、关系等资源优势和竞争能力。④ 非国有股东与其社会资本密不可分。只有该股东本人，才能决定其投入的社会资本数量质量、时机频次等，需协商作价来确定对价持股比重。其动机多是在必要时，取得部分或完全的控制权。虽然社会资本不能直接产生效益，但可以带来更多的财务资源、产业资源，甚至是制度资源，借此参与经营决策。

---

① Deitz G. D., Tokman M., Richey R. G., et al. Joint Venture Stability and Cooperation: Direct, Indirect and Contingent Effects of Resource Complementarity and Trust [J]. Industrial Marketing Management, 2010, 39 (5): 862-873.

② Barney J. B. Firm Resources and Sustained Competitive Advantage [J]. Advances in Strategic Management, 1991, 17 (1): 3-10.

③ 只有以出让方式获得的国有土地使用权，才可转让。

④ 高闯，关鑫．社会资本、网络连带与上市公司终极股东控制权——基于社会资本理论的分析框架 [J]. 中国工业经济，2008 (9): 88-97.

二、金融资本（股东资金财产资源）

（一）金融财务资本

金融财务资本是股东投入企业的货币现金或贷款。该类资本流动性强，属于最典型的通用资本。通常，金融财务股东的资金实力雄厚、产业发展战略明确，并掌握核心技术信息，熟悉行业法律法规，对陷入资金困境的国企有很大帮助。例如，具备长期投资经验、已投资多家同类同行业或相关领域经营生产单位的机构投资者，如投资银行、股权投资基金等。金融财务资本投资国企混改的目的在于运用大规模资金认购国有股份，赚取国企股票交易溢价。其投资模式是低价买进成长潜力大、资产质量优的国企股份，再等股票价格升高后及时卖出手中股票，获得价差收入。与产业资本相比，金融财务资本投资的特点是：不一定非要直接参与国企经营生产实践，不轻易干预决策执行细节，也没有直接的产品业务往来；资本投入的资源相对单一（资金），而目标范围广泛；与国有股东现有资源互补更为简单，不以发展标的企业为目的，资本撤回转投他用相对便捷。当然，通过章程或规范来约定投资权利义务后，国企也能找到热心、积极的金融财务股东合资混改，使其对国企绩效高度负责，如打通国企资本市场融资渠道、优化国企治理机制、有效监督经理层等，保障金融财务资本的收益回报。经研究表明，有金融财务资本投资的企业一般发展快、声誉好，而且能接触学习同行、联盟新伙伴、增加上市概率等。[①] 同时，金融财务资本投资者为资本保值增值，也会主动在治理完善、战略选择、内部控制与外联公关等方面帮助国企。

基于金融财务资本的股权结构，对股东控制权配置影响的研究可大致分为以下两个阶段：第一个阶段（1932~1990 年），以研究“股东与经理层间的代理问题”为主（Jensen et al.，1976；Fauver et al.，2010）；第二阶段（1990 年之后），主要研究“大股东与中小股东间的代理问题”，且集中于股权集中度对权力制衡的影响（李明辉，2009；余明桂等，2007），以及两权分离度对公司价值的影响（Shleifer et al.，1986；Faccio et al.，2002；刘芍佳等，2003）等。两阶段研究的共同之处在于，理论假设是“现金为王”“金钱神圣化”的资本

① Kim C.，Pantzalis C.，Park J. C. Political Geography and Stock Returns：The Value and Risk Implications of Proximity to Political Power［J］. Journal of Financial Economics，2012，106（1）：196-228.

主义逻辑。所以，出资额对应持股比例，再对应股权比重，后对应控制权配置，最终可以金融财务资本描述股东利益诉求与治理权力的函数。① 根据现代企业理论，实物资本、技术资本、人力资本等转化为生产力，保持设施运转，促进营销推广等企业各经营环节间的协调与发展，即维系整个生产过程要消耗大量的资金。② 特别是最终国企所生产的商品的使用价值能否顺利转化为交换价值并获得利润回报，也取决于是否有充足的、可流动的金融财务资源。③ 因此，金融财务资本是所有资本（含国资）投资运营的首要条件。

国企拥有的早期金融财务资本，主要来自国企职员长期的积累，也是国企技术升级换代与创新成果转化的启动资金与最低保障。对于可抵押资产少、未来经营风险高、财政不予补贴的竞争性僵尸国企，银行信贷体系能给的融资会很少，风险投资基金等金融财务资本入股成为国企改革发展的重要推动力。然而，接受金融财务资本的同时，国企股权被稀释，也蕴含分享控制权的代价。严重情况下，国企混改后国有股东甚至会失去控制权，进而导致国资运营被动或流失。尤其是中小型国企，很少收到财政补贴政策倾斜。同时，资产规模有限，融资能力差。虽有不错的实物资源或技术资源，但受资金限制，难以有效利用。为摆脱资金困境、打破发展瓶颈，诸如此类的国企打破控股底线，急于引入大量外部资金。有的国企历史遗留问题被夸大，国有股份价值被低估，国有资产被转移流失，国企被搜刮殆尽，依然萎靡不振、资不抵债；还有的国企大肆举债扩张、吸引投资，金融财务资本违约撤走，导致国企债台高筑，影响可持续发展。他们都面临一个现实问题，即缺少资金。同样，也都忽略一个后续问题，即治理控制。前者起初需要资金来重新激活，后续需要控制国资运营；后者起初需要资金先减少债务，后续需要控制非公资本运营。因此，就国企混改而言，在考虑是否引入战略性金融财务资本及如何选择时，要先理顺完善治理机制、合理配置控制权的章程协议，再接受对方注入许诺的大量资金。

（二）金融财务股东

在委托代理模型中，股份公司被视为股东（委托人），雇佣经理（代理人）

---

① Troilo G., De Luca L. M., Atuahene－Gima K. More Innovation with Less? A Strategic Contingency View of Slack Resources, Information Search, and Radical Innovation [J]. Journal of Product Innovation Management, 2014, 31 (2): 259-277.

② 于立，唐要家．反垄断视角下的外资并购政策分析［J］．经济与管理研究，2006 (8): 21-25.

③ Teece D. J. Profiting from Technological Innovation: Implications for Integration, Collaboration, Licensing and Public Policy [J]. Research Policy, 1986, 15 (6): 285-305.

管理其财产。股东与经理各自追求私利，双方效用函数不同。所以，该模型隐含着以下两点假设内容：一是作为公司金融财务资本所有者，股东的利益最大化应当是公司首要实现的目标；二是公司治理致力于股东能控制其金融财务资本，获得回报。虽然股东职能远离经营管理，但通过股东大会、董事会等治理机制，定位于保证资本回报的"控制人"。不难发现，委托代理模型未能来得及考虑股东（委托人）内部冲突，而将股东简单视为同质的金融财务资本所有者，且股东间有着共同的目标，即企业价值最大化就是利己。由此，在国企混改的治理中，控制权配置也立足于各类股东间无差别的假定基础上。所以，"一股一票""同股同权""资本多数决"等为国企各类股东平等行权的体现，即股东按其持有股份拥有对应的收益权与投票权。也就是说，根据"资本同质—股份平等"的理念，设计出"同股—同利—同权"的控制权配置机制。而且，国企股东大会表决机制采用"资本多数决"原则，国企内部治理就不可避免地会出现"多数暴政"①，抽象的"资本平等"，掩盖"资本相对多，就占有全部控制权"的事实②。股东间不平等的控制权配置，使股东大会变成了"大股东会"③。在实际中，大股东与中小股东间的利益冲突和控制权配置问题普遍存在。

在国企治理中，大股东控制并侵占中小股东利益的原因很好回答，就是资本多数对资本少数的暴政。即便大股东股权比例不高，不是唯一股东或绝对大股东，只要相对控股，就能获得全部的实际控制权。追求私利及要实现自有目标的大股东持有的股份比例，只要刚好能完全占有控制权即可，投入资本量要越少越好。所以，大股东会用金字塔式控股、交叉持股、优先表决权或多类别股票等方式，构建高度分散的纵向股权结构控股。只用少量金融财务资本，取得最终实际的控制权。④ 而且，相关实证研究众多，主要集中于大股东控股结构对经理人代理、股东治理角色、股东相互制衡、两权分离、公司绩效等方面的影响。⑤ 其中，常用的股权结构变量全都与持股比例相关。例如，内部人持股比例、股权集中度（赫芬达尔指数）、股权制衡度（Z 指数）与两权分离度

---

① Becht M., Barca F. The Control of Corporate Europe [M]. Oxford: Oxford University Press, 2001.

② Shleifer A., Vishny R. W. A Survey of Corporate Governance [J]. Journal of Finance, 1997, 52 (2): 737-783.

③ Claessens S., Djankov S., Lang L. P. The Separation of Ownership and Control in East Asian Corporations [J]. Social Science Electronic Publishing, 2000, 58 (1-2): 81-112.

④ Faccio M., Lang H. P., Young L. Dividends and expropriation [J]. American Economic Review, 2001, 91 (1): 54-78.

⑤ Bloch F., Hege U. Multiple Shareholders and Control Contests [J]. MPRA Paper form Unirensity Library of Munich, Germany, 2003 (9): 1-33.

(控股股东控制权与现金流权的分离程度）等。[①]

虽然股东同质化假定被打破，转而研究异质性股东，但“异质性”仅限于持股比例有大小之分，即分为大股东和中小股东。然而，从国企混改的治理实践来看，各类股东的所有制背景、资本属性、关键性影响、与经理层关系、所获决策信息等也有不同，在治理中的控制力、行权力与利益诉求等也有差异。所以，仅从股权控制视角研究国企混改控制权配置问题，上述结论并非一致。具体可以归纳为以下三类有突出矛盾的结果：一是大股东不一定与中小股东同样关心企业价值，未能深入挖掘其利益的异质性。大股东构建金字塔控股结构，行使控制权，侵占中小股东利益，也可满足其私人收益诉求，不必在乎企业价值。二是大股东不一定是实际控制人，未能深入挖掘股东的社会关系背景。实际控制人利用社会资本控制大股东，从事关联交易或隐藏关联交易行为，使交易各方表面上不存在关联性。三是股权分散多元化后，各类股东不一定能相互制衡。[②] 股东间依据关系的亲疏远近差别，可以合谋，成为一致行为人，共同分割侵占其他股东权益。

三、产业资本（股东产业技术资源）

（一）实物资本

与金融资本相比，实物资本的变现性与流动性较差。金融资本称为经济资本，实物资本称为商业资本。[③] 在国内产业链及全球价值链中，国企混改可通过多种资本化方式，来获取经营活动所需的各种资源。国企内部股东治理与外部资本市场交易是两种获取资源的最基本方式。对于国企而言，资源的专用性是在两种方式间选择的关键。随着科技革新、经济全球化带来的生产方式革命性变化，基于产业链上下游动态合作的战略联盟，逐渐成为介于纯粹的资本市场和内部治理间的第三种资源获取方式。其中，产业实物资本成为主要的投资形式。特别是“二战”后各国经济逐渐恢复与振兴，产业实物资本的跨国流动

① Jensen M. C., Meckling W. H. Theory of the Firm: Managerial Behavior, Agency Costs, and Ownership Structure [J]. SSRN Electronic Journal, 1976, 3 (4): 305-360.

② 魏明海，程敏英，郑国坚. 从股权结构到股东关系 [J]. 会计研究，2011 (1): 60-67+96.

③ Ahuja G. Collaboration Networks, Structural Holes and Innovation: A Longitudinal Study [J]. Academy of Management Proceedings, 1998 (1): 1-7.

得到更迅猛发展，并且表现出与传统金融资本迥然不同的特点。大致有以下五个特点：一是由于实物资本比金融资本更有资源上的专用性，所以对国企控制权有更强烈的要求，其股东更倾向于绝对或相对控股，同时直接或间接参与国企经营，或者联合国企与自有企业共同运营。二是实物资源不单纯只是以货币贴现折算股份后就完成资本形态的确权，而是连同与其相关的设备配件、后续服务、管理知识和运行经验等附带资源“一揽子”转移。三是实物有物质实体性，只能以资本形态转移，但不易挪动运输。[①] 一般通过在国企当地购买有价证券或发放贷款等方式，间接创设独资或合资建设工业企业进行生产制造，当符合标准条件后，实物资源才能形成，进而再行投资。但是，因实物资源与折旧周期和经营回报密切相关，其流动性差，沉没风险高。四是通过金融资本入股位于产业链上下游的多家企业，以组建产业联盟体系后采取实物资源的关联交易。这样，资源转化为资本，提高流动性，并降低风险。五是实物资源不会因当地经济波动而迅速抽走，能继续维持企业运行，且生产性实物具有一定程度的技术垄断性。实物资本股东可利用这种垄断优势，增强其在混合所有制企业治理中的话语权。

非国有股东能够以实物形态直接投资国企，如固定资产（机器、设备）、房地产（厂房、建筑）、存货投资、贵金属投资、收藏品（艺术品、书、邮票、宝石等）投资等其他生产经营性物资。评估作价后，折算为股份，参与国企治理机制。首先，国企混改需要广阔的市场资源，即外部（境内外）股东在市场竞争中积累的营销经验、供销渠道、品牌影响等资源。一般情况下，在市场上“摸爬滚打多年”的成熟民企，其品牌影响要显著强于受国家及地方政策支持销路或托底收益的部分国企。所以，国企与其他成熟民企合作混改，也就在一定程度上将其市场形象、品牌声誉、渠道优势等重要资源转化为市场资本。因此，接受民企入股，使其成为混改后企业的股东，可综合提升国企市场竞争力。其次，国企发展所需的信息资源是国企可以获取商业情报的渠道和占有与分析信息的能力，这些会对及时识别未来发展机会产生直接影响。[②] 就绝大多数国企经营而言，对来源广泛的、多种专业化的信息进行收集、整理与分析，有助于国企将原有生产制造技术与新信息相融合，激发经营新理念，进而有机会辨识新趋势，重组开发行为。国企获取持续可靠有效力的新信息，需要将各类商

① Aghion P. , Bolton P. The Financial Structure of the Firm and the Problem of Control [J]. European Economic Review, 1989, 33 (2-3): 286-293.

② Porter M. E. Competitive Advantage [M] . New York: The Free Press, 1985.

业信息产出者或搜集人纳入混改的考虑范围，将信息资源贴现折算投资入股，形成信息资本，增加国企发展机遇。此外，国资国企扶持产业政策对民企也是一种可利用的政策资源。例如，得到政府投融资、财税减免、租赁补贴、采购优惠、绿色通道、人才引进等政策倾斜，可增大民企成功实现业绩目标的概率。所以，民企参与国企混改对其把握创业时机、研发创新产品与选择商业模式有重要影响。通常，一项对行业扶持有倾向性的国资政策，在短期内就会催生很多混合所有制企业。

通常而言，当国企面临高外部交易费用时，通过直接并购行为（兼并、收购、控股）完成实物资源的内部化，构建自有能力，是更合适的选择①，特别是面对专用性很强的实物资源（Williamson，1985）。从交易费用理论上看，国企混改采取何种方式获得专用性资源，往往与实现特定获利目标而采取的交易行为相关。权衡交易付出与目标收益是国企决定是否并购使实物资源内部化的重要因素。但在现实中，国企并购其他实体企业也会有高昂代价，面对买入“垃圾资产”闲置的道德风险。因此，在确定混改限度时，国企必须慎重权衡目标实物资源的专用性价值（Barney，1999）。然而，国企混改采用并购获得实物资源的优点有以下两点：一是降低直接采购实物的质量风险，避免有关联的供货商提供次品或行贿。为减少品质问题、维护品牌声誉，提供可靠的实物资源保障（Singer et al.，2003）。二是应对潜在的资源短缺带来的价格剧烈波动，避免供给方“敲竹杠”的败德行为。通过并购上游供货商，获得专门的资源供应保障（Carlton，1979），抵御同业竞争对手。

基于产业链上下游视角，实物资本股东的控制力主要体现在“把握产业链中实物资源的中心环节和重心要点”上。其中，中心环节是“具备向终端顾客提供最终产品和完整服务”的关键点，重心要点的判断标准是“有核心专利、关键技术，附加价值高”的产业资源，或是储量大、品位高的实物资源等。②从理论上讲，倘若采取市场买卖方式获取此类专用性实物资源，会面临交易费用高而被“敲竹杠”的风险。③对于特定社会功能约束或负担宏观政策任务的国企混改而言，通过兼并重组，资本化外部股东的专用性实物资源占据产业链中心环节，能为国企混改后的发展提供物资保障。此外，掌握已开发的创意新

① Case R. H. The Nature of the Firm［J］. Economica，1937，4（16）：386-405.

② 吴金明，钟键能，黄进良．“龙头企业”、“产业七寸”与产业链培育［J］. 中国工业经济，2007（1）：53-60.

③ Klein B.，Crawford R. G.，Alchian A. A. Vertical Integration，Appropriable Rents，and the Competitive Contracting Process［J］. Journal of Law and Economics，1978，21（2）：297-326.

产品生产也被视为促进国企混改的重要手段（Mcfarlane，2006）。国企之所以引入非国有股东混改，很多是因为民企拥有创新性技术或商业创意的新概念产品。与停留在纸面上的新技术专利不同，新概念产品的出现反映出已将新技术创新变成产品或者已成立公司并开始着手于专利运营。提高企业绩效总是要依托于一些新产品。[①] 国企更青睐于已有新概念产品资源相对丰富的民企资本，来投资入股并参与混改。由新产品转化为超额利润，其关键在于解决“如何凭借民企的市场资源、销售渠道再捆绑国企成熟品牌、商业声誉、规模体量”的问题。所以，合作共赢是混合所有制企业常用的发展策略。

（二）技术资本

技术资本，是国企的核心竞争力，对尖端的、高新的装备制造业领域尤为重要。一项先进专利技术不仅能大幅提升国企生产效率，还能使产品更新换代，获得技术溢价。党的十八大报告指出，“实施创新驱动发展战略，把科技创新摆在国家发展全局的核心位置”。作为国有经济的重要组成部分，国企相比外企和民营企业，无论是研发投入总额、研发人员数量、研发产出规模，还是成果转化效率，均有显著不足，而且技术创新绝不可能一蹴而就。国企要想获得先进技术，除购买专利、引进人才、增大投入外，最便捷、有效和直接的办法就是“引智”入股混改。国企混改引入技术资源富集的战略性投资者，使技术资源转为技术资本，再准予投资入股，就能迅速实现技术升级与改造。技术资本是技术资源所有者将其科研开发、制造技能、生产工艺、再造流程、革新嗅觉等创新能力折算为企业股份（Cooper，1983）。吸引有技术领先优势的非国有股东参与混改，便于国企利用其技术的扩散效应。基于原创科技建立的民企，主要从事与技术相关的研究、开发、转让和咨询，是将科技商品化作为主营业务的中小型技术创新企业[②]，其产品是技术，而不是实物。入股国企混改，可以形成优势互补。一方面，科技型民企的技术资源充足，可以帮助国企成功研发新产品，获得领先竞争优势与超额利润；[③] 另一方面，科技型民企的金融资本相对稀缺，国企依靠庞大的资产规模可以资助其创新成果的产品化与商业化。[④]

---

① Gilbert B. A.，Mcdougall P. P.，Audretsch D. B. Clusters，Knowledge Spillovers and New Venture Performance：An Empirical Examination［J］. Journal of Business Venturing，2008，23（4）：405-422.

② 迟建新. 科技创业企业的融资工具选择与体系组合［J］. 改革，2010（1）：119-126.

③ 秦剑. 营销资源和技术资源的互补、替代效应与创业型企业的新产品开发［J］. 科学学与科学技术管理，2011，32（2）：133-139.

④ 彭华涛，谢科范. 高科技企业创业社会网络的形式表征及特点分析［J］. 科学学与科学技术管理，2005，26（7）：68-71.

所以，作为未来竞争优势的主要构件，技术资本成为金融资本的吸引主体。一方面，专利技术的价值实现，依赖于低风险的融资；另一方面，资本的保值增值，需要不断更新换代的专利技术。但是，由于缺乏技术资源，国企需向潜在的专利技术所有者发送可靠的混改信号。然而，专利产权市场还不够完善，信息不充分，交易价格难以反映实际价值。另外，专利技术转化为市场认可的产品，仍需经历一个相对复杂的开发过程，难以对其价值进行准确贴现评估。[①] 所以，技术资本入股国企混改也面临多重约束。[②] 其中，国企或国有股东面临的最大挑战与困难就是，如何避免并甄别民企或非国有股东隐瞒以假冒伪劣、无商业价值、无开发新意的专利技术来换取或稀释国有股份的道德风险行为。因为技术缺乏实体表象，大多依赖主观概念推测其价值量大小，国企混改中的各类股东可能会有不同认识（Nadeau，2010）。因为技术资源有稀缺性和不可模仿性，所以技术资本的专用性很强，会增加其参与重构股权结构的机会。[③] 只有技术资本所有者，才真正熟悉其技术资源各方面的具体信息（Shane et al.，2002），但又出于对技术资源被侵占或滥用的担心，可能会限制披露其细节，使信息不对称更加严重。加之市场风云突变，也会加快技术革新速度，造成技术价值剧烈波动，最终引发国企混改后的控制权冲突。国企为使国资保值增值或掌握混改后的控制权，会犹豫或不敢轻易注资科技型民企和吸引技术资本入股，出现逆向选择，导致“劣币驱逐良币”现象（Greenberg，2013）。如此，产权市场上会充满低质量的专利技术，国企引智混改将变得更加谨慎与保守。[④]

然而，大量实证研究表明，专利内容简介、申请数量的披露情况与吸引金融资本的概率间有正向关系[⑤]，而且相对于基础研究而言（Haeussler et al.，2011），应用研究专利多的企业更受金融资本青睐（Hall et al.，2001）。有研究通过分析 370 个半导体企业的 813 个融资项目，发现专利申请与交易前股票估值溢

---

① Sahlman W. A. The Structure and Governance of Venture-capital Organizations ［J］. Journal of Financial Economics，1990，27（2）：473-521.

② Amit R.，Glosten L.，Muller E. Entrepreneurial Ability，Venture Investments，and Risk Sharing ［J］. Management Science，1990，36：1233-1246.

③ 寇宗来，周敏．机密还是专利？［J］．经济学（季刊），2012，11（1）：115-134.

④ Dushnitsky G.，Shaver J. M. Limitations to Interorganizational Knowledge Acquisition：the Paradox of Corporate Venture Capital ［J］. Strategic Management Journal，2009，30（10）：1045-1064.

⑤ Cockburn I.，Wagner S. Patents and the Survival of Internet-related IPOs ［J］. Research Policy，2010，39（2）：214-228.

出呈正相关，即每个专利相当于股值230万美元，即17%~20%的溢价。[①] 而且，在缺乏全面信息的首轮融资中，专利权数量成为关键信息，有利于对企业估值并反过来促进企业对专利进行投资（Conti et al.，2013）。此外，健全对技术资源的产权保护及信息披露等相关法律或制度机制，也可以在一定程度上解决上述国企引入技术股东混改所面临的各种问题。在专利产权保护制度下，技术资源所有制会主动增加专利供给，便于建立并完善其交易市场，形成公允的市场价格。[②] 同时，对利用技术资源的未来风险，给予一定比例或数量的残值保障或保险。那么，国企混改就能合理利用国资对专利进行投资运营，使其保值增值。[③]

四、社会资本（股东个人关系资源）

社会资本基本上表现为个人在其身处的社会网络（关系结构）中，所拥有调配他人附属资源的资本化能力。一方面，独特的关系结构会决定特定的资源构成，实施某种资本化方式，以形成控制行为；另一方面，在独特的社会情境中，资源构成会促进利益相关者相互合作，以形成群团一致行为。其中，各成员间的连带关系强弱程度最终决定社会资本的数量与质量，连带关系强弱程度由认知时间、互动频率、亲密程度和互惠服务构成[④]，又可分为家人、熟人、生人等地缘差序类别。社会资本有结构、关系、认知三个维度。[⑤] 其中，结构维度描述“连带强弱、阶层疏密”，关系维度刻画“信任情感、身份权责”，认知维度表现“思维方式、意识形态”。简言之，当资源所有者凭借社会网络获得企业控制力及溢价利益时，便衍生出社会资本。

（一）人力资本

股东个人的人力资本主要聚焦于个人基本能力，而不是借助外物或他人而

① Hsu D. H. Venture Capitalists and Cooperative Start-up Commercialization Strategy ［J］. Management Science，2006，52（2）：204-219.

② Rumelt R. Toward a Strategic Theory of the Firm ［M］ //Competitive Strategic Management. New Jersey：Prentice Hall，1984c：556-570.

③ 李诗，洪涛，吴超鹏．上市公司专利对公司价值的影响——基于知识产权保护视角 ［J］．南开管理评论，2012（6）：4-13.

④ Granovetter M. Economic Action and Social Structure：The Problem of Embeddedness ［J］. American Journal of Sociology，1985，91（3）：481-510.

⑤ Granovetter M. The Impact of Social Structure on Economic Outcomes ［J］. Journal of Economic Perspectives，2005，19（1）：33-50.

体现出的整体实力，具体包括股东个人拥有通用人力资源（普通劳动技能）和特殊人力资源（管理艺术、创新创意、经营才能，以及产品、顾客、渠道等规律常识）。所以，人力资本是很稀缺的（周其仁，1996），有很强的专用性[①]。此外，股东个人的人力资源并不表现出公有属性，而是源自于个人，伴随其身体的转移而流动。国企混改引进技术人才或采取员工持股计划均属于将不同人力资源资本化，可折算为股份并转变为人力资本，反注入国企的股权结构之中。因此，人力资本天然带有非公资本属性。但也可通过团队合作等社会化生产形式，转为公有资本。国企职工参与治理是国企传统的转型思路，可分为以下两种方式：一是国企职工民主选举出监事，进驻监事会参与国企治理；二是持有国企股份后民主选举出董事，进驻董事会参与国企治理。上述两种方式并不矛盾，可兼而有之。但从控制权配置视角来看，董事会的力度比监事会相对较强。国企职工参与治理的核心目的在于分权，以更好地利用人力资本与其他资本（如金融资本、产业资本），共同发挥资本合力。实际上，国企混改控制权配置，就是对治理利益的分配，即是各方治理势力相互对抗和协商妥协的最终结果。由于个体股东分散、诉求多样，所以需要基于职工身份，挖掘其内在共同利益。只有保障人力资本的凝聚力，才能使职工共同参与，使国企治理得以有效运行。公司控制权并不天生归于金融资本或产业资本的出资方，职工也可作为人力资本的出资方分享对应比重的控制权。在国企混改中，职工持股后与混合所有制企业的关系不单是挣得薪酬的劳动关系，还有基于股权赋予的投票权，参与企业的控制权配置。其中，持股职工与其他资本股东有平等的权利，职工是潜在的所有者和经营者。国企职工分权制衡，意在与股东分享收益权，与经理共享经营权，做监事承担监察权。

另外，特殊人力资源，特别是企业管理能力，一直制约着我国很多国企的发展。国企经营市场化程度不高，普遍缺少竞争优势。而且，不少国企高管由政府或监管部门直接委派或仍兼任政府官员，多已习惯于以完成政策计划为目标指向，以行政指令方式管理国企经营，而不是依靠市场规律。他们因长期局限于政府行政体制，对如何管理尚处于激烈市场竞争中的国企这一问题，在短时间内难以打开思路，创新意识不足。但是，市场诉求瞬息万变，发展机遇转瞬即逝。国企管理模式和行政思维，制约着国企迈向经营市场化、管理规范化、创新科学化、营销国际化的改革道路。因此，国企混改引进高级管理人才就迫

---

① 方竹兰．关于国有制经济改革逻辑的反思［J］．经济与管理研究，1997（1）：10-12.

在眉睫。非国有股东将人力资本注入国企并折算为股权，然后依托其市场化经营标准，组建优秀的企业管理团队。通过沟通交流、管理培训、文化交融等规范化管理，给国企带来先进的科技理念和创新产品，进而提升整体绩效，快速形成国际市场竞争优势。马克斯·韦伯（1905）认为，在政治经济、宗教伦理和心理生理上面临危难时，天然的领导者既不是被任命的行政官员，也不是习得知识的技能专家，更不是为职业薪酬的管理人员，而是被设想为超自然的（并非人人都能企及）、有特殊身体与精神天赋的实现者，即魅力型统治者。①所以，"人力资源转化为人力资本，进而获取控制权"，纯粹是建立在企业组织整体实际承认其所有者的基础上。根据企业发展的具体情况和组织心理的波动状况的不同，有时会主动承认，有时却是被动的。其根源在于，在组织氛围内或群体信仰上，都倾向于不同寻常的、闻所未闻的、完全陌生的事物，并且将其视为有价值的、能托付于利益的人物，而赋予其控制力。

（二）关系资本

从所有者与周围附属事务链接而产生聚合资源的功能视角上，界定关系资源会更准确些②。关系资本是一种社会关系网络，结构化形成的组合资源。在社会关系网络结构中，个体必然与他人建立必要的关系连带③，获取稀缺性资源④，关系资源所有者进驻企业时会将其折算为个人股份，形成对应价值的关系资本。但是，关系资源的多少和关系资本的多少，或与其占有股权比重的多少和其所有者分享控制权的多少密切相关。然而，关系资源存在的基础是通过彼此信任、团体习俗、组织惯例、群体氛围等非正式社交规则搭建起的关系各方的"信息互换、物资往来"网络。⑤ 所以，非国有股东的关系资本也嵌入于周围社会网络中，而且被用于在国企治理结构中，动员、调用并控制各方关系资源投资和获取回报。⑥ 虽然现代公司治理机制秩序，旨在促进非人格化的资本被投资换取股份后的控制权的规则，但大多数社会精英往往依赖亲友关系建

---

① ［美］查尔斯·卡米克，［美］菲利普·戈尔斯基，［美］戴维·特鲁贝克，等．马克斯·韦伯的《经济与社会》：评论指南［M］．王迪，译．上海：上海三联书店，2010.

② Coleman J. S. The Problematics of Social Theory［J］. Theory and Society，1992，21（2）：263-283.

③ 马克斯·韦伯认为，人类天生的社交性植根于亲戚选择性和朋友互惠利他性，即对亲友的偏爱。

④ Fafchamps M.，Minten B. Social Capital and Agricultural Trade［J］. American Journal of Agricultural Economics，2001，83（3）：680-685.

⑤ Zahra S. A.，Sapienza H. J.，Davidsson P. Entrepreneurship and Dynamic Capabilities：A Review，Model and Research Agenda［J］. Journal of Management Studies，2006，43（4）：917-955.

⑥ 高闯，张清．双层股权结构运作与企业创新型发展的关联度［J］．改革，2017（1）：99-109.

立社交网络，推进资源流动。社会关系被视为股东保持控制地位的工具，而且不依附于环境变化，尽量依靠自身刻苦努力就能受益。所以，公司治理中一旦嵌入核心股东的社会关系，使治理结构与关系结构重叠，公司利益就变成核心股东利益，也就会遭到侵占，从而使核心股东与其他股东利益一致的合法性被降低。因此，核心股东就不再考虑整体股东或为整体股东负责了。

如果经济长期持续繁荣，就为嵌入核心股东社会关系提供了掩护，使其不用继续大力投资获得股权，也能够长时间占据企业控制权。当然，除国有股东外，国有股东的关系资本也可成为一个释放国企资产质量的信号。国有股东的关系资本更丰厚，不仅意味着国企有政府背景，而且意味着能够依靠政府关系具备一定的政策倾向力和资产实力。例如，国企高管担任人大代表、行业协会会长等，或者国企参加商业协会或举办项目洽谈会，是为了增加关系资本，有利于在混改时获得更多的金融资本、产业资本或人力资本。与人力资本相比，股东的关系资本更能吸引其他资本入股。尤其是对于国企而言，国有股东的政府关系对混改获得民企或非公资本青睐有正向影响。① 国企竞争意识弱、改制上市晚、融资经验少，通过政府关系开展一些政策性产业互动，能接触到更多行业的战略机构投资者，拓展国企关系范围，进而增进混合股权关系的“商机”。国企混改融资面临的最大问题是信息不对称，虽然政府发布扶持或激励政策，可以发挥促进国企混改的积极作用，但外部金融产业投资者无从判断国企混改后是否就会改变原有治理机制，仍然无法评估其未来商业价值。所以，非公资本投资者更愿意相信同行或从众跟风，即如果国企在行业内有社会关系，就能增加混改信息的可信度，促使其做出决策。

虽然关系资本能够普遍强化股东间诚信程度（Spagnolo，1999），但如果遇上经济衰退或外部收购，也会因引起治理危机而争夺控制权（Coleman，1990）。股东的社会资本控制主要表现为，在现有社会情境下，通过非正式关系契约确定与其他股东间的权益归属，即越过股权控制的正式制度，形成“以低持股比例获取最终投票权”的权利认可。② 由此，就生成“股东积累关系资源—布局关系结构—构建关系网络—嵌入治理结构—形成关系资本—占据企业控制权”的动态过程。其中，增进股东间信任、促成资源合作是关系资本的涉取阶段，

① 杨建东，李强，曾勇．创业者个人特质、社会资本与风险投资［J］．科研管理，2010，31（6）：65-72+112.

② 李海英，李双海，毕晓方．双重股权结构下的中小投资者利益保护——基于 Facebook 收购 WhatsApp 的案例研究［J］．中国工业经济，2017（1）：174-192.

越过股权结构、嵌入治理结构是投资阶段，争取实际控制权、获得剩余收益是回报阶段。在国企混改治理中，除使用明示规范（法律法规）构建正式的治理机制外，各类所有制股东（国企高管）还会凭借默会共识（习俗惯例）弥补各自的治理疏漏，有时一致，有时冲突。也就是说，在股权控制基础上辅以社会资本控制手段，达到夺取控制权、操控经营决策等目的。当然，因受“一股一票”治理规则限制，大多国企仍采用“国有股东相对控股，非国有股东适当集中”的股权结构。既能防止国资流失，又能尽可能扩大混改力度。但是，由于长期受“礼”文化熏陶，我国社会关系结网后会表现出“圈状”差序特征。于是，除运用金字塔股权结构、多条控制链控制、类别股票、交叉持股等手段分散股权，使控制权和现金流权偏离外，股东还会委任强连带（血缘、亲缘、姻缘、乡缘）关系人担当管理层，通过关系资本获得控制权私利。但是，却使国资流失，难以保值增值。

此外，在国企与外部股东建立股权关系的过程中，经理层持股投入关系资本也可能起到“促成国有股东与非公资本接触”的重要作用。一方面，经理层关系资本是国企融资的直接源泉。在招投标规范和产权市场不完善的情况下，国企经理层家庭及好友的私人投资即 FFF（Founder-Family-Friend）是改制初期的主要资金来源。另一方面，在一定程度上，经理层关系资本决定国有股东所能接触到的信息范围，以及所能调动的资源水平。[①] 经理层关系资本能为国企创造良好、便利、富集的融资平台。[②] 社会网络高度嵌入的企业可比较便利地找到投资合作伙伴，并分享商业信息（Gulati，1995）。所以，有混改经验的国企高管利用其社会关系网络资源，会比首次参与混改的国企高管更容易获得非公资本。[③] 同时，国企经理层还可以用社会关系内部信任做担保，弥补金融产业资本的不足。[④] 当然，国企经理层直接依靠社会关系获得专用性资源，也使其有了关系资本，为连带其他资本、形成国企“内部人控制”创造了基本条件。

---

① 杨俊，龚六堂．国有资本收入对养老保险的划拨率研究［J］．金融研究，2008（11）：46-55.

② 刘满凤，唐厚兴．基于社会网络模型的知识溢出传导过程研究［J］．当代财经，2010（5）：61-70.

③ 张玉利，杨俊，任兵．社会资本、先前经验与创业机会——一个交互效应模型及其启示［J］．管理世界，2008（7）：91-102.

④ 李嘉玲．社会资本、关系风险对担保能力影响研究——以天津市为例［J］．江西财经大学学报，2011（6）：11-17.

（三）组织资本

古希腊哲学家亚里士多德指出，人类是天生社会型动物。马克斯·韦伯认为，人类社会的组织活动，根植于社会内部偏爱亲戚的资源共享，以及互惠利他的资源分享。无论是前者还是后者，都不是后天习得的社会行为。无论社会情境相同与否，文化背景有无差异，每个人在孩童阶段都会本能地偏爱亲戚，与周边任何人交换恩惠，这两类行为不完全是理性的算计。由此，这种人类情感将有助于发展基于亲友合作的社会关系。但是，非人格化层级管理（马克斯·韦伯称为"官僚"）体系是反人类天性的表象。挑选高素质下属并给予报酬，而不选亲戚或周围朋友，是层级制度建构出来的社会行为，违背人类的自然倾向。虽然现代企业制度使人类已超越亲友的方式组织生产，相互合作依存，但一旦这套制度体系分崩瓦解，原有企业组织成员又会回到人类天然预设的社交行为，即裙带主义。在当前现实中，天性和制度是形成组织的两种政治基础，互为补充。由于民企内部治理关系（官僚上下级结构）嵌入国企后，能够为后者快速带来稳定的治理秩序，并且理顺其他资源配置关系，以加速各类资本流动。于是，这种能够提升混合资源使用效率、治理结构内在、促进上下联动合作的治理关系结构，就成为国企特别是混合所有制企业梦寐以求、不可或缺的重要资源，即组织资源。掌控的这种组织资源便资本化为组织资本，即折算为国有股份，从整体绩效中获得资本回报。

人类最早的组织资源是群团和部落。前者是由距离可触及的不限规模人数的群体组成，组织资源受规范制定者控制。后者是以有共同祖先为原则的有限人群聚集而成，组织资源受首领控制。要想在社会中大幅扩展信息交换或在企业里减少资源配置摩擦，两种组织资源都是必不可少的。首领要想赢得绝对权威，就要为族人持续提供利益。如果无序泛滥并危及部落资源，即族人受到危害，族人就会将过错归因于首领，并取而代之。但在群团内，规则制定者和听令者间有真正的互惠交往，即政治庇护。[①] 时至今日，都还没有被完全替代，也还是通过正式规则取得组织资源权力的最佳途径。马克斯·韦伯认为，组织

① 普遍客观存在于组织内的政治庇护是人类社会关系的基本类型，即两个不同权力地位的人交换利益。通常涉及庇护人专门给依附者特别配置对应的好处（非公共物品，也非普适政策），以换取其政治支持。但是，要区别于依附主义。前者经常是庇护人与依附者面对面的个别利益交换，任何体制的组织中都会存在，无论威权制，还是民主制；后者涉及庇护人与依附者间大规模、高频次地交换好处，又有多层代理中介。

追随者的政治支持行为受到其实际经济取向的必要性的制约。所以，形成组织资源，要采用企业内部各方利益平衡的方式，产生如何支配实际权力的意向，并形成分配与使用企业集体收益的默契，即企业制定的治理制度。但是，强制用治理制度规范国企混改很难取得实际的企业绩效，其原因在于，国企获取物资能力是有限的，物资的种类也是有限的，各种约定俗成的物资配给方式也是受限的。而且，默契是在稳定情境中存在的一种特殊行为形式。当错综复杂的治理关系在资本市场上相互交织时，组织资源越依附于国企外部，涉及面越广，国企混改后治理的权力摩擦就会越频繁。

另外，组织资本所有者实施治理权力时，存在私人经济利益与执行制度收益间的选择。仅为合规的组织行为而放弃经济获利机会的可能是微乎其微的。当民企原有的治理惯例并不严重违反国企混改后的治理制度时，特别是在国企混改后治理制度改革恰恰忽视了非国有股东更广泛的利益时，治理制度常常会被绕开。而且，在国企改革中，该现象往往是非常容易隐瞒的。民企将自身经济利益持续投入到市场竞争中，对于资本市场行情和治理利害关系，也有更科学合理的认识。总的来说，远比部分仅基于保守思想关心国企改革治理制度的制定者要深刻得多。在激励变化的市场环境中，国企混改的某项治理制度很可能会产生不受非公资本乐见的附带后果，尤其在国企混改治理制度的制定者或执行者脱离国企的现实经营状况时，实施制度的预想好处并不一定会实现。反而，实现的负面效果却要由非公资本承受。此外，在现代企业制度中，国企混改后完全依赖非人格化、透明的规则开展经营与资本运作，往往会使非公资本感到治理僵化，而难以对其控制。由于组织资源所有者在权力配置结构中的长期经营，他们经常会在其个人治理地位晋升的道路上培植政治支持关系人，并建立深厚的权力层级结构以及社会关系网络。当然，这些结构与网络也都是组织资源，会被资本化而转型为私有资本。

（四）团队资本

作为经济共同体，企业虽然会受到股东撤资退出影响。但是，企业法人财产是以固有方式存在的，也会受到员工退出的影响。不言而喻，员工在国企治理中也具有一定的影响力。股东退出企业共同体会大大影响员工直接就业获益。鉴于此，员工会放弃对股东肆无忌惮捞取财富行为的监督，甚至予以股东特权。新自由主义学者认为，市场交易是最非人格化、实际的生活关系，仅以交换货物为兴趣取向。任何的人际关系，甚至是最亲密的关系，哪怕是无条件的个人奉献，在某种意义上都有相对的"同伙伴搏斗"性质。一旦听任市场规律自行发展，企业就"只认物，不认人"，但这反过来又会对不讲情面的企业的自由发展构成障碍。特别是，不符合社会主义市场经济体制下国资运作与国企经营的目标与现实。

2014 年 5 月 9 日，国务院发布的"新国九条"① 提出，允许上市公司按规定通过多种股权激励形式开展员工持股计划。2014 年 6 月 20 日，为规范、引导上市公司实施员工持股计划，中国证券监督管理委员会（以下简称证监会）发布实施《关于上市公司实施员工持股计划试点的指导意见》。由此，国企混改引入非公资本、关键高管及核心技术人员持股，实现国有、非公、员工三类股份的混合，促进产权多元化。国企混改将对核心竞争力有贡献的人才资源组成团队资源，通过员工持股计划转变为团队资本，让核心团队拥有部分股权，使其收益与国企绩效紧紧捆绑在一起。员工股东参与国企混改治理有助于优化法人治理机制，提高运行效率。

表 3-3　不同员工持股方式的比较

衡量指标	员工个人持股	商业信托基金持股	成立企业法人持股
股权集中程度	分散	集中	集中
适用主要法律	《中华人民共和国合同法》	《中华人民共和国信托法》	《中华人民共和国公司法》
员工出资方式	与国企签订	与信托基金签订	委托壳公司代持
名义股东身份	各位入股员工	信托基金	壳公司股东代表
影响企业决策	弱	强	强
股东权益实现	平等行使股权	信托基金有资本运营投资的股权；员工享有信托受益权（知情权、决策权、收益权、分配权）	股东代表集中行使股权；员工享有间接表决权、收益权
操作简繁程度	简单	较复杂	复杂

国企混改要实施员工持股计划，有必要坚持试点先行。不同国家政策和国企发展的周期阶段背景下，员工持股实践也有着不同的模式。回顾我国国企员

① 国务院发布的《关于进一步加强资本市场中小投资者合法权益保护工作的意见》提出，健全投资者适当性制度、优化投资回报机制、保障中小投资者知情权、健全中小投资者投票机制、建立多元化纠纷解决机制、健全中小投资者赔偿机制、加大监管和打击力度、强化中小投资者教育、完善投资者保护组织体系等九条意见，称为"新国九条"。

工持股的改革历程，既有成功的经验，也有失败的教训。既要承认员工持股对“激发创新积极性、提高竞争活力”的正面作用，也要看到“操作不规范、运作徇私舞弊”引发隧道挖掘和利益输送，导致大量国资流失的问题。① 如表 3-3 所示，员工持股方式大致包括三类：员工个人持股、商业信托持股和企业法人持股。而且，三种方式在股权集中程度、适用主要法律、员工出资方式、名义股东身份、影响企业决策、股东权益实现和操作简繁程度方面均有不同。但基本原则都是在员工持股计划限定的持股比例范围内，员工自愿认购股份，自担投资风险。其中，员工持股计划总数不包含自行从二级交易市场购买的股份。

选择员工持股方式为混改方式的国企，需要是人力资源和技术资源贡献高的转制科研院所、高新技术国企和科技服务型国企。对人力和技术资源先进行资本化试点，一方面，上述三类国企的经济效益在很大程度上依赖于科研人员、技术管理者和研发骨干的创造性、创新性的脑力劳动。在国企核心竞争力中，科学技术是第一生产力，技术人才起关键性作用。另一方面，上述三类国企员工，除追求财富外，同样重视从科研事业中获得成就感以及实现自我价值。只有抓住关键的少数骨干人才，才能避免全员持股造成的新“大锅饭”，国企经营业绩和发展前景才能得到有效支撑。员工持股会增强对国企长远发展的关切度，并增加经营治理的参与度，构建“资本共有、利润共享、风险共担”的经济共同体，激发国企内生活力。此外，在考虑国资控制力及国企混改治理控制权配置的情况下，员工持股主要采取增资扩股、出资新设等方式，同时建立健全员工股权的流转及退出机制。

第二节　股份制企业控制权配置的含义

股份制企业治理的控制权配置是现代公司治理研究中的核心。控制权的基本要义是什么这一问题，目前在理论界仍是众说纷纭、毫无定论。而且，拥有控股权是一回事儿，拥有控制权又是另外一回事儿，有控制权的股东不一定拥有对股份制企业治理的控制力。所以，只有对现代公司治理控制权的内涵进行详细剖析后，才能对国企混改治理的控制权配置问题有一个更为全面的理解。

---

① Burkart M., Gromb D., Panunzi F. Large Shareholders, Monitoring, and the Value of the Firm [J]. The Quarterly Journal of Economics, 1997, 112 (3): 693-728.

最早对企业控制权的定义是，排他性地利用企业资产的权利，特别是利用企业资产从事资本投资和市场经营的决策权。根据西方企业理论的经典观点，按照所有权与经营权相分离的角度，可将股份公司的控制权形态大致分为：股东大部分控制，股东拥有全部或超过半数的股份比例，既掌握实际控制权，又有直接经营权，所有权与经营权没有完全分离；股东小部分控制，股东拥有过半数或相对多数的股份比例，但基于合法预设的章程规则，拥有超级表决权，或委托董事代理表决权，或经法人股东相互持股后形成一致行为人表决权；管理层代理控制，经理层虽然只拥有微不足道的股份或没有股份比例，原本无法控制企业，但因为股权分散，没有任何自然人、法人或企业集团持有足够多的股份比例，或者是因为受到外部资本力量支持，自行代理掌握控制权。[①] 因此，控制权的行使主体可以是股东、董事和经理，由此也导致控制权在此三方间滥用的问题。

西方产权理论认为，所有权（产权）是享有所有物的财富收益权，并同时承担与行权相关的义务成本，以及能自由给予他人获得部分权益的许可。任何产权都不是有形的事物，而是一种抽象的、人与人之间的社会关系。[②] 作为产权的一种表现形式，股权与控制权配置相关联。所以，解决控制权配置问题的重点在于，协调股份制企业治理各利益相关方的关系。在拥有平等表决权的情况下，调整国企混改治理中各类股东间的股权控制关系，就显得格外重要。涉及协调好各类股东的治理成本与股权收益间的控制权平衡问题，以及国有股东与其他非国有股东间的利益分配问题。所有者得到并能够使用实物，固然表达出其拥有对实物的产权，但在本质上，该产权所有者实际拥有的是实施控制行为的合法权利而已[③]，即实际拥有的权利，并不说明就有能真正行使权利的权力。前者只表明一种静止状态，后者才是一种真实的动态行为。股权制度安排确定每位股东在治理机制中的行为规范，即每位股东必须遵守与其他利益相关者间的相互权衡关系，并承担不遵守治理机制的成本及结果。[④] 我国国企的现代企业制度改革也涉及国有股东与其他非国有股东的治理关系。在国企

---

① Grossman 等（1986）最早以剩余控制权而不是剩余索取权来定义企业所有权。Hart 等（1990）认为，除去财产最初特殊用途的决定权外，之后企业法人如何使用财产的权利，才是剩余控制权。但是，剩余控制权并没有脱离最初的权利协定。因为在最初协定里，是不可能清楚限定所有权利的。所以，无论以剩余索取权来定义，还是以剩余控制权，都没有改变企业经营剩余后的权利。

② Fisher I. Elmentary Principles of Economics ［M］. New York：Macmillan，1923.

③ 王庭东. 经济全球化要素观的理论创新与政策含义［J］. 世界经济研究，2016（10）：17-19.

④ E. 富鲁布顿，S. 佩杰威克，李飞. 产权与经济理论：近期文献概览［J］. 经济社会体制比较，1991（1）：33-41.

治理中，控制权配置问题可追溯到产权制度安排或治理机制是否合理的层面上。明晰产权是国企有效治理的必要前提，但不是充分条件。国企避免控制权配置问题，不能只停留在形成必要的产权治理结构上，还需要依据现有的社会情境及具体的经营情况，设计对应的治理机制，约束控制权不当配置或行权的行为。而且，国企治理主体权利、责任和利益的分配也都是建立在这样的逻辑基础上，即先明晰产权（治理结构），再设计制度（治理机制），后约束控制权（治理行为）。

一、界定企业控制权及其属性

在企业演变与发展的历史上，最具深远意义的制度创新是股份公司的兴起，以及公司治理机制的完善。现代股份公司有资本社会化、所有权与经营权分离、独立法人等优势。股份公司将以个人财产转化为直接的社会财产开展经营活动，是个人组织劳动向社会组织劳动的过渡点。在公司治理中，决策权、执行权和监督权分别由股东授权，委托不同治理主体行使，从人治转为法治。根据《中华人民共和国物权法》（以下简称《物权法》），物权分为自物权和他物权两个概念。前者是所有权，所有者依法对拥有的资产享有的全面支配权利；后者是派生权，非所有者经依法设定或所有者授意对他人资产享有的有限支配权利。所有权的部分权利与所有权分离，形成用益权，即独立使用他人资产并享有部分收益的权利。因此，只有股份公司成为企业法人，才能独立享有支配股东资产的权利。经股东授意后，表现为企业法人的财产权。在股东与企业间，会形成新的财产权利关系。股东将不同资源投入企业，依法让渡资源，并且折算为股份（资本），以聚合为企业法人的财产。在企业存续期内，股东出资享有股权（表决权、收益权），企业法人享有财产支配权（占有权、使用权、处分权、让渡权）。但两者都是依法限定的、相对有限的、交织混合的权利，所有权与经营权相分离，剩余索取权与财产支配权相分离。于是，产权界定重点不再是财产归谁所有，而是运用资源所有权的权利。例如，某些产权是公共持有，但所有人都可享用，仅是拥有用益权罢了。在产权经济学中所说的产权，重点是要落在权利上。那么，就需要企业法人在行权时，靠内部治理机制发挥决策作用，表现出权力与利益的制衡。由此，“股权结构—治理结构—治理机制—控制权配置—控制权行为—经营决策—企业绩效—利益分配”的逻辑得以形成，体现为在社会生产大分工下的现代公司治理形式，保证企业的正常运转。

（一）抽象的权利与权力

1. 法律权利

权利受到制约的法律可以分为公法和私法。前者涉及国家强制机关，服务于国家本身的存在、扩展及直接贯彻章程或依靠默契而赋予的行为意向。后者与国家机构无关或仅被国家视为靠强制准则可调节的非正式行为意向。把若干按法律意义被视为同样秩序的所有方面，作为私法事务，同公法事务分开，即只有必须由法律赋予行为意向、关系到国家维系利益的行为，才在公法上被视为至关重要。哪些利益必须被国家维系至今，显然也会有变化。在国家权利领域，通过制定章程调节个人权利，在面对同种情况时不会与国家命令权力或其他职能相互竞争，而要同时并存。法律赋予任何客观要求的权利，其性质与准则都不存在。或者，法律的根本规章适用于社会的各项准则，所有被保障的私人权益并不是出于其主观权利的需要，而仅是法律规章效力的反映。那么，私法也就不存在了。权利是否受到某种法律或惯例、习惯的限制？问题的关键为是否有国家强制机器以某种方式保障遵守这些限制规定。例如，严厉强制、行政反对等，最终也不完全缺乏一种对默许的限制。权利体系化意味着建立在所有由分析得到的法律原则基础上，使其相互联系，组成一个逻辑上清楚自洽的、全面无缺漏的规则体系。也就是说，在逻辑上，任何能想到的权利分歧都能够被归纳到该体系的准则内，否则权利秩序就会失去法律保障，但至今并非任何法律体系都能满足上述要求。更不用说，要过去的法律也能达到这种要求。尤其是依托于《罗马法》的现代法律体系，其出发点也同样是阐释法律原则和权利行为的逻辑意向。

因此，在实际上，拥有对物或人支配权力的主体，通过法律保障，来持久地赢得合法权利。此外，被允诺合法授予某物的人，也同样会因协议履行而取得权利。国家强制行为，通过经验上适用的制度安排，又指令某些特定经济关系产生的权利。从根本上说，支配经济秩序的权力或建立协议期望的权力，只有借助国家强制作用，才有可能实现。因为正是为此目的，才理性地创立客观的法律体系。要想利用法律体系保障市场流通安全，法律就要形式严密、简明扼要、有约束力；只要诉讼各方受到阐释国家意志的逻辑意向，或解释良好伦理的交往习俗制约，为商业交往的法律忠诚就会无形地存在。但是，都会被社会利益阶级的意志形态或被某些特定的政治权力，尤其是专制或民主的统治司法形式挤迫。对于任何制度，特别是法律原则，通常划分为命令、禁止和允许。

个人命令、禁止或允许别人做某事的主观权利，也是源于此原则。然而，对于不存在市场的共同体，如宗亲氏族等，其权利自然不是建立在个人缔结的基础上，而恰恰是直接基于命令、禁止的法律原则。倘若宗族被外界瓦解，就将会使家庭亲属、社区群体和政治团体并存于市场的共同体内。那么，交易行为就成为一种法律制度约束下的事务，并伴随着权利的获得、转让、放弃与履行等要求。此时，在很大程度上，整个法律体系保障权利的过程，会从宗族成员间过渡到社区、团体甚至是家庭成员之间。例如，个人诉诸法官要求审判的特殊房地产权利，也会使家庭成员成为诉讼对象。

任何权利事务或特别的权利制度都是人们因其属性，而立即建立出的法律体系，或形成的社会化默契。特别是在契约协议、缔约自由和国家强制尚未出现时，基本都是建立在出身、政治、种族、宗教、职业等客观事实的属性上。在市场上，通过自由的价格竞争，而拥有资本、占有生产资料的高层阶级，享有经济特权。以及与法律平等相适应的普遍授权，即任何人不论威望，都可以通过建立股份公司、捐赠产权或受让不可转让财产，在事实上获得一种对资产有自治权利的身份。其中，自治权利的概念是权利人根据身份特征以某种划定相处界限的方式，与其他人群建立关联。即使圈子特征也会有所变化，其内部人员的权利也会遵从原则上默契的章程，或服从可独立自主修订的特别法规。默契章程或特别法规就赋予了一个圈子人员自治权利。当然，与纯粹个人缔约的自由权利不同，自治权利的准则概念更多地根据圈子参加者的感性默契或理性协议，其适用的不再是强加于某类人员的客观规则，而是圈子内的主观权利要求。在股份公司中，资本以营利为目的。但首要问题是，股份公司的团体支付能力，与股东个人资本逐利性、股东信息封闭性和目的相对固定性、委托经理层的行政官僚体制、直接或代表参与的行政管理等相互间的矛盾关系，控制着形式上“不可触犯、往往可继承、可自由转让”的股东权利。依照股份参与股东大会的辩论与表决，表面上是资本民主，但实际上是独断控制。

2. 统治权力

统治，是权力特殊的存在形式。最高统治权，会从毫无限制的家族内部权力的共同体中，以特殊职能分离出来。那么，就需要从原则上区别构想合法的命令和使该命令合法化的准则。虽然被神圣化的传统或具体领袖的魅力，能够产生各种在业务上合法的命令。但仅建立在人员的合法性上，受限于统治的职权。所以，两者仍未区分开。最高统治权既被视为普遍法律体系的权利体现，又被看作是一种具体职位或品德的业务权限。于是，不可改变的传统与法律赋予的统治之间的界线，也是异常的摇摆不定。最高统治权所有者在做任何重要决定时，都还要尽可能地获得被统治共同体的特殊默示。各类共同体的一切经济行为也都毫无例外地受统治实体权力的深刻影响。大多情况下，统治实体权力及其实施方式在无定形的共同体中会产生一种理性的社会化行为，或因统治实体发展和权力结构变化才得以形成共同体行为。那样也就会使其行为从根本上顺从统治权力的目标，即统治者们想通过宣告一种意志命令影响其他被统治者们，且被统治者在事实上将命令内容作为行为准则，予以顺从。适用命令的统治权力表现在制定章程协议或强加感性意志的行为规范体系中，使被统治者被赋予服从的使命，并将其作为有普遍拘束力的准则。这时，命令发出者通过合法化规范体系使其权力的实施也符合规范或合法，服从对象就变为规范，而不是个人。或者，服从是建立在规范上的个人权威，即通过传统习惯、地方习俗、行为惯例超越规范体系，甚至是献身于非凡意念而成就的魅力。

在统治权力结构中，各种缘由通过组合、混合、适应和改造，而产生现实权力中的各种统治形式。权力意味着在社会关系中即便遇到反对，也能贯彻统治者的任何意志。其中，统治可以使人群服从纪律，即根据约定俗成，能够不假思索、自动机械听从命令。个人面对形形色色的特定情况，都能贯彻个人自由意志。但是，当个人旨在领导或影响一个社会团体的行为，尤其是支配他人权利（重新占有、剥夺、分配、委派等）时，才视为统治权力。由于被统治者要从心理上适应，其具体会有以下两点感知：一是感到外部约束强制个人去适应；二是感到内心默契，半意识和全意识地期待采取相应的行为。如同权力的其他形式，统治者绝不会依仗权力追求纯粹的经济利益，特别是仅将私自挪用货物作为唯一目的。诚然，支配经济货物谋取私利是统治的一种经常性结果，往往也是在计划中想得到的结果。然而，并非任何对经济货物的支配权力都表现为一种统治，也并非任何统治都要利用经济手段来建立和维持。但是，在绝大多数重要的统治形式中，常常为保持统治目的，通过经济方式影响统治的结构。此外，在所有最重要、最现代化的经济共同体中，都显示出统治的经济结构。尽管其特征很少是明确的，但总与某些特定经济形式相联系，受到经济条件的制约。

因此，可将统治分为两种尖锐对立的类型：一是依仗经济垄断地位对利益分配的统治；二是依仗权威命令对听从义务权利的统治。前者仅建立在以某种经济方式保障占有财产上，如买卖机制设计、经营利益捆绑或进出交易壁垒等，都是基于市场自由选择的技巧；后者则建立在“被强制要求、忽视个体利益动机、无条件顺从、非自由选择”的义务上。即便是存在竞争的不完全垄断者，也可能在更广泛的市场领域给交易方或竞争者指定价格，以此迫使其感到合适并予以执行。虽然并无强求，而且该义务微不足道，更谈不上是逆来顺受的统治。但任何典型依仗利益分配，特别是垄断经济地位的统治，都能逐步转为权威统治。合理的经济行为①是“目的合乎理性、有计划地行使、以经济为取向”② 的资源支配权利。调节市场受以下四个条件的制约③：一是传统，买卖交换要服从传统习惯，或要满足传统风俗条件；二是惯例，对特定交换物或特定交易方，以群体或社团默示的方式，对特定有用效益、价格竞争等市场现象进行社会化的拒绝；三是法律，对价格斗争及自由竞争进行有效、普遍的调节，即对交换物的市场行情施加影响（如垄断保护等），或限制对物品支配权利（如获得、占有及换出等）以及经济行为的自由；四是意志，通过劝说、威胁并传播其利害关系，调节市场自由行为④。

3. 魅力统治

按马克斯·韦伯（1901）观点，统治权力有三种纯粹类型。如果合乎常理的使用，会表现出以下三个方面的性质：一是合法性，建立在相信章程协定所规定统治者职位责任及指令权力的合法基础上，即居于统治者职位就会被合法授命，并进行合法统治；二是传统性，建立在相信历来适用的传统有神圣性，以及由传统授命于统治者的合法基础上；三是魅力性，建立在个人非凡气质、创立的默示制度有神圣性、英雄气概以及偶像楷模的基础上。三个方面既有区别，又相互统一。依照章程进行统治，即对“符合规范、公共事务、非个人制定的章程或依该制度而确定”的上司而言，下属在职权范围内要服从其正式合法的指令。依据传统进行统治，即在习惯意识范围内尊敬长辈；在传统规范的行为和区域内，服从传统所授命并约束的统治者授意。依据魅力进行统治，即服从有魅力及领袖素质的个人；在相信其魅力适用的范围内，服从其默示、信赖英雄及视为榜样的意图。作为非凡神圣赋予的权力，魅力统治既与合法（官

---

① 经济行为是一种和平行使且以经济为取向的支配权利。

② 行为者只要根据其所认为的意向，以设法满足追求有用效益的欲望为取向，就叫作以经济为取向。

③ 最初进行市场调节，部分采用风俗和巫术，或采用亲属和氏族，或部分采用阶级、军事、法律，最后还受到统治者需求制约。然而，无论是哪种情况，都被统治者利益主宰。统治者不是以“满足市场主体最大限度的供应物品、纯粹合乎理性目的的赢利”为取向的，其往往与之相冲突。

④ 对某类特定交换感兴趣的个体，依仗几乎完全拥有对某些有用效益的支配权力（占有或获得），能在实际上排除其他人进入市场的自由，来影响市场行情。以此，在个体之间，或与典型的交换伙伴间，建立市场协议。

僚、行政）层级型不同，也与传统（家长、世袭）等级型相对立。后两者是具体、平凡的统治形式，魅力统治正好与之相反，是感性的、先天的权威。

合法官僚行政统治体制受可作法律推理分析的规则约束，而魅力统治不受任何规则制约。另外，传统家长世袭统治体制以过往先例为约束准则，但魅力统治不考虑历史或逆反推翻家长，对传统还表现得特别革命。魅力统治既不需要占有货物获得统治权，也没有依据等级占有权力，而只要个人魅力对实际考验适用。也就是说，在统治者魅力经受实践考验的期限内，得到亲信、信徒和侍从的心理承认，就是合法的统治。迄今为止，所讨论的仅属于上述某种纯粹的类型的统治权力，是极为罕见的。合法统治权力基于合议民主的制度原则，而传统统治权力则基于封建专制制度。虽然不太会对此产生怀疑，但加上魅力统治后就会发现，任何类型的统治，即任何服从的驱动力，都是基于统治者们的威望。也就是说，使被统治者们在心中对其产生一种信仰。在合法统治中，权力永远不会拥有纯粹的合法性。统治权力的合法性信念也都是后天而非先天约定俗成的制度意向，即其本身也严重受到传统意识的制约。因此，一味突破传统，可能会使这种统治信仰毁灭殆尽。即使在魅力统治中，对威望的信仰也有消极意义。例如，政府任何一次有严重轰动效应的过失都会挫伤其威望，其魅力消逝的时刻也随之到来。

因此，对于各种所有制企业来说，经营失败就表现出经理层的魅力没经受得住市场的考验，使其控制权处于危险境地。但对各类股东而言，经理层能够赢得利润增长、抢占市场份额，被视为有魅力的资格。当然，其能力也会危及股东对企业的控制权。纯粹传统或纯粹合法的统治，可能在被控制共同体内都存在过，但绝对不用永久保持不变。而且，即便已有领导职务，但缺少魅力的个人能够继承最高权力，是很罕见的。所以，被统治者日常的经济需求要在传统长辈与行政上司的领导下得到满足，而非日常或非经济的需求则在魅力领袖的领导下才能得到满足。同样，制定完全契约的章程的设想也很不切合实际。诚然，最早的统治往往起始于神谕宣示才逐渐被合法化，然后采用一种非世袭的制度形式，通过定期、定量、定质招募官僚行政管理人员形成一套官员班子。但是，在魅力统治中，通过继承魅力来实施统治，是绝对罕见的。魅力统治权力可能直接产生最严格的官僚行政制度，或建立在各种类父子关系的传统君臣封建机构中。

（二）产权、所有制、所有权和控制权

1. 所有制下的产权关系

财产即资源，是产权存在的他物基础。既表现人与物的关系，又反映人与人的关系。马克思认为，“财产最终无非是意味着这样一种关系，人们把他从事生产的自然条件看作是属于他的、看作是自己的、看作是与他自身的存在以及产生的前提”[①]。作为财产权利的简称，产权[②]表现为一种社会制度或社会关系。通过社会法律、习俗、惯例、习惯或道德，建立社会交往、市场交易和经济运行的规则及规范。产权主体对其拥有的财产天生自然地享有所有权利，以及据此形成各种的利益关系，所以其属于客观存在的经济基础范畴。而产权主体需有法定的行权资格，依靠国家权力以司法认可形式对其权利进行法律保护。这些便归属于上层建筑的范畴。因此，产权是伴随人类社会，特别是在国家和法律诞生后，才出现的。罗马帝国《罗马法》最先规定“什么是私有产权”，即将其设定为“随心所欲地处理所有物的权利”[③]。《十二表法》则规定，“所有权是对所有物的完全支配权”。[④] 而且，作为维护资本主义制度的最高原则，“私有产权神圣不可侵犯”，资产阶级将产权视为“对物有绝对无限的使用、收益及处分的权利”，即任何以不违法目的使用物的权利。法国《拿破仑法典》[⑤]规定，“私有产权具有绝对性、排他性和永恒性（将永世长存）”。但马克思也指出，上述并未触及私有产权所表现出的“以私人占有生产资料，榨取劳动者剩余价值”生产关系实质[⑥]。因此，产权是所有制的法律形态，而且生产资料的所有制经济结构决定着产权关系。马克思政治经济学指出，所有制才是核心问题。所有制是产权的根本基础，两者并非并列关系。

---

① 中共中央马克思恩格斯列宁斯大林著作编译局．马克思恩格斯全集 第16卷（上）[M]．北京：人民出版社，1972.

② 《新帕尔格雷夫经济学大辞典》中对产权的解释，即一种通过社会强制而实现的、对某种经济物品的多种用途进行选择的权利。这种强制有赖于政府力量、日常社会行动，以及通行的伦理和道德，来予以规范。

③ 《罗马法》是罗马共和国及罗马帝国制定的法律规范总称，提出了占有（某人拥有某物）与所有权（某人可对物做任何行为）的区别。

④ 《十二表法》也叫《十二铜表法》，基本上仍按旧习惯法制定，以维护贵族奴隶主利益，对私有制、家长制、继承、债务，以及刑法、诉讼程序等方面，都作出了相关规定。

⑤ 《拿破仑法典》又称《法国民法典》或《民法典》，共分为三大部分，第二部分是物法，是有关各类财产所有权和其他物权的规定。而且，广泛涉及所有权、用益物权、地役权等内容。

⑥ 中共中央马克思恩格斯列宁斯大林著作编译局．马克思恩格斯全集 第4卷 [M]．北京：人民出版社，1958.

实际上，产权包含的各种权属（占有权、使用权、支配权）皆由所有制关系派生出来，并起决定性作用。此外，社会生产力发展水平决定了产权维度[①]。经济关系是基础，法权关系属于上层建筑，支持对经济关系的法律确认。所有制是由生产资料产权关系决定的生产关系总和，即生产资料所有制是生产过程中，由生产资料（生产条件）所有权及其他部分产权归属决定的社会关系。当然，与生产关系相同，所有制不能脱离生产力而抽象存在。同时，生产力也不可能超脱所有制关系范畴而独立进步。社会生产资料所有者与雇佣劳动者间的普遍经济关系，就是所有制关系。如果所有制表现出某种法权关系，就说明其已被社会确认为社会生产的一般必要条件，是统治阶级意志的表现。如果抽掉各种不同所有权的具体形态，可以得出产权主体间的一定经济利益关系。而且，会随着生产资料所有制关系发生变化。此外，有学者从经济利益关系角度把产权称为所有制，从法律意志关系角度把产权称为所有权。所有制是对客观生产条件（劳动者与生产资料相结合）的控制，但所有权是一般物品的归属。生产资料所有制想要回答的，不是物的归属法权问题，而是“生产资料在人与人间的分配，以及劳动者与生产资料所有者的关系”等问题。在政治经济学中，人类和资源间的关系被称为生产资料所有制关系。而在法学中，被称为财产权利（产权），其核心本源是所有权，而不是所有制。但从历史角度看，所有制是所有权的经济基础，即一定的所有制决定一定的所有权。法律形态的所有权，又会对所有制经济起到规范与促进作用[②]。

此外，生产资料产权关系使所有者在生产中与生产资源的支配、使用，以及生产成果的交换、分配和消费等过程密切联系，从而将各环节、各层次的生产者结合成不可分割的经济共同体。在所有制中，生产资料所有者是占主动地位的利益主体。因此，产权关系从经济学范畴的人与物关系，上升为某种资源产权所有者与非所有者间、各种资源产权所有者间的物质利益关系。作为关键生产资源，生产资料的产权是对物质生活资料客观生产条件的产权，谁掌握谁就能成为生产过程的控制者、生产成果的先占者及分配者。在社会主义市场经济条件下，除土地所有权外，国有各类生产资料要通过市场交易来实现其社会有用性，以保值增值。所以，以资本的一般形式，作为公有资本（国有资本、集体资本）投资运作，发挥生产作用。判断公有制实现形式的合理性标准是促

① 顾钰民．马克思主义制度经济学理论体系比较研究应用分析［M］．上海：复旦大学出版社，2005.

② 李由．公司制度概论［M］．北京：经济科学出版社，2010.

进生产力提高。

2. 混合产权的混合经济

随着工商业发展及技术进步，新的经济形式和交易方式会不断涌现，并创造出新的产权模式。此时，国家法律不得不承认这种新产权及其运行模式，并将其与其他产权合并。特别是混合产权，即所有制经济性质上的混合。新制度经济学理论认为，市场交易存在成本，即交易费用。组建企业，就是为了节省交易费用。在交易费用为零时，只要产权初始界定清晰，并允许当事人谈判，就能顺利交易，实现资源有效配置（Coase，1937）。其中，产权初始界定要清晰到自然人，也就是私人所有。① 因此，一旦考虑市场的交易费用，在交易初始期，确定财产合法权利，就会对经济运行效率产生有益影响。与公有制企业相比，私有制企业的产权更明晰到自然人，交易费用更低，效率也更高。② 但是，存在以下三点明显的理论解释漏洞：一是先入为主，认定私有制企业交易费用肯定比公有制低，并没有实证依据；二是武断结论，资源是否有效配置不仅取决于单个企业交易费用高低，还受其他多种因素影响；三是不可操作，交易费用成分不明，不能系统运用于在公司治理与市场交易间做出有效率的机制选择。③

即便如此，新制度经济学理论也认为，在市场失灵领域，私有产权的交易费用高、经济运行效率差，需引入公有产权。而在政府失灵领域，则公有产权交易费用高、经济运行差，需引入私有产权。混合经济的产权优势在于，既避免“纯粹市场竞争下会出现自然垄断导致经济无序”，又可弥补“纯粹国家管制下会出现缺乏竞争导致低效和浪费”。④ 所以，混合产权的构成体现出，拥有不同权利的产权主体所形成的相对权力位置。混合产权的构成不会始终是稳定的，而会随经济关系变化而改变。同一所有制可以通过多种经济形式反映出来。该所有制与不同层次的经济关系，有主从关系。有的是基本性质层次，是整个经济生产体系的基础，并决定着社会性质；而有的是表面实现层次，如经营管理、组织运行等，层次内彼此相对独立，由所有制决定，并反映所有制特点。所以，所有制是根本的产权制度，与产权是决定与被决定的关系。同一所有制

---

① 魏杰．产权清晰要到“位”［J］．中国改革，2000（5）：27．

② 袁庆明，熊衍飞．科斯三定理的新表述与新证明［J］．当代财经，2010（7）：11-18．

③ Kraaijenbrink J., Spender J. C., Groen A. J. The Resource-Based View: A Review and Assessment of Its Critiques [J]. Journal of Management, 2010, 36 (1): 349-372.

④ 葛杨，林乐芬．市场理性国家理性与现代混合经济发展［M］．北京：中国经济出版社，2008．

可以由不同的产权配置结构来体现，具体的、多样化的产权制度能影响，但并不能改变所有制性质。党的十九届四中全会《中共中央关于坚持和完善中国特色社会主义制度　推进国家治理体系和治理能力现代化若干重大问题的决定》，将公有制为主体、多种所有制经济共同发展，按劳分配为主体、多种分配方式并存，社会主义市场经济体制等，作为社会主义基本经济制度。所以，所有制实现形式，是指采取怎样的经济组织形式及其经营方式。产权是以财产为媒介，形成人与人之间的经济关系。

混合经济的出现，源于公有制经济和私有制经济两者边界的不断演化。在各个历史发展过程中，特别是在社会经济形态转变期，往往存在马克思提示的不同所有制混合的过渡形式。政府或市场对经济的调节都很有限。市场调节失灵，要依靠政府宏观政策，予以干预资源配置；国家理性有限，要依靠市场自发竞争，予以调节资源配置。混合经济的优势是，既弥补纯粹市场条件下出现的自然垄断与经济无序，又补充了纯粹政策条件下出现的缺乏竞争与过低效率。在宏观层面上，混合经济是多种所有制经济，形成在市场经济结构中并存的格局。在微观层面上，混合所有制因混合成分和结构差别有各种不同的实现形式，如合伙制、公司制、合作制、股份制等。不同所有制经济都可用股份制，但股份公司经济性质则由控股资本的所有制决定。股份制也是公有制的实现形式，国资股东可通过独资、控股或参股获取资本所得。生产资料所有制性质决定了产权关系的基本性质，社会主义的公有制性质决定了生产资料产权归社会所有（国有资产）或自主联合劳动者共同所有（集体资产）的产权关系。但值得强调的是，股份制可把不同所有制资本集中在同一个企业，使各类股东在投入资源使用价值层面上实现财产混合，同时又在价值层面上有清晰产权的资本混合。在社会主义市场经济条件下，产权关系固然要与一般生产、流通、分配和消费关系相结合，并起到核心控制支配作用。

3. 所有权与产权的制度

马克思指出，所有权是在依托于生产关系的法律上，财产所有者围绕经济条件，通过财产建立并形成的经济利益关系，并随生产关系而变化。以现有经济条件和社会生产关系为基础，所有权是规定人与人之间如何分配经济资源的制度工具。但是，产权只能说明权利可以表现为权力，不能说明权利还可以来源于权力。① 所有权在法律上表现为经济物与资源的利益归属，即主要是占有

① 吴宣恭．产权理论比较——马克思主义与西方现代产权学派［M］．北京：经济科学出版社，2000.

与被占有的关系，还包括使用、支配和获利等权利。所有权是所有制的法律形态，产权是生产关系的法律表现。产权不是单一权利，而是一组权利，除包含所有权外，还包括占有权、使用权、支配权、经营权、索取权、继承权和不可侵犯权等。所有权与产权密切联系。所有权作为经济领域的法律范畴，与一定的物质生产发展阶段相适应，反映出产权的生产关系。① 例如，在社会主义市场经济体制下，我国国企股份制改革不能消解或破除国家所有权，更不能以任何名义将国资分给任何个人导致流失。不论国资控股还是参股，必须确保国资保值增值，国有经济在市场竞争中不断发展壮大。马克思政治经济学认为，产权也反映出生产资料所有制关系，而且广泛应用于除生产过程全部关系外的分配、交换和消费等经济关系。本质上，股份公司既是私人资本集中的生产联合体，又是将股东对资本的所有权与其经营权分离的经济实现形态。股东拥有股份的所有权，经理层代理股东行使经营权。

新制度经济学认为，产权源自私有财产的出现。私有产权是最快实现效率和最大化社会福利的一种制度安排，促进了经济发展，所以从不考虑或加以分辨其中的所有制问题。产权是个人支配自身劳动以及控制其拥有的物品与劳务的权利，这种支配与控制的权力是法律规则、组织形式、实施机制以及行为规范的函数。② 在面对市场外部性、有限理性经济人、信息不对称等不完全竞争对经营主体的影响时，为优化配置稀缺资源，物尽其用，就需要建立对专用性资源使用、分配的约束机制，规范人与人之间的关系行为，即产权制度。也就是说，为建立顺畅的市场秩序和规范的买卖交易，需要一种行为规章，即产权制度，来快速实现资源优化。马克思关于产权制度的研究也是基于历史唯物主义展开的，从生产力与生产关系辩证规律出发，是具体的和历史的，而不是自然的和永恒的。所有权与产权的主要区别在于，所有权是一项权利集中于一个主体的状态，具有稳定性。产权的外延比所有权更多，是一束而不是某项权利，分散于不同主体，具有分割性和重构性。因而，在具体产权交易中，需要多种产权制度对权利主体进行灵活约束，规范经济资源配置，最大化资源使用效率。各项产权制度的起源在于社会生产力的发展。例如，在资本主义私人所有权下，产权制度的基本属性是保障财产转化为资本。以此，对劳动者及其劳动进行支配。于是，分析不同产权制度效力时，必须考虑其行权所处的经济所有制运行

---

① 陆剑杰．广义经济结构论［M］．北京：社会科学出版社，2005.

② ［美］道格拉斯·诺斯．制度、制度变迁与经济绩效［M］．杭行，译．上海：上海人民出版社，2008.

情境，不能绝对化和抽象化。

从产权的效益上讲，资源所有权是公有还是私有，并不重要。将公有资源的所有权转交给私人占有，只要组织形式、配置方式、转化模式都不发生改变，其结果也与资源公有条件下一样。甚至在某些环境下，资源公有的产权结构反而比私有更有效率。现如今，资源公有与私有间的产权相互交错，制度界限不断拓展，出现了很多中间过渡性的混合产权形式。借助马克思主义辩证分析法可以发现，产权有权利统一及权力分离的特征。财产的权利与权力是对立统一的关系。所以，我国国企也要按照“产权既分离又统一”的原则进行混改，而不是倾向于以“国有资产的私有化”来解决国资产权问题。在不改变社会主义基本经济体制性质的前提下，使国有资产与非公资本间的关系朝着有利于社会生产力发展的方向进行改革与调整，绝不是要把作为社会主义生产关系的产权制度，以保护私有财产为借口，任意转变成保障私人对公有资源控制的途径。当然，要正确处理股东财产所有权和法人财产经营权之间的矛盾，既防止产权制度对国企经营的无端干预，又避免对国家所有权的变相侵蚀。因此，必须保证而不是弱化国家对国资的合理管理与合法监督。

4. 剩余索取权和控制权

个人财产所有权与企业法人财产所有权都等同于产权，所以在产权的概念里没有办法很清楚区分。而且，所有权既指股东个人对财产的所有权，也指股东群体对企业法人财产的所有权。股东概念也出现了泛化，往往指的是在股东群体中每位股东个体都是同类同质的。因此，把个人财产所有权与企业法人所有权区别开，对理解公司治理的控制权配置就变得非常重要。股东个人财产所有权与股东个人的产权是等价概念，都是其对所拥有的财产具有占有权、使用权、收益权和转让权。但是，企业法人财产所有权是股东群体对企业法人的剩余索取权和控制权。作为法人，企业是法人财产的所有权人。相对于股东个人财产的收益权而言，股东群体对企业法人财产的剩余索取权就是法人收入（年底或清算）扣除所有固定的各类交易合同（如原材料费、工资、租金、利息等管理费用和产品成本）支出后的剩余利润，股东还有要求分配红利的权利。企业经营的剩余利润是不确定、没有保证的，企业经营要面对未来各种意想不到的风险。企业是经营风险的无限承担者，股东群体是风险的有限承担者。所以，要先维系企业的正常经营。在支付各项合同费用前，股东群体无法索取剩余利润。但是，为了有剩余利润可索取，并保障剩余索取权，在企业法人经营过程中，股东群体有权对重大经营战略进行决策，即控制权，是章程规定的决策权。

企业法人财产是由不同股东汇集各自资源财产组成。企业法人财产所有权显然不等于股东个人财产所有权，后者仅具有财产交易前提的属性，前者具有生产资料和交易过程的属性。除章程规定配置的控制权外，还有当企业面对不确定性经营风险时补充配置的控制权。因为现有的不完备协议难以应对风险，必须有人有权当机立断。此时，就需要填补契约漏洞，赋权行权，即剩余控制权，也称为终极控制权。此外，群体决策往往效率不高，沟通成本巨大。所以，股东群体尽可能通过平等协商来减少人数，仅派股东代表行使章程中规定的控制权，即控制权分享制。但对章程规定以外的控制权配置，即如何即时行权或如何纳入章程内赋权，没有具体明确的办法，也难以预先估计。由此便产生各类控制权配置问题。

股东个人财产汇集成企业法人财产后，股东对个人财产的控制权便会消退，交由企业法人负责其个人财产。企业法人便拥有了股东汇集的财产，并自由行使对其所有财产的控制权。但是在章程规定中，企业法人由经理层日常经营存续，由股东决策重大经营事项。然而，经理经营有时会遇到突发情况，股东决策有时不能区分是否重大。经理难免要参与重大决策，股东难免会干预日常经营。所以，总会出现所有权与控制权相分离，也有时出现所有权与控制权相叠加。两权分离是经协商后的章程规定，相对明确实施的具体行权环境，来满足正常经营。两权叠加是面对风险的应急现象，却又对企业今后发展起到决定性作用。所以，两权分离权责明晰，控制权不会有配置问题，但两权叠加谁主谁次？就剩余索取权和控制权而言，会有主次之分，大致包括以下三类情况：一是全归股东所有，二是全归经理层所有，三是股东和经理共有。哪个是最优安排？很难决定。大多研究文献指出，要看两者在企业中的相对重要性和对其监督的相对难度：如果股东更重要、更难监督，第一种最优；如果经理层更重要、更难监督，第二种最优；如果同等重要，同样难以监督，第三种最优；如果同等重要，同等容易监督，第一种和第二种等价。由此推论，在优先考虑重要性的条件下，谁更重要或谁监管更难，谁就同等地占有剩余索取权和控制权，使激励相容，减小外部性，增大企业总价值。如表 3-4 所示，此结论却引发更多的问题：剩余索取权与控制权是否必然等同？谁更重要和监管谁更难的比较对象和判断标准是什么？需不需要考虑对股东的监管？即使归股东或归经理层很清楚，但前者是股东群体，后者是经理群体，群体内部会不会也有配置问题？一方对企业重要，是否就意味着另一方一点儿都不重要？通过分析这些问题可发现，上述结论并没有解决控制权的不合理配置问题。其原因在于，未找到或理解控制权的内涵。实际上，虽然上述归属分类最终都可以归纳为在股东和经理间进行权利的配置，但可以设想该过程会是复杂多变的斗争博弈。

表 3-4　剩余索取权和控制权的归属分类

股东群＼经理层	很重要，监管难	不重要，监管难	很重要，监管易	不重要，监管易
很重要，监管难	股东与经理共有	全归股东	全归股东	全归股东
不重要，监管难	全归经理	股东与经理共有	全归经理	全归股东
很重要，监管易	全归经理	全归股东	全归股东或全归经理	全归股东
不重要，监管易	全归经理	全归经理	全归经理	全归股东或全归经理

从股东群体内部的股权结构关系上讲，剩余索取权主要表现在利润分配优先秩序上，控制权表现为治理机制中的决策投票权。两者间的关系具体表现为以下四个方面：一是剩余索取权和控制权应当尽可能对应；二是经理负责经营又难以监督，对其应该赋予一定的剩余索取权和控制权，予以激励；三是股东毕竟要为资本得失负责，不能轻易放开部分的剩余索取权和控制权；四是除非经理与股东的身份重合，否则很难不发生控制权配置问题。但是，有资本的经理很少，懂经营的股东也很少。所以从客观上讲，控制权配置问题难以避免，只能不断动态调整。例如，股东代表进入董事会和监事会或担任财务等高管职务，使其具有经理的身份；分配给经理部分股份，使其兼有内部股东的身份。股东担任的部分职务、经理分得的部分股份，都随企业发展情境而变化。此外，对剩余索取权和控制权间的呼应关系有直接影响的是治理机制设计。例如，当控制权集中在少数人手中时，更易采取一致性行动。因此，仅把国企生产效率的提高归结为产权，而又把产权归结为资本，并且完全忽视和否定其他因素的影响，显然是不符合客观实际的。产权界定复杂，内部各项权利相互交织。权力实施依据多样，理性与感性难以分别。企业控制权在股东和经理两个角色中很难清晰配置，不是公有制本质上与产权明晰相矛盾，也不是非公资本合法参与就能合理实施权力，更不是只有国企才有控制权配置问题，而是在实行高度集中的计划体制条件下，没有明晰国企产权的要求。但在进入市场经济体制改革后，就会引发一系列不相容的问题。在市场经济体制中，即使是民营企业，一旦缺乏与产权对应的权力制衡治理机制，其内部引发的控制权问题会很难处理。

（三）企业控制权的多重界定与实现

1. 关于控制权的研究文献

从关于控制权的研究文献来看，现实公司治理中的控制权，既取决于股权结构、决议机制，又与专用性资源密切相关。所以，大致可分为以下三种类型。

一是强调应该从持股结构上界定控制权。由上述讨论产权、所有权、剩余索取权和控制权的关系研究，引申出股权和控制权关系。控制权是所有权的组成部分（Blair，1995）。所有权是控制权的基础，但并非是获得控制权的唯一途径。① 事实上，很多研究文献在对控制权进行界定时，都涉及与所有权、现金流权、终极控制权关系的讨论。终极控制权是事前未在股份公司契约中明确规定，但决定公司资产在最终契约限定的特殊用途之外，该如何被使用的权力（Hart，1990）。其主要包括股东委托董事会代理任命或解雇总经理、重大投资兼并重组等战略性决策权。控制权能够由有限的现金流权或部分控股权及所有权代替。La Porta（1999）通过分析 27 个国家的多家上市公司的股权结构后提出，以总股本的 20%为控制份额标准，如果股东持股比例高于该标准，就可实现对上市公司的控制。控股权总是小于控制权，单个股东通过构建合法的复杂控股结构，只要拥有 51%的控股权，就可拥有对公司 100%的控制权。② 以股东持股比例为标准，分为五种控制类型：完全控制（持股比例接近 100%）、绝对控制（超过 50%）、相对控制（20%~50%）、构建控股结构合法控制（金字塔式控股、无投票权股份、投票权授信）、管理层控制（目前公认标准为股东持股均低于 10%）（Berle et al.，1932）。控制权是第一大股东有效控制上市公司经营管理决策的能力。

二是强调应该从决议机制上界定控制权。最早是 Berle 等（1932）在《现代公司与私有财产》一书中指出，“控制权既不同于所有权，又不同于经营权，如同政治领域中的主权（Sovereignty）概念一样，难以捉摸，很难将权力（Power）严格分离或明确定义。但在多数情况下，只要确定拥有选举董事会实权的人，也就确定了拥有实际控制权的个人或集团”。也就是说，董事会采取基于资本平等原则的民主投票决策制。股东大会选举并委派董事，代表其进驻企

① 赵昌文，蒲自立，杨安华．中国上市公司控制权私有收益的度量及影响因素［J］．中国工业经济，2004（6）：100-106．

② 刘少波．控制权收益悖论与超控制权收益——对大股东侵害小股东利益的一个新的理论解释［J］．经济研究，2007，42（2）：85-96．

业法人的执行机构，参与经营管理事务。所以，股东保留对董事的选任权与解聘权，也就是掌握了控制权。公司治理机制是保持稳定、受人尊重和不断重复的行为模式，经久不衰，超越个别领袖的任期。在本质上，现代企业制度是长期规则，用来塑造、限制和调整人类的行为。此后，很多学者都沿着“控制权就是选举大部分董事”的观点，继续展开研究。但是，选举董事并非是控制权的全部内涵。“控制权是决定一个公司政策的广泛权力”（Tirole，2001），是建立在规范经营管理行为上的主导权。在所有权与经营权分离的现代公司治理中，无论是美国《公司法》中规定“股东有权自主决定通过股东会决议的经营事务”，还是我国《公司法》中规定“股东有权通过股东会最终确定重大经营决策”，都说明股东对上市公司有控制权。

三是强调应该从专用性资源上界定控制权。但董事会应该是服务于公司利益的权力机构，却遭到强大私人利益集团的攫取，使民主多数难以真正掌权。其中，问题不仅在于资本衍生的控制权力，还与规则本身，以及支撑这些规则的专用性资源有关。基于专用性资源的控制权，源自于以下两个方面：一是抽象并独立于异质股东个体的资源关系结构。现代企业制度使企业具有法人属性，股东转为非人格化的同质性所有者。各股东间的关系也不是个体与个体间的关联，而是不同资源在资本市场转化交易的联系。二是具体并结合于异质股东个体的特征关系结构。现代企业被视作股东人际串联群体的集体财产。治理机制实质上只是人际圈层核心政治的延伸。市场交易资源、关系往来资源等都依据各自的专用性，在国企混改治理的控制权配置中不断发挥交互影响的作用。在现代公司治理中，董事会应是广大股东的利益托管人，并且，不会考虑治理结构中的股东是不是亲友等人际关系。股东大会对董事的任命完全基于客观的民主选举，但在董事选举的细节操作过程中，既会依据其资源专用性标准，如投资额、管理能力和技术知识等，又会凭借其与股东（特别是大股东）间的关系连带，如家人、亲戚、朋友和同学等。那么，就会造成董事借助其专用性资源（含股东信任）在职谋取私利，以及通过职务转移部分物质好处，以收买其他个别股东的支持。

2. 董事会下实现的控制权

所谓实现控制权，就是在《公司法》层面，主要通过股东大会和董事会的决议，来实现对企业重大决策及经营管理事项的有决定性的影响力，即控制力或权力。实质上，控制权可归结为对企业所有资源拥有可利用（使用和占有）、可支配（管理和分配）的权利。企业控制权产生的根源是股东资源转化为对等资本数量的控制力量，其普遍表现为，基于资本权力多数决原则而产生有控制力量的表决权，同时也表现为由专用性资源控制或其派生出对其他资源（如人事、财务、资产等）的控制。对资源的所有权是控制与被控制关系产生的缘由。对上市公司而言，其董事会职权是决定公司经营计划与投资方案、制订公司年度财务预算以及决算方案、制定利润分配与弥补亏损方案、决定公司内部管理机构设置、决定公司高层管理人员聘任及其报酬事项等。所以，董事会主要进行公司日常事务决策，重大事项决议仍须提请股东大会最终决议。由此可知，股东对股东大会投票结果的控制能力，才是控制权的最终体现。

事实上，若是追溯控制权的法律渊源，就应该注意到1933年美国的《联邦证券法典》（*Federal Securities Code*）及1940年《投资公司法案》（*Investment Company Act*）对控制权的注解，即“控制权是指直接或间接地对一个商业组织的管理或（经营）政策施加控制性影响的权力。这种权力可以一个人行使，也可以根据与他人达成的协议或共识，以合并权力，共同行使。控制权可以通过对股权利益的所有权或表决权来实现。控制人一般根据合同或其他制度安排，通过一个或几个中间人，实施对公司的控制”。上述注解与前文对控制权的解读是完全相似的。但是，在其补充说明中又强调，“一个人不能仅因其持有或有权对一个商业组织中的决策投票，而推定其对该组织拥有控制权。除非该人能够单独或通过与其他个人或多人协议约定并达成共识。另外，一个人也不能仅因其担任一个商业组织的董事或高管，而被认定为拥有对该组织的控制权”。上述补充从某种程度上指出，实际控制权执行人会有隐藏其真实身份的可能性。也就是说，并非只依靠法律赋予的股权，就能够保证控制权。

通过股东大会行使股东职权，控股股东有选举大部分董事的权利。为更好实现对经营管理的稳定控制，较为普遍地采取股东兼任董事的方式。若将股权结构的复杂性提升至法人机构控股上市公司的情况，即法人机构作为控股股东可以担任并指派其机构股东兼任上市公司董事，从而对上市公司经营管理形成控制。法人机构拥有上市公司的剩余索取权，上市公司年终价值和经营业绩必然会影响到法人机构股东的切身利益。所以，其控制并参与上市公司经营战略规划及运行决策，就有了合理性。法人机构的控股股东地位使上市公司经营行为很难完全独立，必然受其控制和影响。由此，便会产生控制权问题。作为控股股东，法人机构自然能通过股东大会行使股东权力。而且在绝大多数情况下，都能发挥主导功能。虽然上市公司的董事会享有经营管理权，但是董事由控股股东参与股东大会推举产生，股东大会间接享有经营控制权。因此，在实际上，法人机构对其控股的上市公司股东大会决策和董事会经营决策，都起到控制作用。

3. 集团对下属企业的控制

集团是我国统称集团公司的概念，又称控制公司、核心公司、支配企业或总公司。特别是国企集团，具有国资投资与运营的特殊地位。在整体产业链布局中，集团对所有下属企业经营目标和总体发展规划进行统一领导与控制。相对于二级、三级或其他下属企业，集团属于一级控制公司，其控制手段的基础，通常也是股权赋予的权力。假设集团与下属企业间的联结纽带仅限于资本交融，那么控制权唯一的实现途径就是，集团要占有相当比重（绝对或相对占优）的股权。简言之，集团与下属企业间必定是母子公司关系，所以集团也被称作集团母公司。另外，设立集团的目标功能就是要对下属企业产生有效的控制影响力。单靠企业间的商业合同，难以相互制约。只有资本联结在一起，才能使集团与下属企业间，以及下属企业各自之间形成稳定协调的利益共同体。从我国国企集团治理实践来看，虽然有很多集团还是依靠各种商业合同（如行政管理制度、劳资聘用合同、资金审批协议等）控制下属企业，但这种控制力过于松散，也不够稳定。而且，本末倒置使控制力仅限于非普遍的法律保障（行政权力、上级权威等资源垄断力），而忽视资本力量对控制力的主导作用，即控股权转化为控制权后所带来的控制权力。从集团存在及其发展来看，大多国家及地区都有"更倾向于用资本建立长期的控制关系"的趋势。所以，股权控制也势必成为我国国企集团投资的优先选择，也会是国资运营的主要方式。因此，只有深刻把握集团占有下属企业的控制权根源，以股权控制为基点，附带考虑商业合同带来的控制力，才能确立国企集团作为控股股东行权的合理方式，对控制权进行有效配置与制衡。

作为母子公司，集团要想享有下属企业的控制权，需具备以下条件：一是有下属企业股权；二是有实际影响力。值得注意的是，控制权要注重实质（实际）影响力，而非形式（名义）上的职权。其实质（实际）影响力主要体现在，集团能左右下属企业的重大经营决策。所以，从属企业和集团间还要有确定、现实的支配行为，而不是仅有服从结构。当然，可能、偶然的支配行为也不能算作《公司法》规定中的控制权。通常集团对下属企业的内部控制结构表现为"中心—外围"，即一个核心集团带领多家从属企业。此外，集团的控制权可以为纵向的多层级控制结构。集团不仅可表现出与下属企业的直接控股关系，也可以是完全委托二级下属企业控制其他企业股权，或根据产业链规划穿越安排两个或多个股东代表，以实现间接控制效力。所以，集团控制权有多种具体的表现形式。例如，其代表整体利益，但在某些特殊情况下，会选择牺牲某家下属企业利益，以谋求整体增长。同时，出于公平考量，补贴少数亏损的下属企业。集团控制权主要源于股权投资，对董事会有直接或间接的影响力。在交易合同中，集团也能同时决定下属企业的经营意志。另外，根据国内外通行的《公司法》规则，都适用股东穿越原则，即在对下属企业绝对或相对控股时，集团董事会可穿透与受控下属企业董事会间的界限，直接对下属企业经营重大事项行使股东权利。虽然下属企业在形式上通过股东大会选举董事，但在实质上是由集团董事会来决定，即集团实际享有对下属企业的控制权。然而，虽然集团的股东穿越安排与允许其委派到下属企业的董事代表行权，在实质上是相同的事情，但为了形式上的合法，却要辗转更多不必要的程序，会造成对整体决策资源的浪费。

（四）股份公司控制权的特征

1. 从企业 RBT 到 RDT

早期企业理论以内部管理规则为主要研究对象，将其视为封闭系统，并不考虑外部因素对企业运行的影响。但随着公司治理的实践创新，现代企业制度变得更复杂多样、更自主连贯和更适应市场。作为“企业创造产品、交易获利、满足股东利益诉求”的集体决策机制，公司治理的结构与模式却变得僵化，其制衡效果也在不断衰减，现在社会情境与当初治理机制问世时已完全不同。但因治理结构无法对市场粘性、主体保守、怀旧感情等做出相应调整，之后的学者基于上层建筑的视角，又转回曾经的研究成果上来，试图再从经济基础上探索出问题的答案。由此，企业资源基础理论（Recource Based Theory，RBT）逐渐在战略管理领域盛行起来，即阐释企业资源与竞争优势间的关系。虽然早期已有一些研究（Penrose，1959），但直到 Wernerfelt（1984）提出“企业资源基础观”（A Resource-based View of the Firm），这一理论才开始被关注。“企业资源基础观”认为，企业是一组资源的集合。之所以有不同的企业，并不是因为专业化分工差异有助于资本追逐红利，而是企业资源有所不同。在存续期内，企业发展趋势及获利差异与其各异质资源的成分含量（如占有数量、培育能力、内容状态等）及配置途径（如使用方式、部署情况等）密切相关（Conner，1991），并且决定着企业竞争力（Rumelt，1984）。“一切影响企业要素，只有资源。从静态的某时点来看，资源是那些长久或较长时间地属于企业的（有形

或无形）资产。”（Wernerfelt，1984）

随后，企业资源概念得到拓展，即“企业资源是在其实施战略时可资利用的所有力量”。但并不是所有资源都能产生并支撑企业竞争力。只有具备价值性（Valuable）、稀缺性（Rare）、不可模仿性（Inimitable）或不可替代性（Non-substitutable）的资源，才是企业资源（Barney，1991）。那么，企业该如何获取并长期保持竞争优势？其答案是要拥有独特的资源。这样才能在其他所有资源获取经济租金的基础上，另外获得超额收益，并且该资源的专用性使其有阻碍其他资源也同样挣得超额租金的壁垒，企业就会长期具有市场竞争力（Peteraf，1993）。但是，资源本身并不具有自发生产性。[①] 也就是说，仅占有资源并不能带来竞争优势。企业竞争力的差异更多地反映在“对资源进行组合配置、生产加工的能力”上。只拥有资源静态的存量，不仅远远不够，而且会不断减损贬值。只有对资源动态地合理利用，才能充分发挥其价值创造作用。所以，在早期的概念中，将组织资本也视为一种企业资源（Barney et al.，1997）。由此，基于企业竞争优势的研究视角，从“衡量静态占有资源的多少”逐渐转向“是否具有保证资源正确有效使用的动态组织能力”（Barney et al.，2005）。

此后，研究视角从封闭的企业内部转向开放的外部，即资源依赖理论（Resource Dependence Theory，RDT）。该理论认为，任何企业都不能完全达到资源的自给自足，所有企业都必须依赖外部环境，并与其进行交换，才可得到资源的满足。假设在双方关系中，一方资源被另一方依赖，就会对另一方产生潜在的控制权力（Emerson，1962）。同样，如果某位所有者拥有的独特资源被企业发展所依赖，那么所有者控制权力的强度则与企业对其能提供的资源的需要程度成正比，而且企业越需要所有者的资源，依赖性越强。于是，就会形成不断强化的控制权力，但其与另外所有者能提供相同资源的数量成反比，即如果存在可替代的资源，那么依赖性就会下降，控制权力就会减弱。因此，股东大会或董事会将不断引入各类股东，为企业带来异质资源的同时，激发内部治理的竞合机制。以此，使依赖各种资源的多重权力关系相制衡，达到控制权的合理有效配置（Zald，1970）。因此，将“政治经济结构”引入治理结构中。所以，企业为避免专用性资源断绝，而落入竞争优势自主性削弱或者对此高度依赖的境地，产生被控制的自由丧失，可选择构建正式（如兼并重组、合作协议、合资建企等）或非正式（如锁定价格、渠道垄断等）的横向与纵向联盟来互相辅

① Grant R. M. The Resource-based Theory of Competitive Advantage：Implications for Strategy Formulation [J]. California Management Review，1991，33（3）：3-23.

助，进而改变依赖关系。由此，重新配置企业内部治理的控制权。

Pfeffer 等（1978）在《组织控制：资源依赖》（*The External Control of Organizations*：*A Resource Dependence Perspective*）中指出，企业也是构建社会关系的基本单元，其不是独立运行的，而是与社会其他企业互为依赖。正是因为这种依赖关系很不稳定，所以导致企业发展有了波动性。企业总会采取各种行动来降低对外部各种资源的依赖性，但这些行动又会产生新的依赖关系。除企业之间外，在企业内部也会存在资源依赖关系，并且对企业内部权力分配及集体行为产生影响。企业（或个人）控制专用性资源，提升对其他企业（或个人）控制权力，减低对其他企业（或个人）的依赖性，大致有以下五种方式：一是兼并重组，通过一体化并购，减少竞争对手，吸收专用性资源，管理并降低对其的依赖程度；二是协议合作，通过签订战略联盟、研发合作、共同投资、供销合同等协议，形成多种资源伙伴关系；三是共建董事会，通过引入外部董事，而且对外部资源依赖越强，董事会规模就越大，有助于发挥其在企业经营决策中的资源支撑作用（如咨询同行建议、拓展外方接触路径、获得可替代资源以及争取合法资格等），降低对其他资源所有者的依赖性（Boyd，1990）；四是政治活动，通过政治关系改善外部政策环境，严重依赖自然垄断资源的企业更倾向于开展政治活动（Meznar et al.，1995），政治关联有助于提高企业绩效；五是继任计划，企业内部权力分配受外部资源依赖性影响，外部资源环境变化会增加总经理继任轮换的频次。当然，最重要还是控制权的概念，即对专用性资源的控制能力。权力源自于对其他方的依赖，同时也限制努力减轻依赖的行为。

2. 从股东权利到权力

股东资源差异最终会形成一定的控制权结构，那么，对股东投入对象的理解，则由资本拓宽至资源。同时，对于股东治理角色与控制权配置的讨论，也需要转换成“基于专用性资源或资源依赖性的研究视角”。企业控制权配置关系的自发形成，是基于各类股东异质资源的相互依赖性（Barney，1991）。企业控制权有内生性，依赖于不同资源要素。股东凭借不同的市场地位，在治理机制中充分发挥各自的谈判力。① 股东资源是控制权（控制力或权力）的真正来源，因此，将金融资本投入比例作为衡量股东控制力强弱、股东间控制关系或终极控制权归属的分析依据，就显然不足以反映控制权配置的资源基础。事实上，股东所有权（即持股比例）与其实际控制权的形成均以股东资源的专用性

① 罗福凯．论要素资本——由一则故事引发的思考［J］．财经理论与实践，2009，30（1）：3-8.

为考量。股东投入的各类资源转化为不同持股比例的资本，也都取决于融资协议签订前对股东资源专用性的合理估价。也就是说，资源的价值性、稀缺性、不可模仿性或不可替代性，以及股东创新使用资源的组织能力，都是获取实际控制权的重要依据。①

奥尔森（1995）以利己的理性人为前提，认为“在追求利益最大化的行权前，其需要考虑一个极其重要的变量，就是共容利益”②，即理性人权利与企业总收益有一致性。若能分享后者的大部分增量或承担大部分损失，两者就结成共容利益关系。比例越大，关系越强，权利人就越有激励性，就越会积极关心行权后对企业总产出及总收益的影响。③ 因此，控股股东与股东群间存在一致权利的行为逻辑。但其理性无法代表集体理性，集团理性也无法换来企业发展。其他股东的搭便车行为会导致股东群的分利性，控股股东的垄断控制导致其他股东的决策既有保守性，又有低效性，都会使企业经营的业绩下滑。因此，“一股独大”强弱与企业绩效增减呈负相关。不同企业的绩效增减差别在于各股东间不同的利益关系，即股权结构对企业绩效有影响。因此，在共容利益中，其他股东搭便车或组成分利集团，都是“既损人，又损己”的非理性行为。也就是说，在控制权配置中，要将“控股股东、股东群体、企业整体”等利益都归入到共容利益中，以此有效约束搭便车的分利行为，实现集体行动，为企业绩效的长期增长奠定良好的权利基础。

巴泽尔（1997）认为，测量资产价值的成本高，会阻碍其所有权属性的明确界定。因此，在社会上，从来没有出现过完全明晰的绝对产权。资产权属测量的不完全性，导致部分资产权利留在公共领域，使资产的法律权利与其经济权力不一致。经济权力是个体实际地直接控制并可消费某资产（物品），或通过交换间接获得并可消费的能力。④ 最终，其决定个体获得资产预期净收益的数量。资产的法律权利是索取权，国家根据特定个体或机构的财产，予以界定。而且，法律权利是从经济权力的博弈均衡格局中派生出来后，再加强或减弱的权力与收益。所有资产都很复杂，是多重属性的集合体。因此，抽象地谈论专用性资源衍生的权利，并无任何意义。权利的表现，首先是权力。而权力的基

① 马迎贤．组织间关系：资源依赖视角的研究综述［J］．管理评论，2005，17（2）：55-62.

② Bentley A. The Process of Government［M］. New Brunswick：Transaction Publishers，1995.

③ 吴思．隐蔽的秩序：拆解历史奕局［M］．海口：海南出版社，2004.

④ Barzel Y. A Theory of the State：Economic Rights，Legal Rights，and the Scope of the State［M］. Cambridge：Cambridge University Press，2002.

础，应该是资产的属性。所以，控制权更加适合于资产的使用属性，而不是聚焦于资产的物质本身。资产的使用属性不是孤立、抽象或固定的，要视情境变动而不断发生变化。但是，几乎所有法律对资源权利的规定都只是基于资产的固定种类和静态数量，而不是资产动态的、依附于具体场景的资源使用性。由此可见，资产权利的有效性不仅取决于法律保护（国家或独立第三方对权利的保护努力），而且基于个人与他人攫取资源的权力博弈。

综上可知，学者对控制权本质的认知，由权利到权力的演变，对控制权来源的探索，也由占有资源至使用能力，然后拓展至制度化权利。权力的运用受到权利结构制约，并且反过来又对该结构发挥着再造重塑作用。然而，这种结构关系并不是简单地循环复制社会总体的统治结构。在局部行为环境中，权力的实施造就政治结构和规则制度，以此使行权人发现并创造新的资源，从事新的权力博弈。不存在没有权力关系的权利，也不存在没有资源交换的权力。行动者为能与他人建立博弈关系，必须创造诸多行为，并且尽可能与他人保持未来行为计划上的相关关系。只要行为人感到他人有难以被替代的资源，并可提高后续行动成功的可能性，就不能轻易地更换掉他人。在双方协商性谈判中，资源所有方的控制地位就会增强。换句话说，在结构松散的集体行动域中，行为人会建立各种资源的联盟，以此帮助其实施垄断性的控制权，降低他人带来的诸多不确定性。这样，才是所有相关行动中理性的决策。因此，在某种程度上，控制权是资源配置和制度安排的结果。

3. 控制权的制度特性

在现有的控制权研究的企业契约理论中可以发现，从完全契约（委托—代理理论）到不完全契约，研究重心正在发生转移，权利逐渐受到大量关注。由于契约难以完备，除事前具体规定部分权利外，只能事后临时提及，即成为终极控制权。但是，控制权力都是直接来源于对各类物质资源的所有权，相当于股权。此外，企业并非资产的简单堆积，还包括企业人员使用（获得、占用和利用）专用性资源的能力。① 控制权的有效行使，除掌握决策情报外，往往还需要专业的管理技能。于是，控制权具体可明确为以下两种类别②：一是名义控制权，由法律章程赋予的显性权力，即股权决定的控制权；二是实际控制权，

① Rajan R., Zingales L. Financial Dependence and Growth [J]. American Economic Review, 1998 (88): 559-586.

② Aghion P., Tirole J. Formal and Real Authority in Organizations [J]. Journal of Political Economy, 1997, 105 (1): 1-29.

由专用性资源带来统治结构关系的变化，真正获得对企业的全部控制力。所以，控制权的特性，具体包括以下四个要点。

第一，控制权基本表现为股东对经营决策的实际影响力。一般情况下，股份公司有独立法人资格，即由经理做出投资与经营决策，代理股东支配并处置法人财产。股东只能凭股权投票，对经理的实际经营活动进行表决来施加影响，使其以法人名义做出符合股东意愿的决策。控制权的实际影响力是对某项事件的干扰能力，以此使被控制者的行为轨迹可以朝控制者的期望方向转变。股份公司控制权就是股东对经理施加的影响力，监督并指使其采取非利己行为，理性地经营法人财产。控制权的目标是，经理经营管理行为要符合股东利益最大化原则。

第二，控制权基本实施为股东直接利用股权或间接依靠专用性资源约束经理或董事的行为。但归根到底，股份公司经营决策最终还是由经理和董事亲自完成，股东并没有直接代为行使。股份公司是有独立民事行为能力的法人，所以，董事会是依法被股东授权的法人执行机关，其做出的决策，才有法律效力。也就是说，股东的控制权总是不能摆脱法人的独立人格。这样也意味着，对经理和董事会的经营决策只能是不完全的影响力。经理及董事可以不接受股东控制，并执行违反股东意愿、侵害其利益的决策行为，以此使股东失去控制权。股东只有通过“晓之以理（股权），动之以情（关系）”的手段，使经理或董事严格遵循股东意志，否则就将接受惩罚（如投票罢免、负面舆论、关系私罚等）。

第三，控制权有私利。并非每位股东都能代表全体股东拥有股份公司控制权，在现实中，总会存在事实上能影响经营管理事务的大股东。其行使绝对控制权的动机，仅是为最大化私利，甚至是侵害股份公司整体利益，即所有股东权益。特别是，大股东会通过影响经理和董事操纵经营管理。若能拥有使用与处置法人财产的控制权力，也就能重新分配本属于员工的福利，或牺牲中小股东及其他利益相关者的利益，谋取私利。

第四，控制权实施有不确定性。在现代公司治理中，所有权与经营权分离。股东已将绝大部分财产权授予董事会，将经营权给予股东，而自身转变为受益者。相对于拥有剩余索取权来说，股东拥有控制权会存在很大的不确定性。虽然股份公司使所有权与经营权分离，也未曾使股东失去或撼动其拥有法人财产剩余索取权的法律地位，但却产生股东控制权被经理窃取的可能性，即“内部人控制”。同时，当股权相对集中时，虽然能保证股东对经理及董事经营管理事务决策的影响力，但控制权被大股东占有，且排斥并剥夺其他股东分享的权益，以至于失去了对法人财产的剩余索取权，即“控制权配置问题”。

二、控制权问题类型及特殊股权安排

股份制企业的股权结构可能是静止不变的，但资源结构是动态演化的。所以，控制权配置的变迁路径，也会从同质性股权产生的权利结构，向异质性资源的权力配置结构转变。由此，混合所有制企业治理的控制权配置动态演化，就会带来以下两个方面的矛盾：一方面，资本社会化和股权多元化使国资和非公资本融合、国有资产与非国有资产互补，摆脱了单一公有制的约束和弊端；另一方面，公司制要求国有资产所有权归属于企业法人，而公有制则反对企业法人拥有国有资产，其所有权要归属于政府部门。于是，产生国企控制权的归属问题，即在社会主义市场经济条件下，如何将“以公有制为主体、多种所有制共同发展的经济制度”融入“内在有机统一、自负盈亏”的现代企业制度和治理机制中，由此创建中国特色社会主义的国企产权关系与控制权配置形式。

（一）企业内部权力配置问题

现代公司治理控制权配置理论认为，股份公司有众多股东，所有权分散，控制权可由股东全体或委托代表投票来行使，以减少分头决策的协调成本。而且，通过内部稽查考核和经理人市场竞争等，监督约束经理的偷懒、谋利等行为。股东可投票，撤换不合格经理。但是，若要监督者有效力约束被监督者行为，所有股东必须与监督者签订股权激励合同，使监督者也成为股东，并赋予其部分的剩余索取权。于是，在企业内部权力配置中，就需要权衡“减少被监督者偷懒行为所带来的收益”与“分享剩余来激励监督者所产生的损失”（大股东与中小股东）、“外部竞争来激励被监督者所产生的损失”（外部董事与经理层），以及“分享剩余激励监督者们所带来的收益”与“普遍分享剩余使被监督者增加利己行为所产生的损失”（股东与经理）间的关系。①

1. 马克思视角下的股份公司

资本主义生产极度扩张带来股份制是加速资源转化为资本，再转化为生产者财产所必需的过渡点。股份公司被视为过渡点，其原因在于：一方面，从彼

① 阿尔曼·阿尔钦，哈罗德·德姆塞茨．生产、信息成本与经济组织［M］//盛洪．现代制度经济学（上卷）．北京：中国发展出版社，2009.

此分离的生产者私有财产，转化为联合起来的生产者共同财产，进而向社会财产过渡；另一方面，在生产过程中，生产者职能从直接与资本所有权相结合，转化为与产权脱离的单纯职能，进而向社会职能过渡。由此，劳动力所有权与支配权、土地所有权与经营权、资本所有权与运营权，都从统一转变为分离，即资源的占有权与使用权，从统一转向分离。在股份公司中，职权已同股权分离，劳动也已完全同生产资料所有权、剩余劳动价值索取权分离。马克思指出，“私有财产的真正基础，即占有，是一个事实，是一个不可解释的事实，而不是权力，只是由于社会赋予实际占有以法律的规定，实际占有才具有合法占有的性质”。① 当年马克思撰写《资本论》时，英国社会的少数大资产阶级控制许多股份公司的生产资料，而从事一般劳动的工人阶级，生活极度贫困。在马克思的“自由人联合体”科学设想中，自由人们用共同的生产资料劳动，自觉将所有个人劳动作为一个社会劳动力使用，其总产品是社会产品。一部分重新用作社会所有的生产资料，另一部分作为联合体生活资料分配与消费。“在那里，人们同他们的劳动和劳动产品的社会关系，无论在生产上还是在消费上，都是简单明了的。”②

马克思指出，“建立在社会生产方式的基础上，并以生产资料和劳动力的社会集中为前提”的股份公司，直接联合个人资本形成社会资本，又与私人资本生产相对立，而且也表现为生产社会化的企业，与个人或合伙的私有企业相对立。股份制就是在资本主义生产方式内，私人财产是对资本的扬弃，同时，也是在资本主义社会的生产体系内，对私有产业的扬弃。马克思将资本主义社会中出现的合作制工厂与股份制企业进行比较，并加以考察后发现前者是在资本主义生产资料私有制的旧形式内，拼接分离的生产资料共同生产，“是在旧形式内对旧形式打开的第一个缺口”。由于没有资本，所以资本与劳动间的对立在工厂内已被扬弃掉了。但是，在合作制工厂的实际组织中，到处都存在并必然会再生产出现存制度的一切缺点，即异质性生产资料无法数量化地参与在劳动价值的分配之中。后者与合作制工厂相同，也应当被视为资本主义私人生产转化为联合生产的过渡。然而，前者的对立是消极的扬弃，但后者是积极的。在股份制内，已存在生产资料社会化，其表现为与个人财产所有制的对立。但是，

---

① 中共中央马克思恩格斯列宁斯大林著作编译局．马克思恩格斯全集（第1卷）［M］．北京：人民出版社，1956.

② 中共中央马克思恩格斯列宁斯大林著作编译局．马克思恩格斯全集（第23卷）［M］．北京：人民出版社，1975.

股份制还局限在资本主义制度中，无法克服“企业生产出的财富还是私人所有，而不归社会所有”的现实。所以，只是新的资本主义生产形态而已。

2. 现代企业理论的研究视角

社会制度都是利益相关方进行博弈的规则，内含着特定的激励与约束机制。由此，形成各种经济政治组织。① 社会各类规模组织的制度体系主要包括正式规则（法律、法规、章程等）、非正式规则（风俗、习惯、道德、家规等）以及执行制度行为与实施反馈效果。当然，社会制度的运行还与周边社会情境密切相关。其主要包括文化因素（如国情、传统等）和社会环境（如市场、城乡、阶级、教育等），还有制度行为依据的历史背景、人文素质、自然环境和普遍共识（如制度观念、守法意识等）。②

对企业内部权力配置问题的研究离不开现代公司治理理论③，其中，最典型的是交易费用理论和不完全契约理论。前者基于交易过程规范的细化，以节约成本的契约为研究视角，将交易视为契约。在企业内部权力配置问题上，前者暗示有一个权威裁判，会提前设计好契约，企业内部资源按部就班地自发调动。按资源转化为资产，再转化为资本的数量获得收益。权力可以不存在，或外生于企业。通过法律界定产权，就足够完成企业运转。后者认为，企业内部需要通过科层制，依据权威命令，才能完成资源配置，也可以通过市场交易价格机制来完成。所以，企业与市场可以相互替代。配置资源的力量就是权力，在企业内部，通过科层制赋予高层权力；在外部市场，通过价格博弈赋予竞争者权力。当然，其前提是存在交易费用，若前提不存在，则权力配置不会影响资源配置或社会福利。企业与市场是等价的，否则，企业内部权力配置就变得十分必要了。现代企业制度和产权法律（强制界定初始权力）才有存在的意义。资产专用性、交易频率和不确定性等都与交易费用有关，其中，专用性资源是企业内部权力及其租金的来源。为了避免抽逃、敲竹杠等投机利己主义，需将控制资产的权力安排给专用性资源所有者④，以使其在合法框架下，进一

---

① 王玉海．诺斯“适应性效率”概念的内涵及其对我国制度转型的启示——兼议我国过渡性制度安排依次替代过程中的动态适应性问题［J］．制度经济学研究，2005（1）：116-134．

② 林岗，刘元春．诺斯与马克思：关于制度的起源和本质的两种解释的比较［J］．经济研究，2000（6）：58-65+78．

③ 卢周来．新制度经济学，新政治经济学，还是社会经济学？——兼谈中国新制度经济学未来的发展［J］．管理世界，2009（3）：159-165．

④ 胡进．威廉姆森与交易成本经济学的发展［J］．长江大学学报（社会科学版），2006（4）：56-59．

步设计与执行企业的内部制度。

后者认为企业内部经营合同很不完全。缔约双方约定指标无法即时验证，设定情境也随时变动。仅靠约定激励合同，不能实际激励经理的代理行为。这时，需要将部分控制权转移给经理。但是，股东通常不愿意放弃对企业的控制权力，便通过监督与控制防范经理行为的道德风险。其原因在于，经理不仅可从企业经营中获得约定的货币收入，还能在控制中得到未能约定的非货币好处（如名誉地位、在职消费、管理乐趣等）。此外，由于未能得到完全约定，控制权给经理带来的收益可能远远大于货币收入，甚至还有进一步挖掘私利的空间。而这样，就会侵害到股东利益。值得注意的是，能约定的货币收入和不能约定的非货币好处，这两种控制权收益并不意味着股东与经理一定会产生矛盾。只要不能约定的非货币好处可在股东和经理间妥善分配，总是可以得到充分的协调。但正是由于没有办法或故意阻拦对非货币好处的分配，使其只有实际控制者独享，这也就注定股东与经理间的控制权争夺。股东希望控制原本应得的收益，而经理希望控制获得超出其货币收入的非货币好处。在这种情况下，如果股东不能获得对企业的决策权，就有可能不愿意投资。但如果决策权完全由股东掌握，经理就会只关心被约定的货币收入，不在乎股东的私人收益，这样也是不会有效率的。因此，控制权至少需要在两者间合理配置①，以达到总体价值的最大化。

3. 资源依赖和合作博弈视角

资源依赖理论是基于专用性资源视角，对组织间权力来源与配置进行解释。但是，显示出了更深刻的解释力。该理论视角与产权制度理论分析不同，前者强调企业内部权力由独立的契约设计人进行初始赋予，再由契约指导权力的分配。但后者认为权力与对专用性资源的依赖有关。不同资源的专用性及其演化，决定了契约内部权力配置的不均衡。谁拥有了专用性相对重要的资源，对其他人的依赖性就会降低。在相互关系中，就有控制权力，居于主导地位（Emerson，1962）。当然，被控制者也可通过威胁退出、设计新关系、建立联盟或寻求可替代资源等手段，减少控制者的影响（Scott，2003）。企业内部权力配置，依据大股东与中小股东、股东与经理、股东经理与外部董事、内部治理主体与外部利益相关者等内外治理主体间的相互依赖性。拥有“越重要、越稀缺、越难替代的专用性资源”的个人或机构，在治理结构中的权力就越大（Hillman et al.，

① 根据前后文可知，控制权还要考虑大股东与中小股东间的合理配置。

2009）。所以，能够提供专用性资源的治理结构成员，显然拥有实际控制权。

企业外部市场治理适用于非专用性资源交易，有偶然性合同与经常性合同。然而，公司治理与新古典合同适用于存在第三方的权力治理，即专用性资源的交易建立在可靠承诺基础上，各方自主控制或接受控制。例如，纵向一体化就是“将最终产品所需中间部件的生产过程，纳入到统一的、特定的、有权威的企业内部，进行生产”的治理结构。只要各方资源以资本形式建立股权收益混合并能统一行动的控制权配置机制，就能保证各股东都能得到最大利益。专用性资源所有者获得控制权，能够减少其机会主义行为。① 企业内部权力配置的本质在于，以权威指令的权力契约代替市场价格的交易契约。也就是说，为节约市场多次交易涉及的费用，权力契约对资源进行一次性总估价，再由专用性资源所有者通过统筹安排企业其他资源组织生产，控制对各投入资源的补偿。② 若资源市场能够出清，无论是劳动还是资本，总能无交易费用地找到用途。这也意味着不成立企业，就无所谓企业内部权力关系的配置了。然而在现实中，资源市场难以出清。企业内部权利有存在的经济意义。各资源相对的交易费用（资源的专用性），也就决定企业内部权力的产生形式与配置状况。专用性资源所有者要在企业内部获得控制权，而其他资源所有者会优先选择与其合作，甘愿受到控制与约束。

（二）控制权配置异化类别

在现代企业理论中，有“防止控制权力滥用，造成企业价值衰减”的自我纠偏机制：若发生经理腐败或大股东私吞等侵占私利的行为，从而导致企业绩效不佳，那么，控制股东就会被其他股东“用脚投票”，而失去控制权。但在现代公司治理实践中，这种情况会有发生，但不会必然发生。或许因其他股东难以组织为整体，又或许是两方都认为合理，没真实看清各自利益，更或许是对现有制度的保守，而产生的改革粘性。真实发生且缓慢加深的腐败或侵占和猜疑经理或控制股东滥用权力而做出激烈反应，都会使企业绩效越来越差。因此，在现实中，控制权配置往往与完美设计的治理机制，存在着严重异化现象。

1. 第一类异化现象

Berle 等（1932）最早在《现代公司与私人财产》中提出，所有权与经营

---

① 奥利弗·E. 威廉姆森．资本主义经济制度［M］．段毅才，王伟，译，北京：商务印书馆，2002.

② 陈宗胜，杨晓康．市场里的企业：一个非合作讨价还价重复博弈［J］. 管理世界，1997（6）：116-125.

权相分离是导致股份公司第一类控制权配置异化现象的原因。通过资本市场交易，股东保证其资产的高度流通，可随时让渡、变现所拥有的股权。于是，股份公司的股权高度分散且多元，治理结构更显复杂。特别是中小股东，其参与治理决策的积极性锐减，搭便车倾向严重，易陷入集体行动的困境中。由此，单个股东没有足够的利益激励去参与经营决策，为经理的代理行为留下道德风险空间。此时，在没有或仅有少量股权的情况下，经理成为独立决策体。随着资本市场发展加快股票流通速度，促使所有权与控制权分离。在股份公司里，股权极为分散，没有任何人或集团有足够的股票控制公司经营事务，并给予经理最有力的监督。导致经理在原本不能行使股权的情况下，取得了控制权。换言之，各股东均未获得绝对占优的控股优势。一部分股东搭便车，缺少行使股权的积极性；另一部分股东存在投机心理，并不愿长期持有股票。最终，实际控制权落入经理手中，产生“内部人控制”问题。

股份公司股权分散、所有权与经营权分离，势必会造成股东与经理间的权力冲突和利益矛盾。一方面，经理是股东资源及法人财产的代理人，应恪尽职守，忠实执行股东大会决议，追求企业价值及全体股东利益最大化；另一方面，经理作为理性利己的经济人，必然会追求自身利益最大化。尽管经理会受到舆论约束与声誉激励而尽职尽责，但依然难以抵御“侵占公司资产，获取私利”的诱惑。亚当·斯密（1776）在《国富论》中指出，“股份公司的中小股东只是逐年接受应得分红。而作为管理别人并非自有金钱的经营者，不可能太多地指望像合伙人那样，用极高的警觉来照看这些自有钱财。因此，疏忽和浪费必然会或多或少地流行”。中小股东无占优控股，对在股东大会上行使股权表现出“理性冷漠”。而且，监督并改善经理的经营方针所花费的成本，远高于投资回报。“搭便车”是第一类控制权配置异化现象产生的重要原因。如果某些股东为公司利益积极行使股权，虽然全体股东能够获利，但行使股权的耗费只能由本人承担，其他股东却能不劳而获。所以，每位股东都希望其他股东能积极履行股权，监督经理实现企业价值最大化，而间接牟利。其结果却是，挫败所有股东行使股权的积极性，无法避免发生经理侵害股东利益的行为。

2. 第二类异化现象

巴泽尔（2008）认为，企业拥有的是共同财产①，但其所有权是分割的。而且，随着技术进步和周围情境变化，企业控制权也发生变化。企业资源的法

---

① ［美］巴泽尔．产权的经济分析［M］．费方于，段毅才，译．上海：上海人民出版社，2008.

人所有权是唯一的，但企业法人财产却由不同所有权的资产组成。企业内部资源的产权是被分离的，但资产组合的法人产权却又被统一集中管理，形成有效组织。通过签订一系列产权转让合约或投融资合同，降低分割所有权的交易费用，以此监督非法获取剩余索取权。企业是治理多种资源所有者联合经营合同的集合，其功能属性与内部治理结构也密切相关。企业资源所有者以股权资本承担股东责任，也就是说，企业可被视为由股权资本担保的合同网络。Berle 等（1932）认为，“几乎没有控制权的财富所有权，与几乎没有所有权的财富控制权，似乎是公司制度发展的必然结果”。由此，第二类异化现象具体表现为，某位股东实现对公司的绝对控制，以此成为终极股东。所以，其被赋予“在股东大会上对公司重大经营决策及选举董事”的终极控制权。如果股东持有公司50%以上的股份，就可在股东大会上拥有绝对的投票表决权，从而能够控制公司经营。

特别是复杂控股结构（金字塔结构、交叉持股），在股权高度分散的企业族系中，大股东只需持有少量股份，便可运用股权控制链操纵公司经营。事实上，无论是否控股，股东只要能够取得管理公司经营事务的终极控制权，都可认定为大股东。但此时就有可能，大股东仅为自身利益最大化，与其他股东利益发生冲突，产生终极股东控制问题。一般情况下，大股东往往行使控制权，重新分配原属于股东集体的财富，谋取私利，却以牺牲中小股东利益为代价。实际上，当前我国有很多“年终不分红利”的上市公司，并非是业绩太差的缘故。即便能够分红，也依然未分。其主要原因为，大股东控制股东大会，操纵分红决策，不愿与中小股东共享公司利润。而更多的是，以年薪形式派发给由熟人担任的高管，或通过关联交易直接转移资产至自己手中。大股东掌握控制权是资本集中决策的必然结果，其合理性在于，大股东与中小股东利益总会保持一致，中小股东愿意追随并委托大股东对企业经营进行决策与监督。但是，大股东却另有私人企图，出现利己主义分离倾向。由此，中小股东基于利益相容原则，赋予大股东代理其控制初始投入公司的资源，获得与大股东相一致的资本利得，但最终却反而受到了利益的侵害。

3. 第三类异化现象

在现实的现代公司治理中，股东超额补偿经理的情况比较多见，但经理回馈补偿股东的情况也不是没有。例如，在投票前给重要股东分红贿赂，仅给董事超额薪金，给外部董事高额咨询费，以及自愿降薪等。上述补偿方式可视为控制权收益在股东与经理间的再次分配，其结果是，让联合生产的福利最优化得以实现。实际上，算是一种帕累托改进。当然，由于存在交易费用，总是会有许多帕累托改进的空间。总之，股东间、股东与经理间总会存在融资、授权、监督等合同的不可完备性。所以，仅在这些角色间打转儿监督是不够的，应该让外部利益相关者在一定情况下参与治理机制，拥有对公司经营的部分控制权，并且允许其根据企业现状做出相应的决策。如果企业绩效优良，外部利益相关者应少参与企业治理。如果欠佳，则应多干预。公平监督是对经理与股东的不信任，不干预才是对两者的认可。但问题是，外部利益相关者如何才会有积极性做好监督职责？只有“利益高度相关且处于资源专用性弱势”的外部利益相关者，才需要被赋予参与并部分控制企业治理的权力。例如，与股东不同，债权人的利益诉求是企业能够持续经营，能够返还本息。所以，债权人参与企业治理的激励与股东也不一样。当企业绩效好时，控制权应全交给股东。当绩效差时，应交给债权人。只有这样，债权人监管企业经营的积极性才会提升。

当然，在股权分散时，若经理侵害股东利益，就会带来企业绩效的下滑。同样，在股权集中时，大股东侵害中小股东利益也是如此。因此，外部利益相关者既不愿意出现第一类异化现象，也不愿意出现第二类异化现象。这样，外部利益相关者往往不会给中小股东带来损害。正如，作为组织团体，治理结构应被称为一种受外部调节限制的封闭社会关系。如果遵守治理制度要通过特定人来执行才能保障的话，那么在一般情况下，领导人或管理层的行为举止也就同时拥有了代理权力。于是，这种支配权力就会使团体利益被其占为己有，或通过适用性制度分配给特定人，更或者分派给根据某种特征或按某种形式所选定的人。或许是持久性的，也或许是暂时性的（即为特定情况而委派的权利）。采取社会化融资的治理章程的制定可通过自由协议，也可强加服从条款。但是，控制权所有者支配的权利，要使其拥有强加新制度的合法权利。对于债权人（一般是银行）而言，是股东间、股东与经理间权利的平衡器。但是，债权人一旦掌握控制权，是否还要保持外部利益相关者的身份就很难说了。一般情况下，除存贷款外，储蓄银行还兼有投资银行业务，善于股权投资。通过债转股等方式，债权人就会成为拥有控制权的股东。若成为大股东，可能还会给中小股东带来利益上的损害，是因为其资本逐利本性使然。于是，本来作为避免第一类和第二类异化现象的平衡器，因利益相关者掌握了控制权，却向第二类异化现象转变。

（三）特殊的股权制度安排

西方资本主义发达国家早已出现非“一股一票”表决权的特权股。① 不同国家有不同表现形式。美国私企为保留创始股东对企业的控制权，在面对公众筹资时，采用双层股权制度②；英国国企在私有化中采用“政府对特定事项保留一票否决权”的金股制度③。本质上，特殊股权制度安排是一种创新的产权制度和治理结构，以此平衡“拓宽企业融资空间”与“维护创始股东（政府）控制权”间的关系。西方资本主义发达国家现已有成熟的特殊股权制度，为我国国企混改采用多元化的股权结构提供了良好的经验借鉴。④

1. 我国相关改革政策与措施

我国在不断谋划并制定涵盖面更广泛的特殊股权制度政策，以及安排改革试点的工作。如表 3-5 所示，党的十八大报告强调，毫不动摇巩固和发展公有制经济，推行公有制多种实现形式。然后，党的十九大报告又重申，改革国资授权经营体制，发展混合所有制经济，推动国资做强做优做大。因此，在国企混改的顶层设计中，必须进行更深层次、更大力度、更多方式的产权制度创新。以此，切实解决好国企改革中“监管与放权、政府与市场、政府与企业”间的关系。国企股权制度创新是国企产权制度创新的关键，同时也是混改治理结构变革的基础。党的十八届三中全会首次提出，对按规定转制的重要国有传媒企业探索实行特殊管理股制度。国资委已表明，要探索建立优先股和国家特殊管理股制度。国务院也提出，要在推动军工企业混改时，探索建立国家特殊管理股制度。2018 年 4 月，香港交易所修订规则，首次容许拥有不同投票权架构的企业上市。国企建立国家特殊股权制度，有利于保持国家必要的控制权，以及改善国有股东“一股独大”产生的治理缺陷。然而，设立“国家特殊管理股”，毕竟是我国国企混改产权制度的历史性突破。因此，需积极审慎设计有可操作性的制度支撑体系。

---

① Hansmann H.，Pargendler M. The Evolution of Shareholder Voting Rights：Separation of Ownership and Consumption ［J］. Yale Law Journal，2014，123（4）：948-1013.

② Howell J. W. The survival of the U. S. dual class share structure ［J］. Journal of Corporate Finance，2014（44）：440-450.

③ Papadopoulos T. Privatized Companies，Golden Shares and Property Ownership in the Euro Crisis Era ［J］. European Company & Financial Law Review，2015，12（1）：1-18.

④ 王乐锦，苏琪琪，綦好东．我国国家特殊管理股制度构建：基于国外经验借鉴的研究［J］. 经济学动态，2018（9）：51-66.

通常在股份制改造和上市融资中，创始股东为防止被恶意收购，并保有最大决策权（控制权），才会设计“特殊管理股”的股权结构。但是在我国，“国家特殊管理股”该如何界定？至今尚未有正式的法规或政策文件能够给予回答。结合我国国企混改目标，尤其是党的十八届三中全会提出特殊管理股后，很多学者认为，我国构建的国家特殊管理股制度与西方资本主义发达国家资本市场流行的双层股权结构，以及与政府控制的金股制度，既有相似之处，又有本质区别。其主要应关注的还是控制权配置与运作上的制度创新。以美国《时代周刊》为例，双层股权结构使现金流量权和控制权相分离，消除了引进战略投资者后控制权被转移的风险。① 特殊股权制度是破解出版传媒类国企改革难题的创新性设计，其关键在于党和政府对舆论导向把关。例如，在总编辑和主编人事任命等问题上，具有“一票否决权”，以确保出版传媒类国企最大限度地满足广大人民群众日益增长的文化需求。② 当然，在我国如果也实行特殊股权制度，依然要打破国企体制锁定，摒弃传统陈旧的老路，建立企业法人治理的新路。③ 国家特殊管理股需要针对我国市场经济环境、国企混改发展阶段，并结合中国特色社会主义制度，形成改良版的“金股制度”。例如，遵循公开、公平、公正的原则，国家特殊管理股的设立与行权程序应在国企的公司章程中予以明确，并且建立必要的约束机制，以完善配套法律政策。④ 当然，也有学者认为，国家特殊管理股是中国特色化的“双层股权结构”。⑤

表 3-5　我国设计国家特殊管理股制度的政策文件

时间	出处		内容
2013 年 11 月	党的十八届三中全会	《关于全面深化改革若干重大问题的决定》	对按规定转制的重要国有传媒企业，探索实行特殊管理股制度

① 张瑾，陈微．西方主流媒体对重庆大轰炸的报道分析——以《时代》周刊为例［J］．重庆大学学报（社会科学版），2008（3）：119-123.

② 曹继东．基于利益相关者的国有出版传媒企业特殊管理股研究［J］．科技与出版，2017（8）：22-26.

③ 潘爱玲，郭超．国有传媒企业改革中特殊管理股制度的探索：国际经验与中国选择［J］．东岳论丛，2015，36（3）：123-129.

④ 宋慧玲，刘鹏．国有企业混合所有制改革中的特殊管理股制度研究［J］．对外经贸，2016（3）：119-121.

⑤ 吴高臣．国家特殊管理股的法律性质［J］．法学杂志，2018，39（1）：47-53.

续表

时间	出处		内容
2014年2月	中央全面深化改革领导小组第二次会议	《关于深化文化体制改革实施方案》	把传媒企业实行特殊管理股制度列为2014年工作要点
2015年8月	国务院	《关于深化国有企业改革的指导意见》	推进公司制股份制改革，允许将部分国资转为优先股，在少数特定领域探索建立国家特殊管理股制度
2017年11月		《党的十九大报告辅导读本》	全面完成公司制，推进股份制，引入各类投资者，多元化股权，建立优先股和国家特殊管理股制度
2017年11月	国务院办公厅	《关于推动国防科技工业军民融合深度发展的意见》	积极稳妥推动军工企业混改，鼓励符合条件的军工企业上市或将军工资产注入上市公司，建立军工独立董事制度，探索建立国家特殊管理股制度
2018年3月	十三届全国人民代表大会第一次会议	《关于2017年国民经济与社会发展计划执行情况与2018年国民经济与社会发展计划草案的报告》	积极稳妥推进处于充分竞争行业和领域的商业类国有企业混改，健全混合所有制企业治理机制，探索特殊管理股制度

2. 异质股权的特殊治理安排

根据股东“同质化”假定，“一股一权”平等投票权的股权结构，很容易就被构建出来了。而事实上，各类股东仍处在不同的社会境遇中，相互间存在多维差异的治理诉求及利益偏好，难免会造成权力冲突与利益矛盾。另外，在混合所有制企业中，股东社会身份与投资组合的差距也会导致彼此收益认同间的分歧。各类股东即便在理论上均认为，坚持公司利润最大化原则并保持一致。但在原则的实现方式上，通常持有不同见解，而产生过高的集中决策成本。比如，价格投机性持股的股东倾向于选择短期提升股价、风险较高的项目，而价值投资性持股的股东则更愿意选择具有长期收益、稳妥增值的项目。两者在投资视域上的区别表明，股东在项目偏好上有着明显的异质化特点。

除此之外，各类股东的利益认同并非与公司利益相一致。[①] 而且，各类股东参与公司治理的决策能力（如缔约谈判、形势判断、信息搜集等）也存在显著的差异。[②] 相对于其他机构投资者而言，国有创始股东自始就加入至公司治理中。虽然两者所能搜集到的显性决策信息相同（与其持股比重息息相关），但是隐性决策信息却相异（主要与是否任职密切联系）。[③] 在混改后的公司治理实践中，全面且必要的决策信息才是各类股东做出合理选择的根本保证。因此，很难相信任何股东能够在参与公司治理时表现出同质化的决策能力，也就很难确定，国有创始股东是否在集中决策中充分表达出其原有的权益偏好。基于资本平等的多数决原则，将股东划分为控制团队与非控制群体。在面向公众融资之后，国有创始股东总会担心持股比重减少，而沦为中小股东，或者遭受恶意收购，其收益会被控制股东侵蚀，再或者混合所有制企业发展偏离国企混改最初时的道路设计[④]。

所以，将基于股东特质的不平等投票权引入到多数决的治理机制中，就成为国有创始股东在国企混改或社会融资时的迫切需要。值得注意的是，虽然"一股一权"在世界范围内得到普遍认可，并被应用于各类企业的治理实践，但显而易见的是，大量迎合股东异质性的股权结构设计也依然广泛存在，如表 3-6 所示。主要有以下两种类型：一是在发行公司普通股的基础上，另外发行具有特殊投票权力的类别股，即金股制度；二是仅发行普通股，但对特定持股群团的投票权力加以限制或放大，即合伙人制度或双层股权结构。在我国，国家特殊管理股既不能脱离实践，仅凭理论推导得出设想，更不应单纯认可西方国家经验，追求潮流而盲目照搬，而应基于新时代下国企混改，适应理性的真实制度创新需求。这样，探索出适合我国社会主义建设的国家特殊管理股制度，才能成为完善国企现代企业制度、推进公司制股份制改革的重要路径。

---

① 朱慈蕴，沈朝晖．类别股与中国公司法的演进［J］．中国社会科学，2013（9）：147-162+207-208.

② 冯果．股东异质化视角下的双层股权结构［J］．政法论坛，2016，34（4）：126-137.

③ Gompers P. A.，Ishii J.，Metrick A. Extreme Governance：An Analysis of Dual-Class Firmsin the United States［J］. Review of Financial Studies，2010，23（3）：1051-1088.

④ Jensen M. H.，Marshall B. B.，Jahera. J. S. Retaining Majority Ownership and Control After the IPO［J］. Journal of Corporate Accounting and Finance，2014，25（2）：57-65.

表 3-6 各国及地区特殊股权结构安排的法律依据

国家或地区	法律	版本或法条	具体规定内容
欧盟	《股东权利指引》	2007 年修正案	增加“双重表决权”规定，以奖励长期投资的股东
美国	《标准公司法》	第 6 章第 1 节	公司有权通过章程对其发行的不同类别股详细事项进行规定说明
	《特拉华州公司法》	第 151 条	各类公司都有权发行同一种或一种类别以上的股份，各类别也可发行同一种或一种以上的系列股票
英国	《公司法》（2006 年）	第 629 条第 1 款	根据立法原则，如附随于股份的权与利在各方面均保持一致，则这些股份就应属于一个类别
德国	《股份公司法》	第 11 条	股份可被赋予不同程度的权利，尤其是体现在利润分配上的权利
德国	《股份公司法》	第 12 条	公司每股都应当享有表决权，但也可发行无表决权的优先股
		第 139 条第 2 款	无表决权优先股票面价值总和不能超过发行后公司资本总额的 50%
	《大众私有化法》	第 3 章	政府享有一系列特权：任何单一股东享有的投票权不得超过 20%；即使拥有超过 20% 股份的股东，最多只能行使不超过 20% 的投票权；政府有权任命董事会中的政府代表
法国	《商法典》	第 L228-11 条	优先股可附着表决权，也可不附着而使持有人能因此被赋予特殊待遇
		第 L225-123 条	公司所发行的优先股不得超过已发行资本金的 50%，而上市公司的发行限额为资本金的 25%
		第 L225-125 条	即使未发行优先股，公司也可通过章程扩大或限制某类股东的投票权
	《弗洛朗热法案》	第 2 章	除经 2/3 的股东同意外，持股逾两年以上的股东将享有双重表决权
意大利	《民法典》	第 2348 条	允许公司通过章程发行类别股份
		第 2351 条	法定范围内，允许公司自由决定各类股份属性，自由设置股东表决权
	《私有化主体法》（1994 年）《金融法》	L474，23/12/99，11/02/00	政府有权否决超过 5%的收购；政府有权否决董事会的重大决定

续表

国家或地区	法律	版本或法条	具体规定内容
葡萄牙	《皇家法令》（1999 年）	Decree-law11/96, 5/94, 380/93	并购公司 10%以上的股份需得到政府的批准；政府有权否决公司董事会决议；按照公司章程规定，任何单个股东的投票权不得超过 10%
比利时	《皇家法令》（1994 年）	第 3 章	政府有权任命董事会代表；能源部长可以反对任何有可能危害天然气供应的任何管理决策
西班牙	《私有化主体法》（1995 年）、《皇家法令》	Law55/1999	政府有权否决超过 10%的股份的收购；政府有权否决有关资产出售、股权稀释、并购、商业目标的改变等相关的管理决策；政府有权反对上市公司持有的超过 3%投票权的行使
荷兰	《私有化主体法》	1989；2005	政府有权任命监督董事会成员；政府对某些战略决策（如拆分政策、发行股票等重大重组事项）享有一票否决特权
丹麦	《政府法案》（1990 年）	第 428 条	单一股东不得拥有超过 10%的股份；某些商业决策需交通部长审批
韩国	《商法典》	第 344-2 条第 1 款	公司在发行不同内容的种类股时，应当在章程中记载向相应股东交付财产的种类、决定分配价格的方式、分配利益的条件等内容
日本	《公司法》（2006 年）	第 108 条第 1-1 款	公司可发行并规定不同内容的两种以上类别股
		第 108 条第 1-9 款	授权公司章程赋予特定类别股东选任一定数量董事或监事的权利
新加坡	《公司法》（2006 年）	第 64 条第 1 条	除报业公司根据《报纸和印刷出版法案》发行管理层股票外，任何一只普通股应授予股东大会一票表决权
中国	国务院《关于开展优先股试点的指导意见》	第 1 章第 1 条	优先股是依照《公司法》，在一般规定的普通种类股份之外，另行规定的其他种类股份，其股份持有人优先于普通股股东分配公司利润和剩余财产，但参与公司决策管理等权利受到限制
中国香港	《公司条例》	第 57A 条第 1 款	允许在港注册成立的公司在其公司章程细则中约定发行多种级别或者具有不同投票权的股份

续表

国家或地区	法律	版本或法条	具体规定内容
中国香港	《上市规则》	第 8-11 条	新申请人的股本不得包括下述股份：拟附带的投票权利与其缴足股款时所应有的股本权益不构成合理比例（B 股）；不批准发行人已发行的新 B 股上市，亦不允许发行人发行新 B 股
中国台湾	《公司法》（2015 年新订）	闭锁性股份公司专节 356-1-14 条	首次引进过去不被允许的复数表决权

3. 保护委托人和约束代理人

如前文所述，控制权收益可分为以下两种类型：一是难度量的非货币收益，二是易度量的货币收益。前者与剩余索取权相联系，又称为剩余控制权收益，如凌驾他人的超越感、名誉头衔的荣誉感、在职消费的成就感以及资源转移的满足感。后者是账户的现金，如薪酬奖金。另外，前者由控制权所有者占有，是变动的，往往还被认为存在着大幅度增长的潜力。后者是固定的，由合同约定相关人获得，其激励积极性作用并不是很强。一般来说，国企混改意味着被兼并方或失去控制权方会损失剩余控制权收益，也就是说，失去获得未来增长的潜力。对于国企内部治理控制权配置而言，掌握控制权就是获得未来国企发展的潜在增长收益。从股东与经理的委托代理关系来讲，股权占优的国有股东应掌握国企控制权。但是，却经常会被经理夺得。因此，需要保护委托人并约束代理人。然而，双方初始分配是很难公平的。其原因在于以下两点内容：一是经理只有掌握控制权，才有能力调动各方资源，也才有动力提高企业绩效；二是股东天然被赋予剩余索取权，还掌握着控制权（因其是资源投入方，或资源转化为资本股份而兑换来的股权）。因此，双方控制权收益只能在二次分配中达到公平。要么通过执行股权激励计划，股东占有控制权补偿经理；要么通过执行年终大范围分红，经理占有控制权补偿股东。最终，经双方博弈妥协，都会存在一个平衡点。

无论是否考虑控制权收益的公平分配问题，国企最优混改决策都等价于最大化控制权收益。若股东同时拥有控制权和剩余索取权，即国企认购、退出和兼并等混改决策都为控制权收益最大化，也就是说，全体股东利益最大化，控制权不会对混改构成很大障碍。相反，控制权和剩余索取权被分别拥有，那么，最大化控制权收益的混改决策，往往不一定就是全体股东利益最大化决策。因此，控制权与剩余索取权分离就会给国企混改带来制度障碍。例如，在一些国企中，控制权更多的是在社会聘任高管或集团委派高管手中，而剩余索取权归国有各类股东。一些对国资有利的混改，往往受到国企高管的联合抵制。其原因在于以下四个方面：一是拥有控制权的董事长和总经理通常由大股东委派，混改会导致控制权收益损失。所以，另需增加部分货币收益，予以补偿。二是即便董事长或总经理的控制权利益与外部股东利益冲突，若混改收益足够多，外部股东可通过赎买或补偿使高管层不再抵抗混改。三是若股权集中度高，终极控制权就仍属于董事会和股东大会，高管层反对无效。四是非公资本参与混改，可通过股票市场直接向目标国企股东发出要约，以越过现任高管层的阻拦。

在解决委托代理问题时，社会各界总是不厌其烦地呼吁对应法律的出台。运用实体法律规范，以疏解委托人在代理人道德风险行为前的脆弱与无奈。如表 3-7 所示，大致分为两种策略：规制型与治理型。前者有规范性，要求出台正式法令，在国企内部治理机制外，另调整委托代理关系的设立与终止。相反，后者建立在内部治理特有的等级从属代理关系中，试图强化委托人权力、重塑代理人动机，间接保护委托人、约束代理人。前者立法事前规定，并命令代理人，禁止实施损害委托人（或债权人及散户投资者）利益的交易决策行为。同时，也可事后就代理人遵守状况，按认定标准予以授权与制裁。当然，发挥事前立法规定与事后认定标准的约束作用，在很大程度上取决于规制的落实力度。一般原则下，良好设计的规则可自动贯彻，而其实施标准也不可避免地会诉诸法院或其他仲裁机关来深层次评估决策。因此，在执行代理人约束规制时，还需要增加一些从属条件来加以把持。有以下两类条件：一是准入，在资本市场中遴选出没有道德风险记录或无机会主义行为倾向的代理人，如制定强制披露此种信息的法律规则；二是退出，如在《公司法》中常见的规定，即允许委托人在发觉代理人机会主义行为的事后，予以辞退，如股东有收回投资并解散、在二级交易市场上出售股份等权利。后者鉴于授权经营管理在公司治理中居于核心地位。所以，任免策略，即选任或罢免董事或经理的权利，就成为控制权的关键。另外，决策策略就是扩大委托人干预公司经营管理的决策，即赋予提议和批准的权利。根据现行《公司法》，只有重大经营决策才会让股东予以批准，如兼并重组、章程修改等。最后，就是激励策略，其会直接改变代理人的动力，如事前股权信托、事后绩效奖励等。

表 3-7 保护委托人、约束代理人的策略

策略组合	规制型		治理型		
	代理人约束	从属条件	任免策略	决策策略	激励策略
事前	立法规定	准入	选任	提议	信托
事后	认定标准	退出	罢免	否决	奖励

三、国家所有权下的国企控制权

国企是全部或大部分财产归国家所有并控制的企业。在我国，原社会主义公有制企业和全民所有制企业经公司制股份制改革并确认为企业法人后，便成为由国家政府部门代理全体人民经营管理的企业。其最终目的在于，创造全民共同福祉。其中，国资所有权属于国家。国企拥有含国资在内的全部法人财产权，按市场价格机制组织生产经营，依法“自主经营、自负盈亏、自我发展、自我约束”，形成独立的企业法人实体和市场竞争主体。以国家所有权在国企中的表现，界定两者间的关系。所以，其主要包含以下两个方面：一是国企中有国家支配性的资本联系，即控股关系、控股权；二是国家对国企的支配性地位，即控制关系、控制权。其中，最根本的还是后者。前者只是前提，即充分条件。

如果国家对企业有支配性的资本关系，但立法政策排除国家的控制性地位，则该企业也不能算作国企。依据国家对企业的控制权是否与控股权对应，将世界各国的国企分为以下三种类型：一是强调国家控股，即明确国家是所有者或国资占比超过 50%，如法国、韩国、巴西等；二是不强调国资占比超过 50% 的国家控股，仅仅只要有国家对企业的资本联系即可，如英国、德国、美国等；三是只强调国家控制权，如实施“特别股权法”的欧洲共同体。从西方发达资本主义国家的国企实践来看，国家控股是国企常态化运行的关键。控股，才能控制。而且，基于先进的资本市场，将国企与民企相等同。在控股后，国家就可直接支配企业经营，或者委托国资委间接代理，施加支配性影响。

（一）所有制经济与国家所有权

国家所有权的实现与所有制结构（性质和形式）有关。后者是各种所有制经济在国民经济中的地位、比重，以及彼此间与各内部间的综合关系，包括以下两方面内容：一是占主体地位的所有制经济性质就是所有制结构性质；二是

单一或多种所有制经济形式。有国际经验表明，各国改善国企治理面临的共同挑战都是如何找到政府适宜参与国企经营的平衡点，既积极行使国家所有权职能，又避免强行进行不当干预，发达国家也不例外。此外还有如何形成有利于国企与民企公平竞争的市场，既能确保政府参与国企决策，又能行使市场监督职责，并维护市场竞争规则。国家不能直接履行对国企的所有权，而是层层委托，涉及一系列复杂的代理链条，即中央政府、各国家部委、国资委、地方各级政府、部门机关、集团公司、一二三级下属企业，以及多级董事会、多个经理层等。其中的委托代理关系并非一目了然。国家既然拥有并需要控制大量国有资产，就应该以一个负责任的积极股东身份参与国企治理，并且充分行使控制权，以确保国资保值增值，不断为社会创造财富。

1. 社会主义所有制经济

马克思认为，所有制结构的性质在社会生产关系中有决定性意义。根据从属的不同层次经济范畴，将所有制形式分为一般形式和实现形式。前者属于政治经济范畴，决定所有制性质，相对比较稳定。后者属于经济运行范畴，是所有制一般形式在营运过程中具体的制度安排与机制设计。任何所有制经济都会通过多种实现形式来体现，仅采用一种实现形式很难达到经济运行效率。所有制的实现形式也是动态变化的，不具有制度永久性，其由资产（生产资料）权能分解情况来决定。所有制一般形式与实现形式间存在辩证关系，即一般形式产生实现形式，并制约实现形式的种类及组合。而实现形式是体现一般形式的方法与手段，不是目的。

界定“社会实行的是哪种所有制”，马克思更多使用“生产资料社会占有比重”来表达。并且，认为未来社会形态同现存制度具有决定性意义的差别。当然，在实行全部生产资料公有制前，先是在单个国家实行的基础上进行组织生产。马克思关于社会主义所有制经济的构思，可归结为以下三种形式：一是生产资料社会公有制，全部生产资料归全体社会成员共同占有，实行社会主义所有制；二是政府代表国家占有全部生产资料，但未明确全民所有制要采取国家所有制的形式；三是全部生产资料由社会全体劳动者共同经营，在国家存在的前提下，通过无产阶级专政，来替人民进行管理。国家对企业拥有所有权是生产资料社会主义公有制最先采取的形式。

马克思指出，国家所有权的形成，是基于为保障社会主义公有制有效运行，在解决实现形式问题上诞生出来的。公有制实现形式是具体的国有资本运作方式，以及多样的国有资产组织形式。除全民制、集体制外，公有制还可以将公司制、股份制作为实现形式。国有经济、民营经济、混合所有制经济，都是社会主义所有制经济的不同产权配置方式。微观层面的、渐进式的国企改革，却连带出现一种演进式的、阶段式的社会制度变迁。根据国家实际情况，从计划经济体制外引入市场经济的微观企业产权制度，再逐步对旧体制内的中观和宏观经济制度进行修补和变革，逐步调整经济结构，充分发挥各种产权的相对优势。公有制实现形式改革，即体制内全民制和国家制实现形式的变革，表现为国企由单一的国家所有权变为产权主体多元化。国企改革按“先易后难、由浅入深”的原则来进行，而且国企改革随着时间推进，而不断深入。

2. 国家对国企的所有权

国家所有权是政府行政部门代表全体人民对全民所有制财产拥有“占有、使用、收益和处分，以及排他的、不受干涉”的权利。国家是“通过向公民收取税金、提供公共产品服务”的组织机构，其终级目标是为每位公民提供社会保障，并使正义、安全围绕全体公民。国家公共服务资金来源于收税形成的财政收入。税收本体是企业及个人创造出的新价值，如所得税、增值税、营业税等税种，都是劳动与生产资料相结合，以此生发出的价值增量，其所有权为企业或个人。但是，以税收形式上缴国家成为财政收入后，这些新价值的所有权便转移至国家。政府再以公共产品服务形式占有、使用、收益和处分，并最终返还于民。其中，国家对公民集体财产的所有权，受正当法律程序制约。例如，制定各项国家所有权规范行权的相关政策，明确其行使的全部目标以及各部分权属的优先顺序。国家所有权意图，往往有多元性，可分为政治、社会和经济等多方面。以此，致使国企战略规划也被染上复杂性，甚至有时各类目标间还相互矛盾。特别是国企与政府在重大经营事项中，多有冲突。所以，迫使政府过度干预国企决策。此外，又为了避免政府不当干预，政府制定长期稳定的国家所有权政策，以使国企、市场和公众能清楚了解国家的所有者定位。通过制定国企战略规划目标，政府详细阐述作为国家所有者对国企的期待和要求。此外，得到股东大会批准的年度战略规划（如股东信函、公司意向书、谅解备忘录、公司规划等）也是对国企绩效问责的基础性文件。在不同国家中，对于国有股东部分持股的国企，这些文件又有不同的法律效力。但是，所含内容大同小异。例如，经营使命、商业描述、总体战略、问责声明、财务指标、非财务绩效、公司价值等。

“国家（或政府）如何在国企治理中行使其所有权”是国企混改控制权配置的关键。国家代表全体人民，作为国有股东，“应作为一个积极努力的、知情负责的所有者行事”。政府作为国企的积极股东，应在法律框架内行使所有者权利。由于政府扮演市场调节者与国企所有者的双重角色，所以“能否稳妥地将两者分开”便成为“政府是否能建立市场公平竞争秩序”的重点。为避免不当干预或被动无为的国家所有权，政府作为积极股东的职责主要有以下五个方面：一是委派政府代表出席国企股东大会，行使投票权；二是建立透明的董事提名程序，多元化、多渠道推荐积极参与国企经营决策的董事加入；三是定期监督评估国企绩效，与外部审计及监察机关保持沟通[①]；四是确保经理薪酬适应国企长远发展，吸引并留住合格人才；五是不干预国企日常经营，明确经理层授权，尊重董事会独立性，并激励其履行受托责任。政府有制定规则的特殊权力，作为控股股东时，往往会表现得很强势。例如，试图直接操控董事会和经理层，干预国企独立经营。最终，问责国企演变成问责政府，导致整个问责机制的失效。因此，政府代表国家作为国企所有者，既要“在位”，又不能“越位”。国企董事会应对运营负最终责任。国企战略执行的业绩取决于董事会运行质量，而不是国有股东的直接参与。一些国家为避免国有股东干预国企，严禁提名或推荐政府官员进入董事会。近年来，越来越多的国家都开始改革国企董事会，使其运行更加专业化，而且授权更为明确，旨在限制对国企的政治干预。通过合理的董事会结构和严格的董事任命程序，增强国企独立的决策能力。

3. 混合所有制的国有股

国企混改的目标是多元化股权结构。原因归结于尚未建立产权制度，而且还需不断纠正国企法人主体不明、市场竞争力弱、国资布局过宽等问题。通过顶层设计，提高国企效率，增强活力。适应国情的产权制度得到完善后，便可大力实施引入非公资本、开展员工持股、探索特殊管理股等混改方式以达到国企改革要求。国有经济长期占我国经济的主导地位，是国民经济的重要支柱。国企是国有经济的载体，而国资是其命脉，也在日趋壮大。作为国企控制力的国有股权，无疑成为国企混改需重点把控的关键点。改革开放 40 多年以来，我国国资监管和国企改革虽然已取得举世瞩目的成绩，但改革仍在路上，国企效率低和国资监管弱的问题依然突出。其原因在于，代理成本高、预算软约束多、激励不足、政企不分等产权制度欠缺。例如，多层次委托代理关系使国企代理成本高（张维迎，1995）；国企高管薪酬、工资定额管理等传统政策仍不知道

① 国资委应使用适当的价值评估方法，监督国企经营业绩。并且，配备具有会计审计技能和经验的专业人士，定期与外部审计和国家特派监察保持顺畅沟通。

改不改，摇摆不定的激励措施导致激励难以相容；所有权与控制权基本没有分离，政府实际控制国企，董事会中的国资代表的治理行为偏离市场，引致国资运作效率低①。

所以，现阶段国企混改的主要实践是，非公资本购入国有股份、国资认购民企股份，以及国资与非公资本合资新设，形成混合所有制企业。以此，提高国有资产的运营效率。但股权结构混合后，非公资本担心“国有股东还是控股股东”。这样，就无法对混合所有制企业有实质上的、充足的控制影响力，也就没有积极性去改革原有经营理念，甚至还面临保守力量的围堵。② 国资也担心“国企混改形成混杂的多元化股权结构”，就失去对国资的控制权，相当于将国有资产拱手让人，使其流失掉。于是，出现了分类混改的要求，即关系国家安全和国计民生的公益类国企必须是国有独资或绝对控股；而竞争市场领域的商业类国企应改变原国资“一股独大”，形成“以非公资本相对控股为主，国资为辅”的混合股权架构，给予非公资本更多比例的国有股份，增加其话语权。与此同时，推进员工持股计划，激发员工积极性与创造性。对技术专家、业务骨干和管理人员推行持股计划，并优先于战略投资者。例如，东航集团旗下的东航物流 2017 年就启动混改计划，核心员工分得 10%的股权；衡水老白干酒业股份有限公司 2014 年推行员工持股计划，采用定向增发给员工的股份比例达 3.09%，其混改后营业收入 15.2 亿元，净利润 0.57 亿元，同比增长 22.8%和 25.9%。

党的十八届三中全会首次提出，对按规定转制的重要传媒国企，探索施行特殊管理股制度，也称类别股。该做法基于“同股异权”的设计理念，是美国等西方发达资本主义国家传媒类和科技类上市公司的通行做法。设计特殊管理股，大致会有以下两种类型：一是高投票权，一股投票权相当于其他股票的 10 倍以上，可确保持有股份很低的情况下仍保持控制权；二是一票否决权，股权占比很低依然享有否决权。传媒类国企混改过程中，政府为维护社会舆论和民众意志导向，在引入非公资本的同时，设置国有特殊管理股。每股可拥有普通股 10~20 倍的投票权。对传播内容与形式，保留最终控制权，以加强党和政府对社会舆论的引领作用。

---

① 贾明，向翼，张喆．政商关系的重构：商业腐败还是慈善献金［J］．南开管理评论，2015，18（5）：4-17.

② 刘志彪，石奇．竞争、垄断和市场势力［J］．产业经济研究，2003（4）：71-77.

（二）经济合作组织国家所有权

1. 国家所有权政策报告

经济合作与发展组织（Organization for Economic Co-operation and Development，OECD）认为，承担公共产品服务及其他特殊公益的政策性职责，履行成本高且不易衡量，往往又对国企经营业绩有重大影响。所以，需要政府明确界定其范围，对政策性职责进行公开披露，以使国企面临的各种经营风险变得更加透明。例如，意大利国企有服务公众的特殊职责，以及执行标准，如特性质量、收费额度、生产效率、单位成本等。其内容被明确记录在与政府签订的《公共服务协议》中，并予以公开披露。这样，有利于社会监督，提高国企运行效率。此外，《OECD国有企业公司治理指引》还披露了“获得的财政补贴及政府担保”。但是，准确核算国企承担的特殊职责会消耗大量成本，是一项复杂困难、但又必须完成的工作。国家所有权政策目标分为总体目标和具体年度目标。例如，瑞典政府的国家所有权的总体目标是“为全体公民创造价值”；挪威政府发布国家所有权政策报告，指出其总体目标是“国企董事会必须充分考虑保护良好环境、健康安全、重组多样性、维护法律道德、反腐败、促进研究开发等，带来长远发展”；英国国有股东执委会的总体目标是“扮演有效而明智的股东角色，在政府的政策设定、监管规划和客户服务等框架内，确保政府持股能带来可持续的正回报，随着时间推移弥补资本成本”。

因此，国家所有权政策公开报告能积极展示国企的社会责任。在国企所有的经营区域，从合作伙伴选择到投资本地业务，再到顾及全球工作条件，都应将金融与道德相结合考虑。政府对国企社会责任的管理，意味着国企必须争取所有的利益相关者，并且表现出一贯良好的经验实践业绩。国企致力于承担社会责任，不是也不应该被视为无关业务的战略，而是独特的业务单元。例如，作为国家所有权的代理机构，意大利财政部在监督下属国企经营业绩时，要求国企提供年度预算报告、经营业绩的半年度报告、公司规划等；希腊政府利用一体化信息管理平台，对其国企经营状况实施密切监督，可将月度数据与预算进行比对，实现更强监督效果；英国国有股东执委会对国企每季度进行一次“红绿灯”筛查，涉及股东关系、董事会效率、经理层质量、战略执行、财务业绩等情况。但是，针对国企业绩的评价与监督，要充分考虑到国企职能的复杂性，即除实现经营业绩目标外，还要帮助政府承担公共服务等特殊职能。例如，挪威政府就将国企进行分类监管，具体有如下四种类型：一是商业国企；

二是总部在本地的商业国企；三是不完全商业国企；四是产业政策国企。

2. 国家在董事会的地位

在许多 OECD 成员国中，国企董事会规模依然过于庞大，但在不同国家却有很大差异。其原因在于，国家干预政策、职工代表存在、私营部门重要性、董事会独立性等方面，会有诸多不同。对于丹麦、挪威、荷兰、韩国及英国的部分国企，政府在其董事会中没有委派代表；在瑞典，国企董事会中外部董事占大多数，政府代表很少；在澳大利亚，除非特殊情况，公务员不得被任命为国企董事；在西班牙、捷克和新西兰，政府根据国家所有权比例确定董事代表人数。在近半数 OECD 成员国中，国企董事会依然由国家主导，带有很强的政治官僚色彩。相对于私企，职工代表也更为普遍。在存在强势国家股东的情况下，也会缺乏专业性和独立性。有些 OECD 成员国已认识到董事任命对提高国企竞争力的重要性，所以，改革董事提名程序，并减少国家代表数量，以降低政治干预。例如，澳大利亚和新西兰建立了结构多元化、技能专业化的董事任命制，以此优化董事会。但是，需根据国企战略，在对现有董事进行系统评估的基础上，对董事候选人提出岗位胜任能力和经验的要求。在瑞典，国企董事会要自我评价，并列出新董事需求。以此加速大量董事更替，形成职业化、多元化、商业化的董事会。在波兰，任职董事的国家代表必须经过专业培训，并通过特殊考试程序，才有资格申请。在挪威，对大型国企董事提名，要经过与其平级的、由股东组成的选举委员会。

在很多情况下，国企董事会并未根据《公司法》被赋予“战略制定、监督经理、薪酬制定、信息披露等”完全责任，而且，其角色和职责经常被国家所有权代表机构绕过，而受到侵蚀。于是，国企董事会因缺乏权威性和合法性，而在对经理层监督时会遇到障碍。由于国企高管均由政府直接任命，董事会无任免权。所以，董事会总会被经理绕过，而向上级政府部门直接汇报。只有澳大利亚、丹麦、德国、芬兰和挪威等少数国家，明确国企董事会任命经理；在法国，国企高管由总统任命，国资管理实体对董事候选人能力进行判断并提出建议。由此，董事会就很难行使对经理层的监督，但却对国企经营业绩负最终责任。在大多数 OECD 成员国中，董事会薪酬普遍低于同行平均值。在国家多部门分享所有权的模式下，国企董事薪酬相对更低。即便在集中模式下，董事薪酬会相对高些，但仍达不到私企水平。例如，波兰国企董事薪酬只有私企的 1/10；西班牙国企董事除津贴之外，没有其他酬劳；斯洛伐克国企董事薪酬不超过全国平均值的 5 倍，其年度奖金仅占工资的 20%~70%。国企董事责任重，薪酬还低于同行私企，所以很难留住人才。有些 OECD 国家已着手改革，以吸引知识经验能力都更加胜任的董事。

（三）我国政策影响的国企改革

国企改革就是一个动态的制度创新过程，其原因在于以下两点：一是国企制度是动态复杂的体系，短期内很难有稳定性。又面临多种制度并存的境遇，也就是说，各种源自不同逻辑的机制设计会在同时空国企治理中共存；而且，随着周边政策及经济社会变化，有时互补，有时冲突。二是国企治理制度创新是连接复杂体系不同子制度系统间的中介，也是多种制度互动的根本性力量，从而推动整体制度体系的演化。

1. 国企职能责任的转换

作为控制股东，国家股东是特殊的法人股东类型。与一般的战略投资法人不同，国家控股股东在特定的社会情境下会授意或允许放弃收益最大化，甚至是牺牲绩效来满足公共服务，即使少数股东利益也跟着受到损害。此外，法律章程也能豁免国家股东的干预行为。如表 3-8 所示，作为与其他企业一样的经济组织，国企有两种经济组织职能，即生产性和交易性。另外，国企又有双重组织角色，即市场企业和公共机构。根据上述两个维度，可以划分出以下四个象限：一是生产性的市场企业（A），提供产品服务；二是交易性的市场企业（B），实现企业价值；三是生产性的公共机构（C），提供公共产品服务；四是交易性的公共机构（D），实现国家财政调节。

表 3-8　国有企业的双重角色与四项职能

	生产性的组织职能	交易性的组织职能
作为市场企业	提供产品服务的一般性生产职能（A）	通过经营创造最大化利润的一般性交易职能（B）
作为公共机构	提供重要公共性产品服务的特殊性生产职能（C）	作为国家财政调节的特殊性交易职能（D）

如表 3-8 和图 3-1 所示，改革开放前，国企是生产性经济组织。以国营生产工厂或制造车间的形式，大量存在。并且，执行国家计划产量，提供各种产品服务。进入市场化改革，国企公司制股份制改革的中心任务就是突出独立经营的主体地位。自负盈亏，创造价值。伴随改革开放的深入，民企迅速壮大并能够满足人民的物质文化生活需求，有大量生产性国企被民企吸纳或替代。在

新时代，与民企“什么挣钱，就干什么”的诉求不同，国企为社会提供公共产品服务的职能，仍然非常有必要性。未来，国企改革的重心将转移为交易性的公共机构，并作为国家财政调节的重要手段。

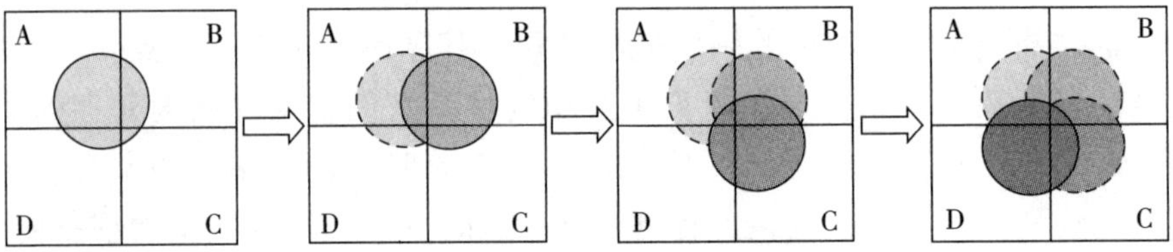

图 3-1　国企改革职能演化路径

2. 国企领导角色的转变

我国现行的国企领导管理制度是改革开放后才开始形成，并延续至今。如表 3-9 所示，主要依据可以概况为以下两点内容：一是《企业法》规定的厂长（或经理）直接负责制；二是《公司法》规定的董事会领导下的总经理负责制。上述是普遍意义上的企业，同样也适用于民企的领导管理。针对厂长直接负责制和党委领导下的厂长负责制，国企领导管理“党政不分、政企不分”。所以，国企绩效经常被忽视或列为次要。其实，在厂长直接负责制下，国企领导已开始尝试从行政干部向市场经理角色转变，并削弱原政治官僚色彩。国企领导被赋予更多的经营自主权，越来越多关注国企绩效并接受考核和监督。进入承包制下的承包人负责制阶段后，国企已表示要下决心突破行政任命领导的传统方式，进一步突出“能者居之”的市场竞争原则。同时，在国企绩效考评中，强化物质激励与约束。随着国企公司制股份制改革，进入董事会领导下的总经理负责制阶段。此时，更适合市场经济发展要求，并开始与国际开放竞争规则对接。国企领导由股东提名、选派和聘任，并开始在行政官员外，招纳职业经理精英。而且，依托于市场竞争导向，以经济效益和国资保值增值为重要参考，强调标准化的业绩考核与奖惩体系。

表 3-9　五种典型的国企领导管理制度

类型	制度起源	任免与绩效考核	补充说明
厂长直接负责制	1953 年，全国经济建设期，系统学习并引入苏联企业管理方法经验，以东北、华北国企为主	厂长由国家委派，国家通过企业党组织对企业思想政治工作进行全权领导，对厂长的生产行政工作进行监督	党的领导作用和职工的主人翁地位不能得到应有的加强和发挥；我国于 1956 年前后取消

续表

类型	制度起源	任免与绩效考核	补充说明
党委领导下厂长负责制	1956年，党的八大决定在企业中建立以党委为核心的集体领导和个人负责相结合的领导制度	企业党委是企业领导核心，全部由上一级领导机关选拔任命；企业领导绩效由上级领导机关依据对企业下达的指令性生产计划完成情况来评价，予以奖励	该制度造成党政不分、以党代政、以政代企等问题；应该实行分级、分工、分人负责，加强管理机构和管理人员的权限和责任
经理直接负责制	1983年末，经中央讨论通过后决定于1984年春在大连、常州两地进行试点；1988年，七届人大一次会议通过全民所有制工业企业法	厂长（经理）由上级选配；企业党委领导由上级党组织委派；上级组织部门是考察和评估企业经营业绩的主体，并对企业领导人进行精神和物质奖励	在奖惩方面，业绩特别好的企业领导人可能会得到职务晋升；但对业绩差甚至亏损的企业领导人，政府多是给予批评，甚少有经济上或政治上的惩罚措施
承包制下承包人负责制	一个过渡性制度，是1978年推行承包制时相应实行的企业领导人员管理制度；企业领导组织机构的产生同以往制度相比，发生巨大变化	企业的承包人，即厂长或经理，通过公开招标竞争或国家规定的其他方式产生，然后再由企业承包人聘任一定数量的人员，组成承包企业的领导班子；承包期满，领导班子即告解散	发包方按承包合同对企业承包人业绩进行评价，承包人可根据合同完成情况获得高于企业职工年均收入1~3倍的奖励；如果承包人不能完成合同任务，就要承担违约责任，包含行政和经济责任
董事会领导下总经理负责制	1993年，《公司法》正式公布，并于1994年7月正式实施，与现代公司制度相对应，形成了这种国有企业领导制度形式	企业领导由股东大会、董事会、经理层、监事会和职工代表大会构成，国家委派国有股份代表参加股东大会和董事会，经理具有企业经营自主权，对企业的日常经营活动负责，政府不再干预企业的经营活动	现代公司治理结构对国企领导选任和管理有深远影响，为国企领导开始从行政干部向职业经理人转变创造了条件，自此，国企领导逐步朝市场化和职业化的方向发展

国企领导不仅从事一般性的经营管理，还要花更多精力从事政治服务活动。因国企经营涉及的公益性领域、生产公共性程度均有差异，所以，其领导或多或少表现出与公务员相似的行政行为特征。一般而言，国企规模越大，公共性越显著，其领导与政府部门公务员就越相似。所以，国企领导职能就介于企业

家与公务员之间。由此，为其可以灵活拿捏国企控制权谋利埋下伏笔。凭借现代企业制度和自由市场竞争机制，通过锻炼磨砺，有助于培养国企领导追求卓越、绩效导向的企业家精神和职业素养。因此，国企领导的选任与考核制度就显得更为重要。既要符合市场竞争规则，又要突出社会主义价值，如讲求道德伦理，有崇高使命感和责任感。所以，其培养遵循的是“德才兼备、以德为先”的社会企业家精神原则。与现代企业制度下纯粹的企业家精神相比，有以下两个主要区别：一是不应只关注利己私利或被动关心利润，更应当主动奉献并回馈社会；二是即便作为公益性组织，也要有积极创新的精神。“社会企业家为理想驱动、有创造力，开创新机遇、拒绝放弃，为建设一个更好的社会而努力”。①综上，国企领导管理制度及其层级控制体系，应能让不同类型的优秀人才都找到适合的领导岗位。

3. 国企阶段目标的发展

邓小平南方谈话和党的十四大都提出，“计划与市场都是资源配置手段，我国改革的目标是建立社会主义市场经济体制”。所以，国企改革就是建立“产权明晰、权责明确、政企分开、管理科学”的现代企业制度，以适应市场经济和社会化大生产要求。通过公司制股份制改造，完善法人资产权，使所有权与经营权分离。由此，实现股权多元化，建立现代公司治理机制，让国企真正能“自主经营、自负盈亏”。其中，混合所有制企业就是一种有效的实现形式。企业有国有股，可起到增信作用，间接得到国家信誉担保，但有损市场公平性。此外，国企有天然的政商联结，混改后企业也能延续，对民企不太公平。但事实也表明，国有股比重高或占控股地位，会使国资激励障碍及运作无效率也复制到混改企业中。非国有股东不仅要顶住分类采纳政府干预、监督腐败低效，还要完善经营激励、治理决策、用人用资等制度。并且，在战略运营、财务营销等方面，要提高效率。非国有股东的积极行为，对混合所有制企业经营机制转变和公司治理转型有关键性影响。在投资国企前，非国有股东对其原始资源有所有权。参与混改后，国企对非国有股东投入的资源有法人财产权。作为产权对等交换，非国有股东获得资本形态的股权，而丧失资源形态的产权。根据《公司法》，股东出资后，即丧失对该出资的所有权，只享有股权。该出资由公司所有，形成法人财产。企业以法人财产为限，对外承担无限责任。股东仅以出资额为限，承担有限责任。在现代企业制

① 戴维·伯恩斯坦．如何改变世界，社会企业家与新思想的威力［M］．北京：新星出版社，2006.

度下，不同所有制性质股东将其财产组合后，形成混合所有制企业法人集合产权。国企健全股权结构，使权力制衡，以完善内部治理机制，有效监督代理人行为，最终提高企业绩效。

表 3-10　国企发展四个阶段

发展阶段	利润分红	市值管理	产业战略	国民财富
发展目标	实现国企盈利，带来股东收益，保障进一步发展	实现国资在现代金融体系下的最大化收益和保值增值	发挥国资在国家产业结构调整中的作用，提升国际竞争力	全面实现国资对国民财富的直接贡献，着重提升国资社会责任
考核标准	税后利润、分红比例等	市值最大化	新兴技术研发提升，传统产业做大做强及国际竞争力，市场份额	国资对社会保障、民生和国民财富的贡献度和支持度

我国的国企产权制度改革，具体包括以下两个主要措施：一是变革单一国有产权为多元结构；二是变革国资产权，易于投资运营。如表 3-10 所示，基于发展目标和考核标准的视角，国企会经历四个发展阶段。但是目前由于国企经营目标不同，国企不能同步发展。各类国企并存，但又分布在不同的发展阶段。这样，对国企混改的股权结构调整，就有分类的限制。国务院《关于国有企业发展混合所有制经济的意见》指出，“重要通信基础设施、枢纽型交通基础设施、重要江河流域控制性水利水电航电枢纽、跨流域调水工程等领域实行国有独资或控股；重要水资源、森林资源、战略性矿产资源的开发利用，实行国有独资或绝对控股；江河主干渠道、石油天然气主干管网、电网等，根据不同行业领域特点实行网运分开、逐步分离，除对自然垄断环节的管网实行国有独资或绝对控股外，放开竞争性业务，允许非国有资本平等进入；核电、重要公共技术平台、气象测绘水温等基础数据采集利用等领域实行国有独资或绝对控股；粮食、石油、天然气等战略物资国家储备领域保持国有独资或控股；国防军工等特殊产业，从事战略武器装备科研生产、关系国家战略安全和涉及国家核心机密的核心军工能力领域，实行国有独资或绝对控股；在水电气热、公共交通、公共设施等提供公共产品和服务的行业和领域，根据不同业务特点，加强分类指导，推进具备条件的企业实行投资主体多元化”。

第四章

专用性资源与国企混改中的实际控制权

现代企业制度本质上是一系列显性契约的联结体系。那么，国企公司制股份制改革也会如此。从国企混改后的内部治理角度去看，该契约体系并不单纯体现在“股东会—董事会—经理层”的代理链中，也发生在大股东与中小股东间。关于国资与非公资本“谁来做大股东”的问题，讨论已久。大多停留在关注持股比例差异的角度去分辨，其重点关注两者间的代理冲突，以及“大股东利益输送”等议题。但应该看到的是，现有理论只是将参与国企混改的股东都视为纯粹的、抽象的、同质的金融资本投入者，即简化为“出资人”。各股东仅依其出资后的持股比例，“平等”分享剩余索取权。显然，该逻辑不符合实际情况，即忽略不同类型，特别是不同所有制股东，在产业能力、社会关系等方面上所具有的全部差异。于是，无法洞察各股东的治理行为，特别是与控制力相关行为“如何发生，怎样发生”的内在逻辑机理。而且，我国资本市场不够完善，产权交易尚未普遍。国企混改难免捉襟见肘，不太能避免股权相对集中。同时，国资需要保值增值，但非公资本欲入垄断领域，双方合资也难免会对控制权配置过于敏感。国资担心即便控股，稍有不慎，国企控制权便会旁落。非公资本也担心融资后，面对政府干预，手中股份不足，会失去决策权利。所以，各有各道。因此，仅基于股东“投资—持股”“同质、平权”等假定，无法解释国企混改后潜在的控制行为。例如，国有股东与非公资本混合的有选择性，即依赖混改前的各方意愿、混改时的交易标准、混改后的治理规则。虽然原则上，国有股东仅需在产权交易市场中搜索资源，在资本市场中对资源转股即可。但事实上，国有股东要依据产业关系及行业关系，就近选择资源，然后双方协商确定转股比例。面对更多样的混改方式，要考虑更多的复杂问题。例如，出资实力、资源潜力及未来角色等。

否则，在“闲钱”富集的今天，国有股东与任何资本混合都是可以的、无差异的。同样，非国有股东之所以出资，也并非无利可图。除资本得利外，也考虑到国企广域资源禀赋和垄断行业平台。由此可知，非公资本参与国企混改，除注入金融资本外，还因其具有不可分性，所以会连带或被替换为非财务资源，如产业链能力、市场渠道、高新科技、社会关系、人力资本与管理能力等。特别是在与重工业不同的新兴高科技产业上，国企没有新资源积累，未形成先天技术优势，甚至还有劣势，如设备转换成本高、沉没风险高、管理方式旧、人才吸引力差、革新容忍度低等。反而，更可能成为接受新技术的障碍。特别是面对新兴产业变革，甚至是颠覆传统产业的新格局（如新能源电车对传统燃油汽车的冲击），国企资产转换难度大、沉没成本高、投资风险大，对新兴产业有本能的抵触情绪。所以，国企在高科技产业不仅没有优势，甚至还有明显劣势。民企技术来源广泛、人才全球化、融资多渠道。正是由于不同所有制股东的异质资源有潜在的互补协同性，才使国企混改成为可能，也是控制权配置的核心。[①] 股东资源间的优劣比较，势必会对国企混改治理的控制权配置产生影响。在原单一所有制资源的国企中，控制权由政府拥有，但权利排他性突出，代理链扭曲。因此，重构产权结构是突破国企天然缺陷的敲门砖。然后，进一步理顺所有权与控制权的关系。由此，将政府由纵向代理链的全覆盖控制，转变为特定治理环节或关键点的权利干预，以释放市场对资源资本化产权的激励功能。

第一节 股东专用性资源与公司治理行为

股东专用性资源对公司治理行为有重要影响。[②] 所以，国企混改后治理的控制权配置，与股东专用性资源有关。后者决定该股东在治理结构中的权力。由此可知，股东内部控制权配置取决于股东资源的专用性，即拥有关键性的、不可替代的专用性资源，就享有实际控制权。当然，在专用性资源投入后，就被资本化为对应股权份额，会影响股东对其参与的治理能力，以及夺取控制权的思想动机。不同专用性资源的股东，承担的治理角色与其行为表现会不一致。所以，各类股东资源的互补性与匹配度也会影响国企混改后的治理效率。然而，

---

① 胡家勇．论完善产权保护制度［J］．经济学动态，2014（5）：34-41.

② Eisenhardt K. M.，et al. Dynamic Capabilities：What are They？［J］. Strategic Management Journal，2000（21）：1105-1121.

多样化的资源组合会构建多元化的股权结构。那么，就有助于在股东间建立分工明确的治理机制，并提高其治理效率。若股东类别无差异，又无新资源注入，就会导致股东治理角色同质化严重。由此引发内耗来争夺控制权，治理效率降低，进而影响企业价值。

在公司治理中，控制股东是有能力操纵管理政策的股东，其手段是持有股份或与其他政策（如章程特殊规定、类别股权、表决权协议等）相结合。但控股股东主要是持股比重高的股东。所以，两者有所区别。在“同股同权”条件下，控股股东就会有表决权，足以对股东大会或对董事会决议有控制影响力，也就是控制股东。此时，两者重合。但在“同股不同权”条件下，控股股东仅是控股，并非有控制权，控制股东也并非要控股。此时，两者无关。《公司法》第216条规定，控股股东是出资额或持股数占总股本50%以上的股东，以及出资额或持股虽不足50%，但享有的表决权已足以对股东大会决议产生重大影响的股东。《上市公司章程指引》第41条规定，控股股东单独或与他人一致行动时，具备以下条件之一：选出50%以上董事；行使30%以上表决权，或控制30%以上表决权的行使；持有30%以上股份；以其他方式在事实上控制公司。

一、股东资源与治理参与

股东资源决定其参与治理的积极性，是股东控制权配置行为的基础。① 股东是否握有控制权，不仅关系到整体资源的支配调用，还有权力监督资源租金及价值分配，以有力推进资源收益的最大化。当然，资源的类别属性、专用性强度、预期收益、所有制形式等不同，股东参与治理的主动程度也会有差异，即股东资源决定其行为方式、参与态度和治理有效性。也就是说，股东治理态度与角色也受股东资源影响。所以，具体有以下两种情况：一是股东占有优势资源，通常就会在治理中占据主导。掌握关键资源的个体有权操纵其他个体，甚至是整个组织；② 二是与通用资源所有者相比，拥有专用性资源的股东对控制权的欲望会更强烈（葛永盛等，2013）。此外，各类专用性资源股东在治理中的作用也明显不同。

① Grant R. M. Toward a Knowledge-based Theory of the Firm [J]. Strategic Management Journal, 1996, 17 (S2): 109-122.

② Donaldson T., Preston L. E. The Stakeholder Theory of the Corporation: Concepts, Evidence, and Implications [J]. Academy of Management Review, 1995, 20 (1): 65-91.

例如，国企创始股东依靠自创立以来所积累的管理权威、职位才能、团队信任、人际格局、伦理情感等资源[①]，在国企治理中居于很高控制地位（Redding，1996）。通常，国有创始股东承担国企战略制定、经营治理决策等有决定性意义的重要角色，如担任董事长或总经理等职务，而且不能轻易放下控制权。外部金融财务股东投入的资金仅有规模差异，再转化为资本股权。通过流动性强的证券市场，以“用脚投票”方式，可轻易退出低值低效的国企。[②]因此，其参与治理决策的动力很有限，一般也不控股，更不参与日常经营管理。只关心资本保值增值，对被投资国企实施监控，特别是规范其治理机制（Chen et al.，2007）。

此外，外部产业股东基于长期战略利益，对国企投入实物及技术等资源的专用性普遍较强。所以，需要与国企有频繁的业务往来联系，相对熟悉基本情况。而且，产业股东要求高股权比例，并长期持有，参与国企混改治理的态度非常积极。虽然产业股东不能直接单纯注入金融资本，但其拥有更强大的产业资本。同时，还附带同产业链经营背景与同行管理经验。为国企带来领先技术、先进管理和营销渠道等产业资源，并连带投入部分金融资本。而且，非国有产业股东参与国企混改的目的，不仅是为获取资本回报，更重要的是谋求共营双赢的长期战略，以整合产业链上下游。因此，产业股东会积极参与治理，以影响战略制定与执行。

二、股东资源与治理权力

治理权力很大程度上取决于股东资源，股东治理权力的大小取决于其投入资源的专用性强度。资源专用性越强，其所有者的权力就越大。有能力提供关键专用性资源的组织成员，显然比其他成员更加重要，其很自然就拥有控制其他成员行为或调动其他成员资源的权力。[③]重置成本越高，越不可替代的资源，其所有者在公司内部治理中就越拥有控制权，甚至是配置控制的权力。[④]股东专用性资源还决定治理结构的动态调整，是治理权力分配的真正来源。股东名

---

① 储小平，王宣喻．私营家族企业融资渠道结构及其演变［J］．中国软科学，2004（1）：62-67.

② Almazan A.，Starks H. L. T. Active Institutional Shareholders and Costs of Monitoring：Evidence from Executive Compensation［J］. Financial Management，2010，34（4）：5-34.

③ Pfeffer J.，Salancik G. R. Social Control of Organizations［J］. British Journal of Sociology，1978，23（4）：406-421.

④ 卢周来．缔约视角下的企业内部权力之谜［M］．北京：中国人民大学出版社，2009.

义控制权配置，依据金融财务资源投入的资本股权占比确定。而股东实际控制权，则取决于股权占比背后包括非金融财务资源在内的各类股东资源。因此，股东实际控制权与所有权（股权或产权）的分离总是不可避免的。股东资源的专用性决定其在治理中的控制地位与权力。

当然，股东资源专用性及内部依赖关系并非一成不变。① 其主要原因大致可以归纳为以下两点：一是股东对该资源的占有消耗情况会不断动态演变，即随着国企混改后的持续发展，各类股东也在以不同方式强化资源禀赋与积累，进而提升实际控制力（Yan et al.，2004）。例如，快速进行知识学习与技术转移，增强双方讨价还价能力。② 各类股东间的控制力量抗衡，都依赖于其各自拥有或外部调取资源的（资金、技术、市场）数量、速度及能力上的对比与较量。二是在不同时空内，应用于发展的科技也会改变各类资源间的相对专用性。技术创新会引起资源边际生产率递增，以降低资源可替代费用或相对稀缺程度。③ 那么，专用性资源则成为普通资料，参与市场低成本交易。由此，导致企业生产模式和权力配置发生变革。④ 例如，证券市场改善金融资本的稀缺性⑤；新工业革命使人才专用性提高⑥。于是，人力资源股东的控制权将超过金融财务股东，即“生产力决定生产关系”。

因此，股东的实际控制权配置与权力结构总是在实时地动态演变。但是，基于投融资等资源转化资本的协议，赋予股东的股权，却是事先的静态固定。于是，随着企业发展的时间推移，两者便不可避免地分离。控制股东的实际控制权，不会小于名义控制权。通过名义控制权获得的合法股权收益，不能弥补股东资源稀缺性产生的机会成本（经济租金）。因此，需要控制权溢价或超额收益予以补偿。被控制股东的实际控制权，不会大于名义控制权。因受控制股东侵占超额收益，难免遭受权利的损失。因此，资源相对专用性的动态演化必然造成名义控制权与实际控制权的不匹配，也就难以避免产生控制权的争夺，

---

① Donaldson T.，Preston L. E. The Stakeholder Theory of the Corporation：Concepts，Evidence，and Implications [J] . Academy of Management Review，1995，20（1）：65-91.

② 李自杰，陆思宇，蔡铭 . 基于知识属性的合资企业动态演进研究——以华晨宝马为例 [J] . 中国工业经济，2009（2）：141-150.

③ 宋春霞 . 创业企业股东资源结构与创业绩效研究 [D] . 北京：首都经济贸易大学，2016.

④ 刘广珠，罗福凯 . 财务资本、价值和要素资本结构研究 [J] . 华东经济管理，2009，23（6）：93-98.

⑤ 方竹兰 . 关于发展产权交易市场的几个问题 [J] . 技术经济与管理研究，1997（1）：45-47.

⑥ Rajan R.，Zingales L. Debt，Folkore，and Cross-Country Differences in Financial Structure [J]. Journal of Applied Corporate Finance，2010，10（4）：102-107.

最终公司治理结构也会发生动态调整。

三、股东资源与治理效率

公司治理机制效率会影响资源的使用率与专用性租金的分配，又会对资源的专用性产生重要影响。若治理体系缺乏有效激励与严格管控机制，就无法约束治理主体的合规行为。即使专用性资源早已存在，但各治理主体也不能合理配置控制权，进而使治理效率下滑，各方均无法获得资源补偿。

运行良好的治理机制能够保证各类资源合理利用，并做出正确的决策。例如，各类股东投入的专用性资源在不同企业生命周期内怎样重构治理机制？之后，是否会改变其专用性或发生什么变化？迄今为止，尚无相应研究。资源所有者总会对所拥有的资源给予高估价，对不占有的资源估价偏低，即资源禀赋会影响资源所有者的判断，使其难以剥离低效资源的决策（King et al.，2011）。因此，建立良好运行的现代公司治理机制，才能予以避免。[①] 此外，专用性资源回报的分配同样取决于专用性资源所有者的谈判力。但是，关键的、重要的、有价值的、不可替代的专用性资源又会决定其所有者在资源回报分配中，有更大的权力，并可获得超额的租金收益。[②] 于是，这种"拥有的资源越有专用性，就越会拥有更多专用性的资源"的不平等分配，会导致治理低效或虚设[③]。例如，政府官员和企业经营者有不同的谈判力，是由于受到人力资源与社会资源间专用性对比差距的影响（Sun et al.，2010）。那么，什么样的股东资源结构才最有利于治理稳定？在什么治理条件下，股东资源结构才能形成持续的竞争优势？

另外，国企资源组合模式也会影响治理效率，即资源的不同组合意味着资源主体间会形成不同的关系结构。多样化的资源组合有助于产生有专用性的资源集合，更有利于建立分工明确、职能互补的治理机制，同时提高治理主体决策效率。重复冗余的资源组合，通常没有效率。花费大量精力积累同类资源一般都会造成资源严重浪费，难以激发资源价值创造的功能。同类资源股东，其

---

① Alvarez S. A., Busenitz L. W. The Entrepreneurship of Resource-based Theory [J]. Journal of Management, 2007, 27 (6): 755.

② Combs J. G., Ketchen C. J. Explaining Interfirm Cooperation and Performance: Toward a Reconciliation of Predictions from the Resource-based View and Organizational Economics [J]. Strategic Management Journal, 1999, 20 (9): 867-888.

③ 崔淼，欧阳桃花，徐志．基于资源演化的跨国公司在华合资企业控制权的动态配置——科隆公司的案例研究［J］．管理世界，2013（6）：153-169.

治理角色也会重叠，就会导致互不认可的权力争夺。因此，国企混改应选择异质性资源来构建多元化股权结构，以形成互补资源组合，提升竞争力。

四、混合资源与治理结构

在市场经济系统内，将在国企与民企间通过并存竞争、联系合作等资源外溢性而融合成的新格局称为“两条腿走路”，这是我国经济发展取得突出成就的重要经验。两类所有制企业齐头并进。与有些西方发达国家或转型中的发展中国家的“一条腿走路”相比，走得更快、更稳、更协调。国企和民企是我国经济微观层面的两个客观存在，是彼此关联、又有区别的生产经营单位。如表4-1所示，按大规模固定资产投资意愿、资本运营效率两个维度，将所有企业系统大致分为以下四种类型：一是最好的企业系统，投资意愿强、效率高，是最理想的企业系统，但在现实中非常稀少；二是垄断的企业系统，投资意愿强，但效率低，通常是大型国企；三是高度竞争的企业系统，投资意愿弱，但效率高，大量存在于竞争性市场领域中，通常是各类民企及中小型国企；四是最差的企业系统，投资意愿弱、效率低，总会在市场竞争中被淘汰出局。

表4-1　四种类型的企业系统

	大规模固定资产投资意愿强	大规模固定资产投资意愿弱
资本运营效率高	最好的企业系统	高度竞争的企业系统
资本运营效率低	垄断的企业系统	最差的企业系统

国企与民企各具优势。国企有快速扩大固定资产规模、投资实力强等优势，而民企资产运营效率高。与民企相比，国企已长期积累大量资产，形成规模效应，有资产存量优势。与国企相比，民企擅长资本运营，效率相对较高。但是，国企与民企也各有劣势。国企经营投资成本更高，反应慢。与国企相比，民企过于看重效率，为追逐灵活性及短期回报，可能会造成资源的浪费，而且不会进行长期的、大规模的固定资产投资。对民企而言，潜在危机在于缺乏长期可持续投资，没有资产积累，很难占据稳定的市场地位。最终，总会失去竞争力，不易长期生存。对国企而言，潜在危机在于雄厚的资本资产实力，尤其是大规模巨额的长期固定资产投资，面临经济衰退时，会迅速蜕化为无法变现的不良资产。而且，对其进行维护需要消耗大量财务成本、人工费用。最终，沦为累赘。

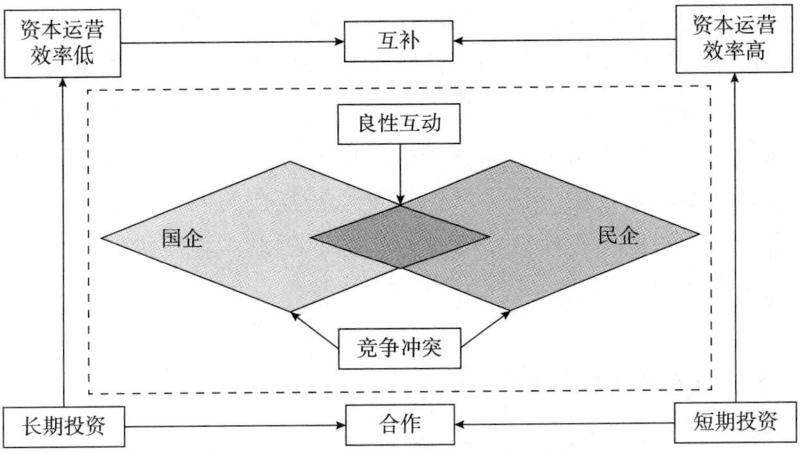

图 4-1 企业微观层面双系统经济结构

如图 4-1 所示，在理论上，国企与民企双系统经济结构是一种有现实社会经济合理性的制度安排。两者客观共存，就隐含着国企与民企应有制度互补性的可能性，即治理结构的混合。两者可形成一个可持续的、客观的竞合关系。那么，更好地改善劣势、发挥优势，就可以实现经济上的共赢。从优劣势角度看，其原因在于资源的稀缺性及专用性。所以，混合资源是建立混合制度的基础。同样，在投资主体多元化的情况下，要看出资者是谁，各类所有制资本所占比重是多少。既不能笼统地把混合所有制企业认定为国企，也不能直呼其为民企。

第二节 国企混改后企业实际控制权的形成路径

2013 年，党的十八届三中全会再次明确继续推进国企混改，既包括所有权改革，也包括控制权改革。例如，经理能上能下（职业经理人制度）、员工能进能出（员工持股计划）、收入能增能减（绩效考核约束机制）、推行重大信息公开制度、划分政府职能与国企经营边界等。2015 年 9 月，中共中央、国务院《关于深化国有企业改革的指导意见》提出了许多指导性举措。例如，引入非公资本参与国企混改、鼓励国资入股民企、探索员工持股、按主业分类改革、竞争性商业国企股份制改革、关系国家安全和国民经济命脉的商业国企一定要由国资控股、公益类国企采取国有独资等。主要涉及国企混改治理的控制权改革。所以，国企混改虽然在表面上是所有制改革，但在深层次上，内容复杂繁多的控制权改革才是一个不可回避的现实问题。目前，已有的理论均承认，国企混改是我国经济微观层面谋得发展的基本规律。同时，也总结出多种实现路径，如职业经理人、员工持股、国资控股参股、分类改革、三级监管等。但在依据规律实现改革的路径中，仍需考虑大量纷繁复杂的内外部条件。因为并不是只要符合理论的道路，在实践中就能够走通。所以，必须找到满足理论规律发挥作用的条件才行。

一、国企控制权的放管改革

（一）政府放开国企控制权

改革开放以来，社会各界一直希望政府及相关部门不再去干预国企，使其能够自主经营。而且，普遍认可国际上，特别是西方发达国家，正在使用的现代企业制度和现代公司治理结构，试图使国企改革的方向与此接轨。当然，政府期望国企在无须所有权大改革和股权结构大调整的情况下，就能实现所有权与经营权的分离，使国企成为“自主经营、自负盈亏、自担风险、自我约束、自我发展”的独立市场主体。国企长期的改革实践表明，在现阶段没有或尚未找到有哪种治理机制能够在不改变所有权的情况下解决控制权配置问题。但是，许多政府部门不愿接受上述观点，往往将理论规律直接拿来用，或者收集各国现成的改革经验。在不考虑我国客观国情的情况下，就匆忙实施所有权全面改革及改制上市等政策，或在大量国资流失时紧急叫停，然后再回到控制权配置框架内，导致国企委托代理问题迟迟得不到解决。由此，必然陷入僵局。政府部门又不得不出来，对国企再次进行干预。国企改革至今的结果就是，一些政府部门认为控制权改革力度不够，缺乏更精细的技术，便不断以更激进、更烦琐的层层监管来予以弥补。但是，官员行为有随意性，法律规则意识淡薄，又导致内部人控制与严重腐败等现象。一些学者认为，应继续全面改革国家所有制为私人所有制，落实产权就能避免内部人腐败，提高行业效率。但是，各政府部门不能容忍民企对国家产业规划、发展公益事业、建设基础设施等重大国家安全或国民经济命脉领域的产业政策无动于衷，只谋私利。因此，政府应从设计“更细致缜密的控制权配置”和“更合理自洽的国资监管体系”两个方面，深化国企改革。对我国大多数国企而言，既要提高经营活力，增加激励与约束机制，又要注重发挥国有经济功能，特别是国资的保值增值。所以，国企混改是当前相对比较现实的选择模式。

1993~2000年，国企混改有过一次小的高潮。当时出现的大部分混合所有制企业都是国企公司制股份制改革而来的，国企股权多元化逐步发展成为混合所有制企业，再逐步降低国有股权比例。下一步就是成立国资投资运营公司，推进国企股权多元化改革。所以会从集团母公司着手，加快公司制股份制改革。同时，分类优化国企股权结构，涉及国家安全的采取国有独资，涉及国民经济命脉的保持国有绝对控股，涉及支柱和高科技产业的至少要国有相对控股，竞争性市场领域的可由非公资本控股及国资参股或退出。此外，具备上市条件的国企可改制上市混合，暂不具备的可引入各类战略投资者。在国企混改中，尽管有些国有股东多年独占最高比例股份，长期居于绝对控股地位，但混改仍打开其步入建立现代企业制度和现代公司治理结构的通道。因为非国有股份的引入，实际上就是财产权利逻辑的引入。在本质上，我国国企传统制度是以政治权利为基点，而构筑领导管理体制是以政府权力为逻辑的。而现代企业制度是以财产权利为出发点，构筑经营治理机制，以私人产权为逻辑。非国有股份直接与财产权利相联系，与政府权力并无太大关联。所以，其参与国企混改，必然会导入财产权利的规则与意识。无故以政治力量剥夺私人产权，并不为其所接受。财产权利成为各类股东内心共同的价值观。这样，在我国已经和将要出台《公司法》《证券法》《合同法》等相对齐全的产权保护法律基础上，混合所有制企业就被认为是通往现代企业制度和现代公司治理的有效路径，也是不会被堵死的大势所趋。

（二）国有产权的代理机构

国家或政府是国有产权的主体。但是，国家无法直接行使国有资产的所有权，必须由具体的政府机构代理。《公司法》规定，国资委代表国家行使所有人（出资人）权利。但是，国企微观产权规范与正确的运行模式仍尚未真正建立或发现，导致国资产权主体虚置。没有人格化的产权主体，就缺少能完整行使的法人财产权或独立经营权。国有产权所有者虚置的直接后果，往往就是经理层对国企的内部人控制。既不需对国有产权主体负责，也没有主体或执行监督制度对其行为进行有效约束。所以，在我国国企中，会存在多种委托代理关系，从国家及地方各级人民代表大会、中央及地方政府、国家及地方国资委、集团及各级子公司股东大会（国有独资公司可不设）、董事会，再到经理层。

由此可见，有一条复杂的委托代理链贯穿国企内部的治理结构。在多重委托代理关系中，国资委既是政府管理国资的代理人，又是国企董事会管理国资的委托人。董事会也是如此，既是代理国资委管理国资的政府官员，又是将国资运营权托付于经理的委托人。

随着代理链条的不断增加，必然造成代理成本提高，导致代理效率低下。其原因大致可以归纳为以下五点内容：一是国企初始委托人缺位，无法对代理链条末端的经理进行任何监督。二是“不同委托人（政府部门）与不同代理人(国企董事会、经理层)，或各委托人内部，或各代理人内部”的效用函数并非完全一致，导致国企一方面要达到经济效益目标，另一方面要肩负政策公益目标。在目标相冲突时，政府会选后者。三是国企非金融财务资源的产权缺失。四是国企经理激励机制差。其不由市场竞争决定，而由政府评定。除经营管理业绩外，还有许多其他政治指标。五是经理的晋升通道是政府部门，而非同行企业。导致较多追求的是政绩，而不是业绩。而且，部分经理并非长期在国企任职。

国有股权集中使国家成为大部分国企的第一大股东。而《公司法》规定的表决权制度的多数决原则，使大股东往往能取得国企的控制权（重大决策权、人事任免权、经营管理权等其他权利)。另外，中小股东在决策上往往信息不充分。因为投票成本过高，使其对国企管理产生“搭便车”倾向，严重依赖大股东决策，更强化了大股东的控制权。一方面，国资委代表国家行使国资所有权，担任国企出资人角色。在治理结构中居于国有股东地位，负责国资经营。所以，国资委又类似于投资或控股机构。另一方面，国资委是监管国企国资的政府部门，派出董事或监事，统计稽核，任免奖惩国企经理，监管国资保值增值。其中，国企监事会沿袭稽查特派员制。监事往往“只带耳朵，不带嘴巴”或“只监不督，流于形式”，甚至派出代表与经理形成利益共同体，形成新的“内部人控制”。

(三) 政府监管国企控制权

至今，国企监管已形成一个复杂体系，结成一张重重叠叠、密密麻麻的监管网络，紧紧笼罩在国企治理结构上。当然也会涵盖国有控股参股的混合所有制企业，但是，监管视角主要遵循政府权力，而非财产权利的逻辑。引入非公资本在一定程度上确实能引入财产权利逻辑，以使股东会、董事会、监事会及经理层能够在产权制度框架上建立现代公司治理结构。当然，投票程序需要遵守普适的法律，才能合理配置控制权。但是，国企投票决策又会受到政府监管力量干预，并脱离一般的股权要求。国企混改不是仅有国有股东的单纯公司制，而是至少有两位股东。所以，决策成本提高，会经常出现复杂的利益协调及意见平衡问题。而且，混合所有制企业股东有不同所有制性质，各自决策的利益导向大有不同。

国企混改后，企业难免会继续受国资委监管，也可能继续寻求政府担保或财政补贴。但是，基于政治权力的国资委该如何与基于财产权利的现代公司治理机制相协调？至今尚未清晰确权。因此，想当然地以为国企混改等于确立市场化经营机制和建立现代公司治理机制与现代企业制度，还为时过早。在混合所有制企业中，作为唯一的法人代表，董事长有关键性影响力。但是，绝大部分国企混改后，企业的第一大股东仍是国有股东。实际上，董事长应由董事会选出，需经股东大会审议通过。然而，国有控股企业的董事长，由国有股东（国有独资集团或母公司）甚至国资委等上级主管政府部门，通过内部考察任命，进行日常管理和年度考核。当然，如果国有大股东也会仅凭借其持股比例，干预董事会决策或影响经理层行为，那么这也是基于财产权利而非政府权力的治理逻辑。

在国企混改后企业的治理机制中，除政府权力逻辑外，股权也发挥基础性作用。不过，混合所有制企业肯定不完全根据各类所有制股东的持股比例和《公司法》条款来配置治理控制权，许多混合所有制企业会在股东间及股东与政府间协商约定治理条款，其主要包括初始及存续与分离等阶段的股权结构、控制权分配、经理层留任与激励、企业对政府承诺、政府对企业支持等丰富内容。所以，单凭股权结构，而忽视这些约定条款，就无法认清混合所有制企业控制权配置的全貌。

（四）合适股比与合理配置

混合所有制企业治理即便形成基本框架和控制权配置模式，仍面临漫长的治理转型之路。其改制模式及治理转型的特征，大致可以归纳为以下三点内容：一是深化股权改革；二是改变国有股份“一股独大”；三是大力改革繁复的监管网络。当然，以上内容都是相辅相成的。如果在一定条件下降低国有股份比重，则监管自然消解，也有利于进一步吸引非公资本增持股份。此外，控制权配置合理化、职工人事管理市场化、股东间关系清晰化等也有助于治理转型。在许多混合所有制企业中，非公资本大多成为中小股东，担心合法权利得不到保护，进而引发控制权争夺。实际上，也会导致整个企业价值受损。当然，国资长期不直接参与市场竞争。在我国市场经济体制尚未健全的情况下，国企代理与非公资本共同混改，也担心被其侵害，导致国资流失，因为上述情况在现实中并不鲜见。

《公司法》规定，股东大会决议，须经出席股东所持表决权的1/2通过。而修改章程、增减注册资本，以及合并、分立、解散或变更等决议，须经2/3以上通过。若非国有股东股权占比33.4%，则国有股东及其控制机构（国资委、国有独资集团）对上述决议就不能独断独行，否则会被非国有股东否决。混合所有制企业可能同时有大宗国有股和大宗非国有股。其中，大宗是至少有股东独家持股5%以上。《证券法》规定，持股5%就到举牌线，持股要公开。而且，股份卖出会受限。所以，大宗持股人就可能成为积极股东。合适的股权关系有助于合理配置控制权，但并不是要锁定股权占比。相反，在国企混改初始阶段，特别是大型国企混改初期，要考虑到各种因素。其中，比较现实的选择往往是国有股东是控制股东，非国有股东是被控制股东。

但随着时间推移，对大多数混合所有制而言，应允许和鼓励非国有股东掌握控制权。国资参股即可，并退居次要位置。根据竞争态势或发展格局，不断调适各种适应性的股权结构或合理动态配置控制权，才能形成各股东满意且利益自洽的治理机制。构建合适的股比关系，向国企实现经营机制市场化、治理机制现代化、控制权配置合理化等现代企业制度转型。无疑将促进大型骨干国企竞争力提升，国资运行效率提高。然而，对政府以政治权力配置关键资源、控制重要国企或扶持特定产业等，会造成一定影响。但是，并不意味着国家意志不可贯彻到经济发展和产业战略中。事实上，关键要靠各项制度建设。很多没有或有少量国企的市场经济体，其国家意志也可通过特殊法令、政府规制等方式得以贯彻。而且，更容易做到合理适度、掌握分寸。

二、国企控制权的权力基础

（一）物质资源博弈的契约权力

企业与市场的实质区别在于，企业是围绕专用性资源而建立的生产性契约组织，权力依托于契约而存在。同时，契约建立在对专用性资源控制的基础上。谁掌握决定企业经济收益（准租金）生产的专用性异质资源，谁就获得对应的控制力。对专用性资源的占有、控制、使用与回报，构成权力的物质来源。动态调整与利益相关的治理机制，是不同利益主体利用物质资源进行权力博弈的结果。其中，治理关系的重构，也是企业价值再利用、再创造的过程。利益调节的结果是否公平有效，也会直接影响企业市场竞争力和价值创造力。因此，国企混改的关键在于，最大限度地发挥各种资源要素组合配置的优势。通过治理机制的重构，解决国企混改中出现的各种控制权冲突。以减少混改阻力与内耗，最大限度增加改革红利，使各种所有制资本在融合共生中实现互利双赢。

作为顶层制度安排，治理机制在本质上是协调内部权利关系的规则，也是调节不同治理主体权力配置的方式。其关注的重点不应简单定位为确保正常经营，而应是在周边情境动态变化中调整各种制度安排。然后，使其更有利于企业在竞争性市场中获得可持续发展的能力。治理权力的恰当配置，通过各治理主体“权、责、利”相互制衡，确保做出科学决策，也对企业价值进行合理分配。国企混改战略的实施，实际上就是各相关利益方不断调整平衡权力的治理机制转型过程。其中，既得利益群体与改革获利的增量群体，以及资源在不同资本群体间分配，会引发利益冲突与权力碰撞。这些都是客观存在的，也具有一定的必然性。不同利益群体所具有的对专用性资源拥有、掌控与使用的权利，以及内部组织化程度、意愿表达、谈判能力等天然就存在差异。各方资源博弈的力量不均衡，在各对立主体间呈现资本所有制的基本矛盾。若任由其自行调节，将会导致混改后出现利益格局失衡的局面（汤吉军，2014）。

此外，市场竞争和政府调控都存在两面性。在发挥市场“无形的手”激发积极性的同时，如何善用政府“有形的手”进行有效干预，从利益格局失衡走向均衡的良性互动？这些问题已成为国企混改的重点。机制演化、制度变迁、结构变动，与不同治理主体间的权力制衡、利益调整，形成对应关系。对此，应通过“资源整合带动权力配合”的机制，产生新的利益增量。为不同治理主体间的合作创造红利，进而加大资源整理力度，形成良性循环。在公司治理中，通过重构资源配置机制和代表人制度，形成真正维护不同群体利益的权力代表人，平衡各相关群体在资源分配中的话语权；通过健全权力配置机制和表决权制度，实现各相关群体在表达利益诉求时的组织化与有效性；通过强化利益分享机制和信息披露制，缓解不同治理主体间的利益对抗，实现混合资源价值的普遍分享。[①] 与此同时，国企混改后的实际控制权并不单以契约（股权）确定权力，只有名义控制权才是股权约定。而实际控制权，可因契约不完备（Hart，1988）或个人权威而存在，或许比股权或股东委托权等赋予的权力更大。换言之，契约不完备并非是控制权的主要来源，混合所有制企业实际控制权力还得

① 李跃平．回归企业本质：国企混合所有制改革的路径选择［J］．经济理论与经济管理，2015（1）：22-25.

到专用性资源的支持与补充。特别是在专用性资源极为稀缺的经营状态下，尤为凸显。

（二）组织关系转化的制度权力

混合所有制企业治理机制大多依据正式法规配置权力与分配利益，但是，也运行着大量非正式的、个人意志认可的制度化权力逻辑。例如，组织惯例。[①] 组织资源对个体行为有约束力，关系网络越深入，其指导规范个体行为的功能就越强。所以，以组织资源调配能力或行为影响力为基础的权力配置，更能综合表达不同个体的多重利益偏好。权力是组织有系统的财产，“政治是对行动权力的研究”。[②] 因此，在组织内行使权力的前提条件大致有以下四个方面：一是必须存在相互依存关系，组织个体行为彼此互联，互相影响；二是不同个体需求须与其他个体相互作用，才能实现；三是必须存在彼此互不相容的利益目标，从而产生不同志趣间的资源竞争；四是资源匮乏迫使不同目标个体彼此展开竞争。事实上，各条件都构成组织内的潜在冲突。单纯依赖组织结构内各利益关系的逻辑合理性，不足以完全反映或保证符合各个体的利益诉求。特别是，固定静止地看待个体利益，与其诉求未被明晰或总是动态变化的现实情况不符。

权力必然蕴含着依存关系（竞合博弈）。但是，最大权力的个体对其他个体资源或行为的依赖性最小。权力越不被注意，行使的效果就越明显。决策程序、决议结果及其影响决策自身的合理性，将有利于权力的使用及其影响力。一般情况下，权力行使策略应尽量使之不引人注意，尽量作为个体执行组织权力的合理化结果，使决策更合法化。“通过组织决策过程，使权力制度化。不仅使权力分配的组织现实得以长期维持，还使加强现有权力的组织结构、决策程序、治理实践等，也长期存在维持。”在组织理论中，颇有影响力的是马克斯·韦伯（1907）的官僚政治权力研究。他的研究有助于维护层级控制权力的观点，即将组织结构的形成视为组织个体行使权力相关联的目的理性行为的过程。所以，权力与权威存在差别。权力依据个人意识，而权威则与等级制中的社交活动或组织地位有关。这样，制度化的组织权力就被视为个体在层级控制结构中合法使用权威。由此，也可引入卢克斯（2008）界定的权力概念。

① “在彼此社交、频繁互动中，个体无意识接受的行为安排”，其存在的基础是组织个体间自发形成的关系连带网络。

② Pfeffer J. Power In Organizations [J]. Journal of Policy Analysis and Management, 1981, 2 (3): 476.

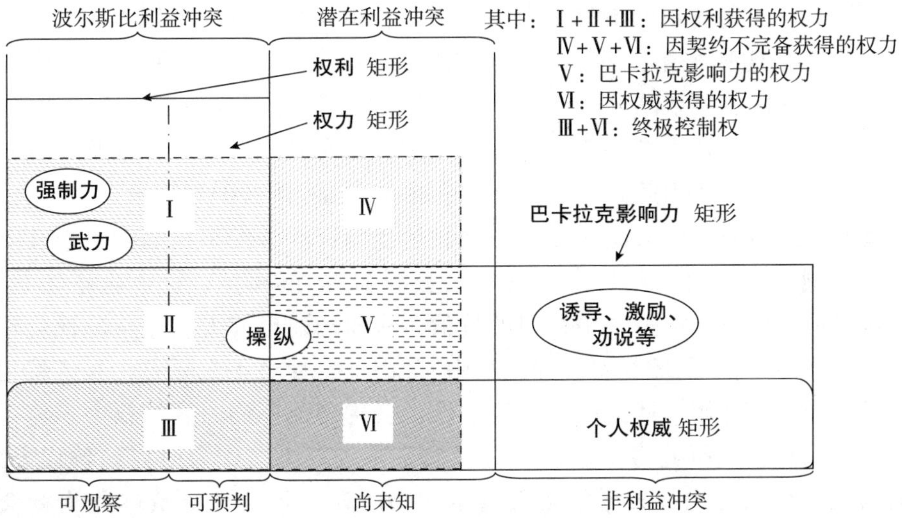

图 4-2　卢克斯权力与控制权

如图 4-2 所示，在混合所有制企业治理机制中，国企混改各参与方（国有股东、非国有股东、经理层）间的利益冲突是争夺控制权的起因。对于可观察的利益冲突，可通过契约加以平衡。对潜在的利益冲突而言，若已有契约无法事先约定的话，则授权实际控制权人做相应处理。毋庸置疑，除契约性权利外，控制权力空间还包括因契约不完备所取得的、与其相应的剩余决策权。另外，在约定权利、契约不完备及其他因素作用下占有专用性资源，会进一步强化实际控制力。显然，混合所有制企业实际控制权既包含"法规赋予股东权利"而生成的权力，又包含"社会资本、富集资金、技术专利、市场规模"赋予占有者专用性资源而产生的控制影响力。简言之，混合所有制企业实际控制权不仅依赖股权，还依靠专用性资源发挥控制效力。与传统股权控制概念相比，实际控制权则更注重那些能够干扰经营决策与权力配置的专用性资源。特别是在股权分散情形下，混合所有制企业实际控制权被认为主要源于对专用性资源的占有与控制。

（三）考量网络关系的社会权力

国内外文献显示，目前对实际控制权的研究分为以下两类：一是协调温和的观点，认为"以股权为主，无专用性资源控制或仅有微少成分"，承认专用性资源对股权控制有调节辅助作用，但不能完全替代①；二是激进替代的观点，

① 祝继高，王春飞．大股东能有效控制管理层吗？——基于国美电器控制权争夺的案例研究［J］．管理世界，2012（4）：138-152+158.

认为“社会关系与金融资本都是专用性资源，是完全掌握控制权力的基础，通过社会网络强连带关系，就能顺利控制股东会、董事会和经理层”①。由此可知，上述对实际控制权的分析是对传统控制权理论的细化与提高。更重要的是，沿着专用性资源视角，继续展开对控制权配置的研究。当然，会触发一系列概念含义的变化，也将因此获得更多对国企混改控制权配置的新理论。

此外，现有研究已关注到国企创始股东社会资本对控制权的影响，其对应的权力基础可以归为专用性资源（社会资源和人力资源）。社会联系的数量、关系网络的结构影响从关系中获得的价值，从而构建出权力。专用性社会资源关涉到社交各方，“隐匿在对方的依赖中”。因此，社会各交际方相互依赖程度的变化也影响着专用性社会资源的稳定性，会构建出不同力度的权力。值得说明的是，已有相关研究将专用性社会资源带来的权力，作为股权的替代方式，或者与股权交织使用，甚至是将其资本化为股权（社会资源资本化为社会资本），以实现对企业的控制力。当然，也就被用来解释实际控制权的获取、占用和回报。同时，研究在不同社会制度情境下，社会资本强度与实际控制权的互动情况。国企创始股东专用性社会资源，来自伙同创业的其他股东、内部员工、外部客户和供应商等建立的商业关系。

已有研究也将创始经理或技术人员个人所拥有专用性产业技术资源，作为股权控制的补充手段，或通过股权让渡或重构治理机制，调节并强化股权带来的控制权。除作为金融财务资源的补充，其他非股东的利益相关者也试图分析治理控制权力。如果治理主体凭借独特的专用性产业技术资源投入，能够形成对企业竞争优势的支撑力，那么就成为有重要影响力的专家，并且会直接影响其他主体维持或夺取企业控制权的行为。科技员工在国企中承担有技术资源投资者的角色，与普通员工相比，表现出更强的自主创新性、进取创造性和精神超越性，对参与治理有更积极的建言和更科学的认识。一方面，国企发展离不开科技员工，需要技术资源的持续投入；另一方面，国企治理为允许科技员工参与，技术资源也未能有效资本化为股权收益。因此，国企混改应当充分认可科技员工对企业价值的重要贡献，在治理机制设计上提供参与出谋划策的途径，如员工持股计划。

综上所述，如图 4-3 所示，创始股东获取或维持实际控制权的最重要来源是基于金融财务资源的股权，以及基于非财务专用性资源资本化或调节后的股

① 赵晶，关鑫，高闯．社会资本控制链替代了股权控制链吗？——上市公司终极股东双重隐形控制链的构建与动用［J］．管理世界，2010（3）：127-139+167.

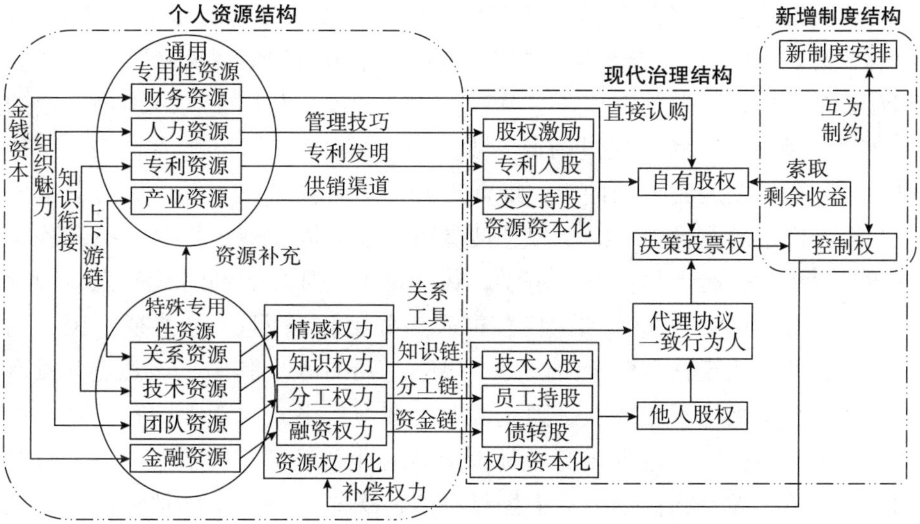

图 4-3　股东资源对企业控制权的把握逻辑

权，捏合为一致行为投票权。当然，随着企业发展与治理演进，掌权者也可通过制度化使对公司的实际控制，由主体主动争取，转为制度赋予。以此，形成控制权配置机制。将“人格化、权威式”的权力，让位于“非人化外表”的政策规则。由此，降低对个体控制所需资源的依赖性。

（四）国有经济主导的政治权力

改革开放前，政府是唯一占有国企产权的主体，所有权纯粹归属国家，实行“一竿子插到底”控制，国企没有经营自主权。改革开放后，随着公司制股份制改革的进行，国企呈现出国有独资、控股或参股等形式，大部分国企改制为多元化股权结构，加速推进产权关系明晰。国资监管体制改革深化，政府从管企业、管资产中退出。随后成立国资委，专心管资本，监管其保值增值。但是，国企若是市场竞争主体，除股权可部分转让外，其大部分所有权与控制权也应有可转让性。只有当股权可转让时，国资才有流动性，产权交易市场机制才能发挥决定性作用。更重要的是，在治理结构上，所有者可转让股权行使退出权。而控制权市场在股权分散条件下，也是外部治理有效的激励与约束机制。当然，在国企混改中，无论国资还是非公资本，谁成为大股东，都要事先制定约束其行为的政策规定，而不是一味自由转让或稀释国有股份。认为只有国企变为民企，才能摆脱政企不分，才能提高效率。这些，都很不符合实际。

自从我国进行市场经济体制改革后，“如何实现公有制与市场机制兼容”“如何处理国有经济占主导地位”“如何改革国企为现代治理机制”,以及“其中的相互关系是什么”等问题，一直是经济学、管理学与国企实践部门争论的热点。在“国进民退”和“民进国退”观点针锋相对时，许多学者认为，坚持公有制为主与积极发展民企相冲突，即前者会使后者被挤出市场，后者会削弱前者在国民经济中的主导地位。所以，两者不可能共同发展。但是，前者理论基础是政治经济学，后者是西方经济学。在理论上，都缺乏新时代气息。两种观点的争论本身，已将“国”和“民”彻底割裂开来。而且，还忽视“民”的私有制剥削属性，或泛化其概念而认为“民”是所有人。其实，该观点并没有正视我国的社会主义性质。特别是国企混改要在习近平新时代中国特色社会主义思想体系下开展，既不是排除商品货币交易的计划经济，也不是放弃公有制地位的市场经济，而是在社会主义市场经济中，既要“毫不动摇地巩固和发展公有制经济”，也要“毫不动摇地鼓励、支持和引导非公有制经济的发展”。因此，坚持市场经济改革的社会主义制度，就不能选西方私有化道路，而是要确立公有制，即国有经济在国民经济中，特别是涉及公益性及有关国计民生的行业中，占据主导地位。

尽管要充分发挥市场机制在资源配置中的决定性作用，但市场并非万能，尤其是出现负外部性（环境污染）、信息不对称等现象时，政府应控制国企承担较多社会责任，予以有效解决。另外，我国正处于经济体制、社会结构的全面转轨期，难以仅凭借市场就促成跨越式经济发展。政府也需要控制国企将有限的资本、技术等稀缺资源投入重点行业，为经济发展和政治稳定提供基础性保障。作为政府所有并控制的经济单元，国企在宏观经济调控、产业政策实施等方面，发挥着民企难以替代的作用。特别是在当前的国际背景下，企业竞争的背后是国家竞争。因此，通过国有经济战略性调整、国资监管完善和国企混改，做强做优做大国资，培育有全球竞争力的一流国企，对提升我国综合竞争力优势，以及实现中国梦这一国家意志有着重要作用。毋庸置疑，在客观上就会要求国企产权明晰，以解决政府权力与市场经济相兼容的问题。而解决的思路就是，国企混改后企业治理的控制权合理配置，实现资源互补、合作共赢，使其成为真正“自主经营、自负盈亏”的市场主体。

三、国企实际控制权的配置

(一) 国企控制权的含义辨析

企业被视为嵌入社会大网络中的小网络经济单元，国企内部治理结构同样有各种复杂的关系。股东、董事、监事、经理和职工等利益相关者，以及组成的股东大会、董事会、监事会、经理层等，有不同的治理地位。而且，各自发挥不同的决策功能及影响力，相互配合与制约。权力分立与制衡原则是我国国企改革确立的基本原则。分权要求国企法人独立自主，各政府部门不得干预经营。制衡则要求国企权利合理配置，各部门间相互制约，以达到平衡。但是，该控制权分配与安排的模式只是一种理想的治理，而没有精确反映出实际权力。“股东选举董事，董事聘任经理，经理执行决策”的基本治理机制与现实情况存在巨大差距。作为行使控制权的主体，实际控制人在治理中位居核心，即凭借强势权力，采取指令方式控制企业，而丧失治理机制本来的功能。于是，发生大量谋取私利的行为，使治理结构成为提线木偶或花瓶摆设。2005 年《公司法》正式引入“实际控制人”这一概念，并且将其作为法律规制的对象。但是，我国现行的实际控制人法律，还有好多散见于各政府部门、证监会和证交所发布的规范性文件。致使对概念、含义及特征等的界定，出现大量分歧与漏洞，更重要的是缺少实际控制人权责的说明。由此，导致对其行为的规制上，出现一些问题。

作为控制权力来源，所有权是出资人作为股东对公司资产享有最终的所有权。在公司制中，发起人在设立阶段投资，让渡个人财产所有权，公司就会拥有独立的法人财产所有权。发起人成为股东，享有剩余索取权。由于股权利益分歧，争夺剩余索取权，进而转为控制剩余产生与分配的权力冲突。控制权并非在股份公司出现时，才与所有权相分离。经营权与所有权分离，经理经股东授权经营日常业务（代理控制或使用与处置财产），不可全面掌控控制权。重大事项（董事会的构成和董事的任命）还须由股权商议决定。控制权仍被包含于所有权中。从股东本位的角度，控制权是行使法定权力或对董事会及多数董事施加影响的权利。从利益相关者的角度，控制权还表现为对合同协议施加压力，进而对经营管理行为进行约束。另外，控制权依附于国企独立法人资格，派生经济收益，其实质上也是权力主体对国企资源的占据、把握和处分，是对经营事务决策的权能。享有国企控制权的主体究竟是股东，还是经理？两者皆有可能拥有实际控制权，其根源在于控制权收益的冲突。一方面，控制权从属于所有权；另一方面，控制权可以合同约定等制度途径，单独赋予。此外，控制权不只是一种在严格法律意义上事实存在的权利状态，主要在于能够实施实际真正的控制行为，表现为自主性、支配性、决定性的影响力。但是，又不同于控股权和经营权。

控制权与控股权两者密不可分，但又不能完全等同。控股权从来不等于控制权。控股权是股东在股权结构中处于多数地位的一种状态描述。在企业设立时，发起人认缴出资。后来折算成股份，成为股东。当然，股东持有表决权的股份。其种类、数量和占比，决定该股东是否享有控股权。控股状态可分为绝对和相对。前者持股比例在50%以上，后者要在30%~50%，且为第一大股东。控股权是控制权的资质来源，但满足控股并不必然掌握控制权，有控制权也不一定非要控股。控制权与所有权也有分离趋势。只有当董事会、经理层都代表控股股东利益，并且控股股东也能自行决断时，控股股东才事实上掌握控制权，成为控制股东。控制权可通过正式（协议）或非正式（惯例）等制度取得，不用非要控股。控制权与经营权密切联系，但也有区别。后者是生产活动为获取收益，而授权对法人财产享有占用与处分的权利，如层级管理权、方式选择权、生产决策权、资金支配权等。当然，经营权主体可以是股东大会或董事会。经营权与股东对企业的最终所有权相统一，但在现代企业制度中，外聘职业经理和专业经营团队是掌握经营权的重要主体。此时，经营权与所有权既分离，又相对独立。在股权分散且持续经营的企业中，股东力量薄弱。所有权并非不重要，但经营权更为重要。掌握控制权，就可支配经营权；有经营权，就可能占用控制权。

（二）国企实际控制权的出现

《公司法》对实际控制人的概念、提供担保，以及表决权回避、损害赔偿责任，做出了规定。但是，缺乏系统规制性。实际控制人被定义为“虽不是公司股东，但通过投资关系、协议或者其他安排，能够实际支配公司行为的人”。区别于控股股东，而与控制股东权利类似。控股股东可享有多数表决权，但不一定能实际行使控制权。通过资源约束、人事关系、合同协议等方式，中小股东也可成为控制股东。《证券法》仅规定实际控制人的IPO责任、禁止内幕交易、提供真实信息等，未预设实际控制人的日常管理职责，更没有界定真实主体是谁。以至于其成为客观确实享有权力，但不承担责任且难以监督的特殊个人或机构。易造成实际控制人与名义控制人的混淆，出现披露信息不真实。此外，我国《公司法》对实际控制人的界定不够周延，没有认定标准。即便综合考虑其对股东大会、董事会表决权的支配力，以及对经理层决策的影响力，但《公司法》无法逐一列举，穷尽其所有样态。而且，在治理实践中，实际控制人认定存在诸多困难。例如，构建复杂股权结构隐匿等。因此，在国企中，除细化认定程序与规则外，还要考虑实用性行为与支配性影响。

我国《公司法》规定的治理结构中，分设股东大会、董事会和监事会，以制衡控制权的滥用。然而，这仅是一种古希腊政治分权的理想化模仿。随着股份制改革及市场经济体制的建立，国企治理的现实运行与此抽象设计会有天壤之别。例如，职业经理层成为治理结构的重要组成部分。但是，只要公司章程不违反《公司法》，那么按意思自治原则，企业各项事务可优先依据章程，自治自理。[①] 但无论是法律还是公司章程，在治理结构设置中，均未体现实际控制人的权利义务。那么，实际控制人掌握控制权，就导致其成为依法而建的权力机关，即股东大会被彻底架空，董事会仅执行实际控制人决策，监事会也被控制，形同虚设。最终导致现代治理体系无效。由于政治制度、经济体制等的差异，不同国家及地区对国企实际控制人的规制呈现出以下三种模式。

一是视为董事来规制，将董事责任义务适用于控制权人（实际控制人或控股股东）。例如，英国《1989 年公司法》将影子董事定义为“尽管不在董事会任职，却指挥董事如何去行事”的人，即不具有董事外观，却实际掌握控制权或控制董事。但是，债权人及股东对此并不知情。而且，将隐名的影子董事视为董事。例如，通过交叉持股，韩国财阀控制着整个工业体系。其中，财阀会长拥有集团决策权。但是，其非董事，不担任大股东或职员。以此脱离监管，不承担责任。所以，韩国法律提出业务执行者的概念，以规制实际支配董事会、指示董事行为的非董事。类似于我国法律界定的实际控制人。

二是规制控制行为，认定实际控制人，要以其控制行为事实为基础。美国法律定义的控制行为事实，既指有权控制，也指实际控制。前者是股东因控股而被授予控制权，即股权是控制权的基础。后者是控制权并非源于股权，却有能力并有实际操控企业的事实行为。所以，在美国现行法律下，大股东、董事、经理层都因有控制企业资产、人事和业务的事实能力，被视为控制权主体，而承担必要义务。只要行为人与公司决策存在实际支配或从属关系，就可认定为

① 田蕾．公司实际控制人法律规制问题研究［D］．成都：西南政法大学，2014.

存在控制行为的事实。我国香港的公司权益人制度，也涵盖我国内地实际控制人规制的内容，以存在控制事实为规则对象。

三是规制关系企业，我国台湾继受关系企业概念，于 1997 年修订《公司法》，将其纳入规范。在第 369 条中，将其定义为，相互间有控制从属或交叉投资的企业关系。其中，根据控制从属关系产生的原因，可分为以下三种类别：一是形式上，即绝对控股形成；二是实质上，即持股或出资额并未过半数，但可对企业直接控制或母公司通过子公司控制孙公司的间接控制；三是推定上，即通过分析股权控制结构链条，以及高管背景材料，基于形式与实质，从股权控制和社会控制的双重视角，推论得出。

（三）董事会配置实际控制权

国家和集体控股有明显的公有性，有利于扩大国资支配领域，增强公有制主体作用。国企混改也是为了搞活公有制，增强国资控制力，其关键在于董事会对控制权力的配置。截至 2013 年 6 月，国资委下属 115 家国企中，建立规范董事会制度的仅 52 家，不足半数。从现代公司治理机制看，董事会拥有聘用总经理权责。但在现有国企制度下，对该权力的授予仍有保留。不少试点国企由内部高管出任董事长，使董事会倾向于全面充分地授权经理层。例如，有的国企在董事会下设立执行董事会，规定在部分外部董事不到场的情况下，仍能执行相当多的决策权，或者下设董事长办公会制，规定在部分董事不到场的情况下，可行使决策权。此外，在我国董事原本需经股东选举产生，但实际控制人却藏于幕后，未明示于治理结构中。尽管我国有对控股股东（有权控制）进行监督的相关条例，但难以将实际控制人纳入其中。我国国民经济除民企外，还有国企和集企。所以，关系企业并不适用。鉴于我国经济现实及现有法律，要对实际控制人及其事实行为进行单独审视，才能予以规范。同时，还要注意与现行控股股东的权利义务相衔接，以免出现法律对某部分控制权属的规制真空，使介于两者间的行为主体逃脱监管。

董事会中心主义下，股东大会权力狭窄，股东权利也相应减少。控制股东不控股，就很难直接领导股东大会。通过股东大会，也不易滥用控制权，所以侵害非控制股东权利的范围不大。更多的是通过控制董事会间接决策，进行利益侵占。于是，以董事会为中心，控制股东滥用控制权行为的法律判断，也应集中于约束控制股东对董事会的控制关系上。实际上，股东大会可行使董事会部分职权。例如，盈余分配由董事会决定，但控制股东可指示董事会不予分配，转而对其支付薪酬，侵害非控制股东利益。所以，应将该决定权划转至股东大会享有。另外，在治理实践中，大多外部董事是兼职。但是，行之有效的董事会，既不边缘化外部董事，也不对其内部化。前者要求外部董事每年必须保证持续的时间投入，充分了解公司经营，以有效履职。后者要求外部董事足够浸入企业后，也不会逐步失去其独立性。然而，实际上，外部董事积极发挥作用，极耗时费力。而真正融入企业后，也会产生利益瓜葛。所以，对外部董事有任期限制。但又意味着，企业要不断去接纳新的外部董事，留时间让其适应。

对按规范设立董事会的大型国企而言，在集团和下属企业两个层面设立有上下级关系的两个董事会，下级代理上级。当前，双重董事会现象是一种客观必然。只要没有实现整体上市，集团和下属企业在资产、人员上没有完全重叠，两个主体并存就不可避免会遇到双重董事会治理问题，即集团董事会与下属企业董事会在关联决策上易发生控制权的冲突，造成效率损失。双重董事会有两种组织实践模式，即分体型和合体型。前者以宝钢集团为典型，集团董事会与下属企业董事会界限分明，各自为政，等量齐观，互不干涉。后者根据集团和下属企业双董事会业务覆盖面，又细分为半合体和全合体，前者以神华集团为典型，部分董事交叉任职，但双重董事会的权责与功能有所区隔；后者以中铁集团为典型，集团董事会完全由经理兼任，并予以弱化，有实质性控制权力的领导，下沉至下属企业董事会。

（四）经理层占有实际控制权

国企任免经理的基本形式不外乎有以下两种：一是行政任免，在党政管理体制下，经理选任由政府行政权力主导，下级国企对上级部门负责的双层体制，即委任制；二是市场任免，在市场经济条件下，经理选任由市场竞争主导，经理对董事负责，董事对股东负责的三层体制，即聘任制。前者多见于国企，后者虽然国企也有，但更多见于民企。两者界限不是很明确。然而，对于国企混改而言，一种制度混合体的性质取决于对实际决策的控制权力分配。在各方意志一致的情况下，混合所有制企业的制度逻辑实质上表现得不明显。不过一旦出现意志冲突，哪方制度起决定性、压倒性作用，哪种就是主导混合体制度的权威力量，一目了然。政府干预绩效差的国企经理层任命，有其客观合理性。从维护增进社会公众利益而言，政府保留对国企的最终干预权很必要。但是，也必然会减损经理层自发性的人力资源投入，抑制自主创造力。政府及其代理人是治理规则的制定者，不直接参与国企运营，对重要目标制定原则性标准。之后，就必须放手，让国企经理层去寻求实现的最佳途径。

以格力集团治理实践为例，格力集团为珠海国有独资企业，持有格力电器（经营主体，由前任董事长朱江洪创办和发展）18.22%股权。前者曾绝对控股后者。国有股比例高，珠海市政府可直接影响日常经营，并主导格力集团高层人事安排。其前任董事长徐荣、郭毅和叶志雄均由国资委任命，但格力电器经理层与政府任命的格力集团高层有矛盾。2005 年，借助上市股权分置改革，格力电器初步理顺与国有大股东（格力集团）间的利益分歧，大致有以下两个方面：一是引入股权激励；二是引进战略投资者。2006 年 8 月，受国资委任命，格力电器董事长朱江洪上调兼任格力集团董事长、总裁和党委书记。经多次股权结构调整，格力电器国有股比例下降至不足 20%。2012 年 5 月，67 岁的朱江洪卸任，董明珠接任格力集团董事长。珠海市国资委任命周少强出任格力集团党委书记、总裁，格力电器董事会换届，周少强为格力集团提名董事，但仅得 36.6%同意票，未到有效表决权总数的 50%，所以未能进入董事会。而董明珠获多数票，则兼任格力电器董事长及总裁。

在竞争性市场领域中，高绩效且强势的国企经理层会逐步推动实现由市场主导的制度逻辑，并且替代已有的行政主导。其中，至关重要的前提是，整个制度逻辑的变化伴随股权结构的必要改革。政府作为出资人，完全可以派没有领导经验的董事。但是，如果大股东股权比例不足，其他股东意志又一致不信任大股东，那么其委派的董事极有可能落选。其原因在于，中小股东不愿用资产帮大股东。国企渐进式改革在一个继承下来的原国企治理权力结构内发生，所以，也会有以下两种有特色的体现：一是经理对国企的实际控制；二是官员对国企的管理干预。[①] 从政府制定基础法规的角度，考察转轨国家与国企的关系，还要批判政府被控的现象，即以强势经理层为核心的既得利益集团因狭隘私利，而对政府部门和司法机构施加控制影响，从而扭曲改革政策。在缺乏有效市场约束的情况下，将国有股进行资本私有化，其依托的是股东或出资人利益最大化理念。但很难像在一般经营性企业中，有一贯性和可操作性。此外，由于市场力量小，对经理层的监控弱。于是，政府就比规范行权的股东有更大的激励，来参与公司治理。

① 陆铭，潘慧．政企纽带：民营企业家成长与企业发展［M］．北京：北京大学出版社，2009.

第三节　国企混改后实际控制权模型

沿着西方制度经济学的逻辑，交易本质上是产权交换。市场主体没有明晰的产权，就没有价格机制，也就没有效率，即公地悲剧。所以，此理论指导国企混改，就只有私有化道路能走通。显然，在社会主义基本制度下发展市场经济，私有化行不通。政治经济学的逻辑方法与之完全不同，即集体主义的社会人假设，采用阶级利益分析法，在剩余价值理论基础上揭示无产阶级与资产阶级间不可调和的矛盾。只有在整个工人阶级获得解放后，劳动者利益才能最大化。只有消灭私有制、建立公有制，才能实现。伴随着公有制替代私有制，计划经济也将替代市场经济。因此，国企任何私有化改革方案都会动摇公有制的主体地位，从而改变社会主义制度性质。因此，需要不断扩大国有经济领域。尽管理论上有冲突，都试图清晰地判断出"国企在社会主义市场经济体制中要扮演什么样的角色"，但至今未能得到明确。在国企现实混改中，既想让国企实现公有制主体，又希望其有市场竞争力并能独立经营。既能承担社会公益职能及政策性负担，又能实现利润最大化。

如此定位，"该怎样评价国企混改"还一直缺乏客观有效的共识性指标。由此，也导致无所适从、褒贬不一。在探索适应社会主义市场经济的国企混改治理控制权配置理论时，从来没有现成答案。中国特色社会主义国企改革道路，不可能在现有理论中，找到全部依据，以及可复制模式。经过 40 多年国企改革的实践表明，照搬照抄马克思主义经典理论的个别结论，很教条，有教训，难走通。但是，依照西方新制度产权经济学，也行不通。所以，应坚持直面国企控制权问题的现实，从我国社会主义市场经济体制改革以及国企混改展现的特殊控制权现象入手，深入剖析并检验现有各类理论假说，即扎根于国企混改实践。如果对国有经济发展有巨大的推动作用，那么就是中国特色社会主义国企改革理论。以此，形成"国资与非公资本不是相冲突，而是共同发展"的国企混改逻辑，并构建与社会主义市场经济相适应的"国民共进"混合所有制企业。

一、国企混改后的控制权配置

（一）国企的股东大会本位制

我国《公司法》认可股东大会本位制，即股东享有广泛权利，除自益权外，重大决策权、任免经理权等均属于股东。显然，在公司治理中，采用股东大会中心主义逻辑。通过股东大会，不仅能直接行使章程事先约定的权利，还可修改章程来扩大权利。最终决定权在股东大会，而不是董事会。后者仅是代理机构，授权对经营管理做出决策，但前者可以否决后者。该控制权配置的初衷是对董事会职权行使进行限制，但是却为大股东篡夺控制权留下法律漏洞。《公司法》将经理和董事会并列于组织机构章节中，赋予经理广泛的法定职权以及立法精神，将经理层位界定为与董事会并列的法定角色。与董事会相比，经理权利地位或抑或扬。其原因在于，立法未予以分级对待，造成两方的权力冲突。一方面，赋予经理更高的职权；另一方面，笼统规定经理执行董事会决议。这样，必然会造成经理权力地位的尴尬。

根据“一股一票”“资本多数决”等原则，大股东可以完全把持股东大会，使其流于形式，然后控制董事会决策，进而左右经理层经营。董事会不具备独立运行的前提条件，无法有效破解被大股东控制的局面。此外，大股东决策，经理层执行，董事会就会被架空，在国企中这很常见。国企董事，特别是董事长，不是经股东大会选举并委派而来的。更多的是与经理层一样，是被国资委直接派驻到国企的代表。国企董事会无条件支持国资委行政指令，而且，同为政府部门代表，董事无权任免经理。董事选任经理，不必承担任何后果。所以，国企董事既无发现经理不端行为的强烈动机，也无足够激励替换失职经理，董事会对国企经理原有的治理约束力被极大减弱。

国企混改后，国有股东是否要控股？是绝对控股，还是相对控股？并不是决定“国有股东在治理中是否有控制权”的标准。“引入非公资本是否越过50%的股权拐点”也不是衡量非国有股东在治理中话语权的关键。就国有控股混改企业而言，国有股东的“控制粘性”使政府意志在初期对治理机制起决定性作用。随着外部环境不断成熟，法制化、市场化加深，国企混改将有助于改善治理，实现控制权均衡配置，不同治理主体的权力互相制衡。所以，在国企混改前，应先充分评估其“是否有引入非公资本的必要性”。以此，衡量其混改预期损益，防止为混而混。但对确需混改的国企而言，尽可能地消除非公资本的被控顾虑。[①] 例如，事先约定股权比例及治理话语权，使各方都满意，或者努力营造公平公正的市场法制环境，特别是各类所有制产权要清晰，破除行业垄断，尽可能地扩大非公资本准入领域。

（二）双层股权治理控制结构

双层股权结构的治理实践在旷日持久的治理控制权配置争论中悄然兴起，现已为多国《公司法》所认可。由于章程自治与异质股东存在，也为其正当性提供法规依据。一方面，根据企业实际情况，对治理表决制做出更有利于未来发展的制度安排，是企业按章程合法自治的应有之义。双层股权结构是“企业自主行使自治权，对控制权进行自由配置”的高效设计，已经或将会获得现有及未来股东的认可与支持。另一方面，“一股一票”或“同股同权”的法理实际上是建立在同质股东假定上而否认异质股东客观存在的现实。所以，股东是同类别的出资方，都能平等地做出表决，为股东利益最大化达成共识。但是这太过于理想，而且几乎是不可能的，甚至还会导致更不公平的情况发生。虽然资源细分多样且都能转化为资本，界限也被逐渐模糊，但出资人又是千差万别，其风险偏好、商机认知、利益诉求都有差异，极易出现分歧。若仍还坚持以资本作为控制权配置的唯一标量，则难免会过于僵化。

双层股权结构的出现源于资本市场的热切需求。控制权与剩余索取权分离，建立少数股东控制的股权结构。通过出售限制表决权的股票来融资，使享有剩余索取权的股东不对应拥有控制权。那么，在广泛吸收投资之余，避免股份占比小的股东原有的控制权被迫失去或遭受稀释，维持初始控制股东的核心地位，就显得尤为重要。具体包括以下四个方面：一是能避免入资股东短视行为，或预防其道德风险干扰日常经营决策，依然将控制权交给更有责任心的控制股东，以降低异质股东不一心的可能性；二是保持稳定控制，就能保证经营的连续性，提高决策效率；三是有效抵御敌意收购，或被收购时有更多谈判筹码；四是继续发挥控制股东能力和魅力，保障股价不会出现很大波动。因此，双层股权结构因可灵活配置控制权机制，而被国企混改所关注。

与欧洲国企改革实行的金股制不同，美国企业产权制度变革主要实行双层股权结构。其原因在于，国有创始股东与其他投资者权利博弈后，妥协而形成

① 沈昊，杨梅英．国有企业混合所有制改革模式和公司治理——基于招商局集团的案例分析［J］．管理世界，2019，35（4）：171-182.

特殊的制度安排。虽然表面上似乎是人为创新，但其实质所隐含的是在特定社会情境下，其经济发展是由资本市场的内生性制度来推动。所以，其基于制度收益权衡的诱致性变迁而出现。在美国，股份公司不再仅表现为无差异资本的联合体，股东间的资源差异逐步成为吸引投资或组织生产的重要媒介。在英国，存在权益实现方式、企业关注度、风险承受力等股东差异，经常促使控制股东凭借自身意愿来设计股权关系，而中小投资者也往往根据各自偏好选择“是否接受这种股权结构”①。例如，相对于控制权而言，中小股东更关注短期资本利得。非要硬塞给其表决权，显得不合实际。而大股东更看重资本长期收益及企业价值，更青睐控制权。由此，控制权和现金流权相分离，便产生了特殊的股权结构。以此，顺应多元投资者的需求，使产权激励与产权约束趋于制度均衡。

（三）混改后企业实际控制权

如图 4-4 所示，同股同权情境中，实际控制人持股比例高，才有控制权。股权集中时，资源专用性带来的控制力量很小。在特殊股权结构中，实际控制人在低持股比例时，因有高的专用性资源回报，而掌握实际控制权。发挥资源专用性的控制力，主要在于个体占有资源与企业实际所需资源间相对应。这样，在对该资源进行投入与使用时，就会表现出高资源回报。而且，进一步影响该专用性资源的投入，以获得实际控制权。国企混改初期，国资与非公资本签订合资合同。依据同股同权，配置股权。在经营中，非国有股东投入资源并转化为非公资本，在混改后的企业价值创造中最大化股东利益。这时，国资也随之取得高回报。所以，该资源也就有了更强大的专用性，非国有股东可能成为实际控制人。当企业战略性上市融资时，如果可在同股同权和不同权中选择的话，实际控制人倾向后者。其原因在于，基于异质股东视角，谁拥有专用性资源，谁就该获得更多的控制权。然而，股份少却占有控制权的实际控制人会出现掏空企业价值行为，侵害股份多还被控制的其他股东。于是，双方会理性协商比较，在选择前就达成协议。既使实际控制人的专用性资源回报最大化，又能保障其他股东的利益。国企混改过程中，国有股东通过资本市场接纳各类所有制股东，是获取所需资源的重要方式。不论何时何意引入外部股东，以及对其如何筛选、给出多少溢价、附加哪种对赌协议等，都会在融资签约前合理比对双方资源。

---

① 冯果，杨梦．国企二次改革与双层股权结构的运用［J］．法律科学（西北政法大学学报），2014，32（6）：50-157.

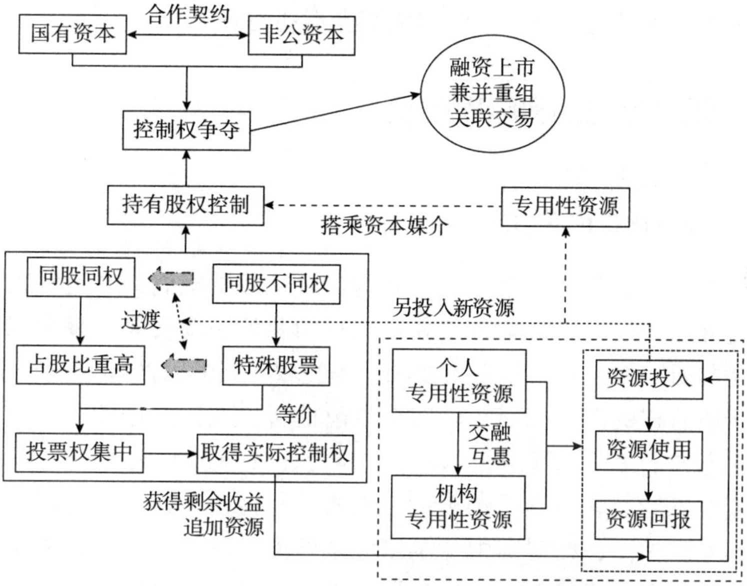

图 4-4　混合所有制企业实际控制权理论模型

最终，股东关系形成与变动的前提将受制于股东间资源的相互依赖与协同组合，而不是纯粹的情感或意念。当然，也不光是资本之间的投资融合，还有资源“优势互补、损失共担”的作用。以此，使股东群的目标一致，即最大化各方利益。同时，也反作用于“增强一方股东对另一方的信任”。所以，股东关系既有资源、资本、资产的属性混合，也有经营、管理、控制的观念混合。例如，产业资本所有者参与国企混改，以谋求全产业链或供应链战略利益为目的，长期持有大量国企股份，并与其有密切业务往来。一方面，投入大量技术资源，如研发经费、专利发明、科技人员等；另一方面，提供同行从业经验，如工业控制设备操作、自动化大数据网络、跨国公司运营管理等。不同于一般企业，国企不能“什么赚钱就生产什么”，也不能自主改变国家赋予的社会职能，或随意放弃政府指令让从事的基础设施、公共产品服务等业务。所以，不是所有国企都可以混改。“不赚钱，甚至亏损也必须坚持生产”的国企，就不宜混改。并且，各国国企往往都是在为“解决经济社会生活难题，应对重大突发性危机，以及维护国家安全”而存在。特别是国企混改引入非公资本后，股权易于分散，难以抵御外资“带有政治目的、不计代价的”恶意收购。[①] 若国

① 李自杰，陆思宇，蔡铭. 基于知识属性的合资企业动态演进研究——以华晨宝马为例 [J]. 中国工业经济，2009 (2)：141-150.

家拥有超级表决权股份，就能合法避免遭受不利的兼并。

二、双重控制链的实际控制权

（一）实际控制权构成函数

现代企业制度需要解决以下两个问题：一是激励机制；二是约束机制。所以，要通过界定并行使剩余索取权和控制权的两种制度安排，来予以解决。前者更多的是与所有权关联，后者主要来自委托权。当然，两者间也有密切联系，即都来源于所有权的部分权能。就国企混改而言，现代企业理论中强调控制权与剩余索取权应匹配，即权利（收益）与责任（风险）要处处对称。① 否则，控制权就变成不劳而获、不受约束的投票权，行使后，还不用对后果负责，也不用为此担心。然而，在现实中却难以完全匹配，往往是控制权大于剩余索取权，造成代理问题。现代企业理论强调，剩余索取权应分配给最重要的企业成员，激励其积极性，或者分配给最有信息优势、最难监督的企业成员，使之自我监督。所以，控制权也随着剩余索取权而更加集中。

委托代理理论认为，实际控制人有动机监督经理，或取而代之，做出正确决策，即无论股权集中或分散（股权中立或无摩擦效应），实际控制人都会努力经营企业，提高绩效。但是，实际控制人并非拘泥于个别人而一成不变，其会随着股份转让、兼并重组，而被不断更换。② 若想拥有实际控制权，除股权占优外，还可直接签订特殊股权协议或间接投放专用性资源，进而组合实现。实际控制人与其他投资者在合作前就已对各种情形进行磋商，以保证共同利益，签订协议，建立互信。这样，实际控制人就可投入专用性资源，摄取相应回报。在外部环境变化时，其他投资者会争夺实际控制权，用其他专用性资源投入取代原有的股权控制。如图 4-5 所示，在私人企业中，要自主经营，自担风险，但收入也都归己所有。企业家职能相对统一，但在股份公司中，股东承担风险并取得收入，经理负责经营，企业家职能则被分解。一方面，股东不直接从事经营，但从事资本运营，当然也算经营的部分活动；另一方面，职业经理虽不直接承担风险，但也有股权激励，或经营不善，而失去信誉。

如图 4-6 所示，基于双重控制链理论视角，分析得出董事会是获取实际控

① 李先瑞．股东的同质性、异质性与公司治理理论［J］．中国农业会计，2009（11）：14-16.

② 高闯，张清．双层股权结构运作与企业创新型发展的关联度［J］．改革，2017（1）：99-109.

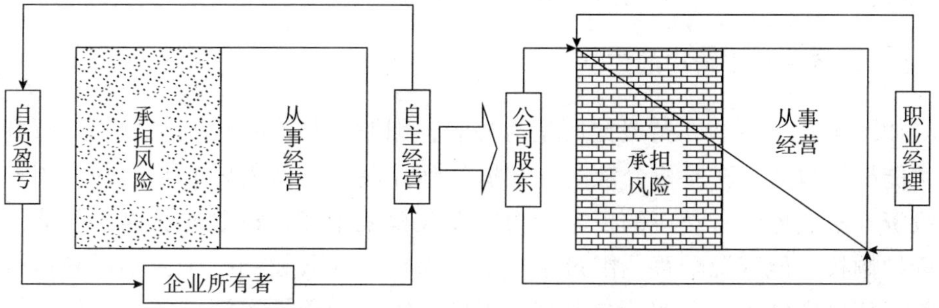

图 4-5　企业家职能分解过程

制权的主要手段。其中，股权控制链是正式制度（法律法规）保障的权利；资产专用性控制链是由于独占专用性资源（市场、技术、关系），而塑造出的权威力量。若未能洞悉持股层级的建构沿革，或未察觉股东间专用性资源属性的演化脉络，就很难发现实际控制人。虽然股权控制链能从公开披露信息梳理得出，但需沿途索具。就算能找到位居其末端的控制股东，也只能是名义上的终极股东。除非还能理清楚资产专用性控制链的演化轨迹，予以佐证。这样，才可断定名义终极股东是否是拥有实际控制权的真实终极股东。也就是说，实际控制权，蕴含着占据专用性资源优势的条件。在股权分散情况下，控制力量受专用性资源演化的影响。双重控制链的交互搭配，是国企混改对资源情境变化（如法制改革、经济波动、资本博弈）做出的适应性反应。

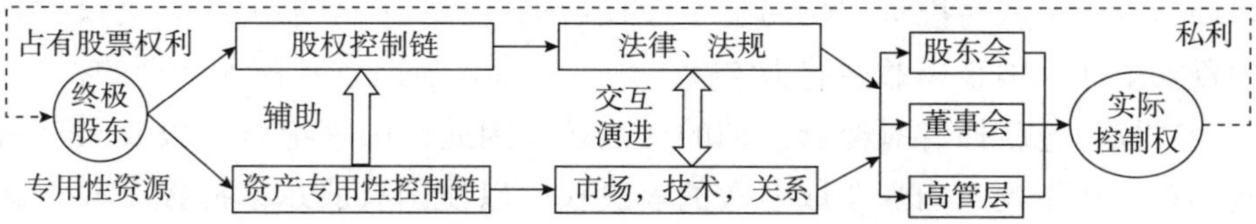

图 4-6　实际控制权的构成

于是，实际控制权可从股权和非股权两方面获得。前者与持股比例、所持股票的类别投票权等有关，后者直接与专用性资源类别有关，也包含身份属性，如政府背景、个人魅力等。假设将混合所有制企业治理配置的实际控制权分为股权控制和资产专用性控制两种。那么，其函数表达式为：

$$y = f(gb,\ zz) \tag{4-1}$$

其中，y 为实际控制权，gb 为股份占比，zz 为资产专用性。股份占比越多，资产专用性越强，实际控制就越强。所以，实际控制人会有两种选择，要么追加股权投资，要么基于个人的专用性资源积累。

（二）特殊股权结构的控制

如图 4-7 所示，在持股比例呈劣势时，同股同权易使控制权分散，特殊股权才能把控权力。在股权分散时，掌握实际控制权，就需要非常高的专用性资源投资，必然也会有对应的资本回报。在股权集中时，持股比例高，就能掌握实际控制权，但资源配置范围过于狭窄。而在特殊股权结构中，不用高持股比例，就能协商签约给予实际控制权。以此，维系专用性资源的持续投资，释放股权融资空间。

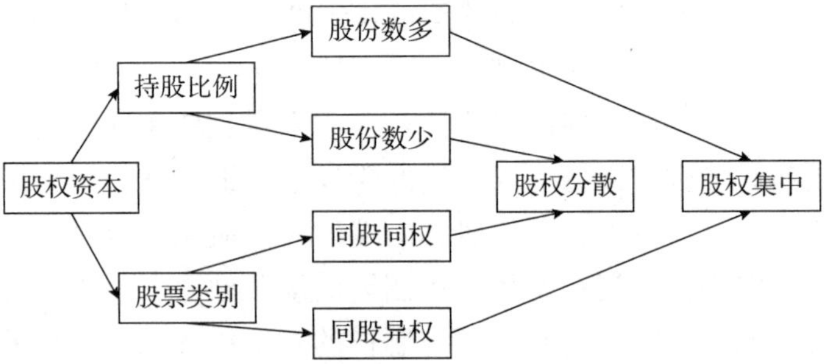

图 4-7　股权集中和股权分散的情形

国家与企业资本金的所有制关系，即国资比重是否占优，是确定是否为国有的充分必要条件。而且，国资多寡是判断国家控制力强弱的首要标准。之所以强调国资，是因为投资转化为资本股权后拥有重大决策事项的表决权，对保障国资安全性、国企公益性起决定性作用。通常，表决权被视为治理的控制权。拥有表决权，也就拥有对经营活动的话语权。因此，国家绝对控股或国有独资的真实意义在于投入国资获取多数的表决权，以使国有股东掌握控制权，这也是资本多数决原则下实现国家控制力的传统治理机制。存在国有股份是满足社会福利需求，即出于维护国家经济安全和提供公共产品服务的考虑。同样，也是基于我国特殊国情和中华传统文化而应有的安排。因此，在一定程度上，国企混改引入特殊股权结构有合理性和正当性。

根据股票类别，假设增加能放大普通股表决权的特殊股权 $gb(tg)$ 。例如，假定 tg 投票权对应 10 倍的 gb ，则持股比例低，也同样可以有控制权。即 $tg = 5\%$ ，$gb(tg) = 50\%$ 。而且，特殊股权对应普通股的投票权倍数越高，则掌握控制权所需的持股比例就越低。所以，实际控制权函数转变为：

$$y = f[gb(tg),\ gb,\ zz] \tag{4-2}$$

当 $[gb(tg)+gb] \geqslant (50\%+1)$ 时，就能有实际控制的权利；若 $[gb(tg)+gb] \leqslant (50\%-1)$，则取决于另行投入专用性资源的性质和强度。一般来说，持有 10%~20%的股票，就可掌握实际控制权。此时，实际控制人通过专用性资源投入、使用与回报，实现资源资本化和资本权力化。然后，与股权相融合或相替代，控制治理结构（股东大会、董事会、经理层），掌握实际控制权。但是，在治理实践中，依然要持股比例高，先保证在股权资本上的控制。只有专用性资源属性强、回报高，才能从侧面拥有控制力量。当然，两者相结合，才能达到更好效果。

三、实行国家特殊股权的模式

作为国家特殊股权的主体，要明晰国有股东和非国有股东的权责。国有股东真正实现从“管企业”转变为“管资本”，有效实行国家特殊股权模式。其关键在于，把握政府或国资托管机构行权的时机，有所为，有所不为。前者当国企决策涉及国资保值或社会民生时，国家特权股权要行使控制权，维护国有经济地位，使人民福祉免于被侵犯。后者在国企日常经营中，要谨慎行权，保障市场机制运行，提高竞争活力。最好在国企混改前，以负面清单的方式，避免含糊各方权利，防止国家特殊股权滥用或失效。国家特殊股权既是政企分开的激励工具，也是合理干预的常备手段。其主要特征具体表现为以下两点内容：一是保留政府在国企混改后的话语权与收益权，约束不良投机和损害国资的行为；二是避免政府沿袭对国企的不当干预，让专业的人做专业的事儿。值得特别注意的是，作为代理国家履行社会管理的政府，合理配置国企混改后的控制权，就可避免对治理机制粗暴干涉而失去效能（Hart et al.，1996）。根据时空差异及对象不同，可对国家特殊股权的实行模式进行划分。

（一）临时权宜性事前否决型

国家或政府持有国企混改的特殊股权，仅在一定期限内，对涉及国计民生、国资安全等重大决策的事项行使事前否决权。其中，“临时”是指待国企混改完成，建立有效法人治理机制。在步入规范运营后或到混改前约定期限，撤出国家特殊股权或转为一般股份。“权宜性”意味着因时因地适宜地暂时性行使国家特殊股权，而且不会永续，类似于有限定期的金股。在减持国有股份时，应把控好国企混改的政治方向，行使事前否决权。其具体的混改方向应至少包括以下两点内容：一是有利于国资保值增值和保障公众权益；二是限定政府不能长期干预。国家特殊股权的临时权宜性事前否决模式，适用于“在混改上市前或已上市初期，部分资产规模大、有重要市场地位、竞争性商业类”的国企。

例如，在IPO筹备上市阶段，主业处于充分竞争性市场领域（计算机、通信和电子设备制造业、互联网行业、新闻与出版业等）的商业类国企，国资可控股或参股。在混改后，政府没必要或不必长期在商业类国企中居于控制地位，可转让出去部分国有股份。因此，国家特殊股权可考虑转为金股式的临时权宜性事前否决模式，作为混改上市国企的过渡性控制权配置形式。等待稳定经营后，国家特殊股权逐步失去控制权利。相较于非上市，已上市的竞争性商业类国企已完成股份制，而且初步实现产权多元化，也已适应市场环境。因此，采用该模式既可缓解国有股份减持造成的国家控制权丢失问题，又能避免过度干预产生的政企不分成本。

（二）持续监督性事前否决型

国家或政府拥有国企混改后同样的特殊股权，但不再强调时限，而是在混改后企业整个存续期内，稳定永久地对所有涉及重大决策事项都享有事前否决的权利。其中，“持续”强调不会失效。政府及其委托机构的事前否决权力，不会随国企混改的完成，而彻底退出。“监督性”意味着政府通过国资投资、运营公司，行使事前否决权，从而实现出资人直接监管以及间接引导资源优化配置。采用持续监督性事前否决的国家特殊股权，会带来如下两点作用：一是不断激发国企活力，持续优化治理机制，继续进行更深层次的国企混改；二是保障国家或政府在国企混改的关键环节上行使监督权，进而保障国有经济主体性、国家控制力、国资安全和公共利益。因其具有公共性与商业性并存的行业特点，所以要求国家或政府掌控国企混改的方向。

该模式可用于重要行业及重大专项工程领域（如铁路、船舶等运输设备制造业，电力、石油、能源与通信等关键行业）的商业类国企，以及主业多涉及自然垄断行业、特殊业务行业的国企。采用类似于国家永久性金股制的持续监督性事前否决机制，其原因在于以下两点：一是涉及国计民生及国民经济主导力，需要重点把控该类国企的混改决策，既要防止国有股份的“一股独大”，又要释放国资活力和国企的创新性。二是商业类国企开始就设定国家特殊股权，而且持续不中断，即国家特殊股权不会中途失效，而突然产生控制力量的真空状态，引发新一轮的控制权争夺；同时，也不会出现国家及政府控制粘性，即把持控制权不放，担心一放就乱，稍有不慎会激化与其他投资者的权利矛盾。

（三）稳定性有序控制过程型

国企混改要引入战略投资者。在此过程中，国家或政府为保持国资的长期控股地位，采用“让渡部分收益权，换取多倍的控制权”的特殊股权结构，以稳定性有序地控制国企混改的全过程。该模式可用于暂未上市的，也涉及重要行业、关键领域及重大专项任务（如金融业、军工、国防科技行业等）的商业类国企，以及主业处于关系国家安全、国民经济命脉等重要行业的国企。国家或政府需要保持国资控股地位，并鼓励和支持非公参股。与主业处于充分竞争性市场领域的商业类国企不同，此类国企引入投资者混改后，还应坚持国资控股。对于还未上市的一般性企业，在首次公开发行新股时，均可发行有不同表决权的类别股份，以使投票权与现金流权分离，类似于西方资本主义发达国家流行的双层股权结构。

但不同之处在于，该模式将控制主体替换为国家或政府，包括国资委、政府出资人代表、国资授权投资、运营公司等。由政府引导国企混改后的经营活动，使其与社会福利增长相一致。此外，在减少国企融资的隐性成本时，降低政府过度干预可能导致的交易费用，使国企混改的股权结构改革，能够稳健有序开展。在稳定性有序控制过程模式下，政府通过长期持有国家特殊股权来实现对国企稳定有序经营过程的控制，即无论国企后续是否上市，政府都会拥有表决权优势的国家特殊管理股。同时，也不会因为上市，而削弱或退出。运用稳定性有序控制过程的国家特殊股权模式，会有以下两个方面的作用：一是有利于优化国企产权制度、完善治理机制；二是政府能对重要行业的国企施以合理控制和有效监管，以确保国资运营效率，实现国有经济功能。

（四）权变性灵活控制过程型

股份公司的产权制度决定其股权结构，进而形成对应的治理机制。而股权结构和治理机制都有可供选择的多种模式，并没有一成不变的、僵硬的治理标准。因此，国企混改也会根据其内外情境的变化，理性选择并确定控制权配置路径与行使方式。权变性灵活控制过程的模式就是根据国企环境变化而有针对性的混改。例如，股权多元化、特殊股权、多重治理结构等。国家或政府需要适时权变的控制权配置、动态调整的产权制度，以应对内生或外来的环境冲击而造成的资本权利改变。该模式可用于未上市的竞争性商业类国企，以及兼具政治意志与经济属性领域（如互联网行业、娱乐业、软件和信息服务业等）“未上市、轻资产”的国企。这样，有助于鼓励竞争性商业类国企，引入各类资本混改，实现股权多元化，并着力推进其整体上市。在权变性灵活控制过程的国家特殊股权模式下，政府或委托机构可事前约定，即在不同情形下，将控股或参股企业的部分收益权让渡给其他投资者，以换取足够多的投票权。

与其他类国企相比，未上市竞争性商业类国企融资规模小且未发行股票。政府通过减持股份，仅让渡收益权予外部股东。但是，其拥有重大决策控制权，即政府能即时适应性地调整产权控制关系，对国企发展进行适度把控。动态调整的权变配置机制，其完整运作可分为以下三个阶段：一是国企上市前，政府或委托机构以特殊股权参股形式控制重大事项决策；二是若国企公开发行股票上市，国家将分阶段出售大部分股份，并保留特殊股权，以便行使事前否决权，保障国企上市混改的平稳性；三是待国企上市并已良好运作后，政府再将其所持有否决权撤出，转变为“同股同权、市场化”的资本运作模式。该模式是双层股权结构与金股制度有机结合的产物，具体有以下两种作用：一是政府对国企资本运营有适当的话语权，避免国企混改偏离国家意志和公众利益；二是控制方式灵活多样、适时权变，更好地适应市场变化。值得注意的是，在权变时，可能暂未有正式的法律予以规范。但是，事前要有章程约定，即符合自治原则。同时，在国企股权结构变化和增减国有股份时，要增加监管透明度，建设防范机制，以避免产权主体缺位及国资流失。

第五章

国企混改控制权动态配置：以鄂武商为例

1978年底，我国就开始了国企改革。从“放权松绑、政企分开、承包经营”的尝试、1993年“股份制、现代企业制度”的探索和2003年“建立国资委、政企分开”的努力，到2013年“以管资本为主、鼓励混改”的提出，跨越时间长、创新模式多、改制领域广，国企治理体系结构和控制权配置方式取得了很大进展。但是，国企改革任务尚未完成，国资作用仍未充分发挥。“政企分开”和“现代企业”的改革目标还在努力的道路上，并未过时。作为全民和国家的代表，政府若对国资进行管理，对国企进行监控，必然导致政资政企难分。若不管不控，又会出现所有者缺位，国资流失，国企低效。于是，国企改革后，名称也从国营工厂、国有企业、国有股份公司到混合所有制企业等，变化多次，其治理模式也不断丰富起来。目的都在于，政府掌握国资监管权及其赋予对国企的控制权，在本质上不能改变。这样，基于立法，营造出所有者把控、经营者管理、相关者监督的现代企业制度环境。在股权多元化后，形成国有资本与非公资本平等合作的混合所有制经济。然而，其落脚点就在于，国企混改后的控制权合理配置。作为全民公有资产的经营单位，国企混改并非是仅涉及股权买卖两方的简单资本交易，还是牵涉到社会各相关方利益的博弈。特别是当专用性资源能被转化为资本形态时，虽然在所有权、经营权和控制权相分离的现代公司治理结构中，不同所有制的资本并无代理成本上的差异，但“是否掌握控制权”就会产生“能否支配专用性资源或垄断利润分配”的区别。

第一节　鄂武商争夺

作为单案例而言，武汉武商集团股份有限公司（以下简称鄂武商）具有较为完备的公司公告财报和媒体披露信息。而且，第一大股东是国有资本，第二大股东是具有较强品牌知名度的非公资本。所以，有研究的典型性。在不同所有制股东间，进行多轮次的控制权争夺。最终，形成一定程度上的积极效果。整个案例过程体现出：国企混改后，在企业内部治理中，存在的国有股东与非国有股东间激励相容问题。因此，有普遍的研究价值。由此研究发现，国有资本利得既要倾向直接用于社会福利、缩小贫富差距，还不会造成资源配置扭曲与经营效率降低。只有根据事先约定好的、透明合理的规则来公平竞争，博弈各方权利才会被相互认定（不光是出让资产定价）与保证。但是，再完美的治理机制设计，也不可能完全消除国企混改后企业的控制权争夺，而只能设法动态协调不同治理主体间的利益冲突。所以，国资监管要走向国资投资与运营，国企改革要在现代公司治理结构中实现混改。但并不是“一蹴而就”的资源搭配，而是动态地调节成分，也不是“长相厮守”的资本混合，而是动态地调整比例，更不是“钱多权大”的权利结合，而是动态地调配权力。这样，通过国资引领作用，才能发挥国有经济的优越性，构建起社会主义市场经济的微观基础。

一、各方利益

（一）混合制公司

鄂武商是一家国企上市公司，也是湖北省最大的综合性商业零售企业之一，其前身是创建于1959年的中苏友好商场，后来更名为武汉商场，原是全国十大百货商店之一。1986年12月25日，以武汉商场、中国工商银行武汉市信托投资公司、中国农业银行等为发起人，经武汉市政府批准，将武汉商场进行国企改制。1992年11月20日，正式在深圳证券交易所上市，成为“中国商业第一股”。在完成上市之后，鄂武商从一个单体商场，发展成为集团化连锁经营的企业集团。2006年，在经历股权分置改革后，鄂武商总股本5.07亿元，总资产42.8亿元，净资产12.9亿元，拥有员工近3万名，其属下拥有子公司、分公司，共计14家。鄂武商先后与马来西亚、中国香港等国家及地区合资兴办6家合作企业，其经营涉及商业零售批发、房地产开发、物业管理、旅游餐饮及进出口贸易等领域。同时，鄂武商旗下拥有5家百货门店，自有商业经营面积27万平方米，共有29家连锁超市，以及1家电器连锁企业。但从2004年起，控制股东持股比例就开始逐渐被非控股股东追上。特别是第二大股东（非国有股东），对鄂武商经营的影响力显著强于第一大股东（国有股东）。随之，便引发鄂武商前两大股东间的控制权争夺事件。

（二）第一大股东

武汉国有资产经营公司（以下简称武汉国资）于1994年成立，注册资本12.38亿元。经武汉市委、市政府批准设立，是湖北省首家综合性国有资本营运控股公司，也是归属于武汉市国资委的国有独资企业。由武汉市国资委的代表，即武汉国资，来作为国有股权所有者，在法定授权范围内行使国资出资人的权利。2000年，武汉国资配合武汉市国资委，完成全市的金融产业重组，将持有的武汉证券有限责任公司、武汉国际信托投资公司等国有金融企业，进行资产重组，设立武汉正信国有资产经营公司。2007年，武汉国资又配合市国资委，完成武汉市国有零售及国有商业的国资兼并和国企改制。利用其持有的鄂武商、中百控股集团股份有限公司（以下简称中百集团）、武汉中商集团股份有限公司（以下简称中商集团）三家国有上市公司的股权，组建出武汉商联（集团）股份有限公司（以下简称武商联）等国企集团。在对市属国资进行投资与营运的过程中，武汉国资对国企的改革思路和对国资的运作方式，从最初的资产交易、股权转让，不断创新升级到资源整合、产融结合。而且，从资本运作、产权明晰，不断丰富落实到整体上市、平台打造、产业链培育。武汉国资对国资的投资领域和对国企的经营产业，从最初的农业发展、工业制造，不断调整优化到金融服务、科技优势。武汉国资管理并培育鄂武商等10余家上市公司。

（三）第二大股东

中国银泰投资有限公司（以下简称银泰集团）是经国家工商局注册成立的大型集团公司，也是一家以商业零售、地产开发与经营、矿产资源、智能物流、投资与金融等业务为主的多元化国际性产业投资集团，其始创于1997年。银泰百货是银泰集团旗下的自有百货品牌，也是以百货零售为主营业务的百货零售集团。1998年，银泰百货杭州武林店正式开张。2000年5月，银泰集团收购宁波华联集团股份有限公司21.41%的股份，并将其核心的宁波华联商厦整合为宁波银泰百货有限公司。随后，仅用5年时间就收回投资成本，走上资本扩张之路。在国内资本市场中，银泰系多次举牌各类上市公司。2005年，作为财务投资者，银泰集团进入武汉市场。而且，在杭州、宁波、温州、金华等地拥有多家大型百货店、集团参控股企业，共计15家大型百货店。2005年4月，银泰集团和武汉国资共同成立合资公司，即武汉银泰百货。2005年9月30日，银泰系下属银泰百货的持股数占鄂武商总股本3.52%。然后，高调进入湖北百货领域。2007年11月，银泰集团宣布将在此后的5年内，在湖北开22家门店。其中，在武汉会开到7~8家。

二、关键事件

（一）事件经过

如表5-1所示，第一次控制权争夺战发生于2006年4月13日。银泰集团发布公告称，其持有鄂武商18.11%的股权，已超过第一大股东武汉国资的持股比例17.23%。

表5-1 鄂武商权之争的事件演化

混改阶段	争夺性质	时点划分	事件介绍
创业期	银泰集团挺进湖北百货行业	2004年1月至2005年7月	2004年初，浙江银泰百货有限公司（以下简称浙江银泰）作为战略投资者被引入武汉；2005年初，浙江银泰转而投资鄂武商，并成为第二大股东，持有4.6%股份；2005年4月，浙江银泰与武汉国资合作成立武汉银泰商业发展有限公司（以下简称武汉银泰），准备参与武汉市国企改制及商业整合；浙江银泰总裁周明海同时出任武汉银泰董事长，银泰集团先后共借给武汉国资3500万元，以解决武汉销品茂的开业资金问题；银泰系持有武汉银泰85.87%股份，武汉华汉投资管理有限公司（以下简称华汉投资）持有14.13%股份，其中，以拥有鄂武商总股本的2.43%出资，但华汉投资一直未办理完股权过户手续，为控制权纷争留下隐患

续表

混改阶段	争夺性质	时点划分	事件介绍
摩擦期	银泰集团开始强势介入鄂武商争夺控制权	2005年10月至2006年4月	2005年10月，银泰系现身于鄂武商的第三季度报告中，持股3.52%；2006年1月，银泰系首次举牌鄂武商，持股9.44%，成为第二大股东，不到半年持股比例增加至10%，银泰与武商集团蜜月期结束；2006年4月，迟迟不能进入鄂武商最高决策层的浙江银泰蓄意发动首波夺权；4月3日，利用股权分置改革，银泰小幅增持，加上华汉投资的2.43%股权，落后武汉国资所占股比不足1%；4月11日，武汉银泰（当时为第二大股东，持股10.64%）联合一致行动人通过二级市场再次增持鄂武商流通股，加上华汉投资的2.43%，银泰系持股总占比刷新至18.11%，超过第一大股东持股的17.23%，并于次日声称此次收购的目的是控股鄂武商
	武汉国资申请司法冻结阻止股权转让	2006年4月至9月	对银泰集团此番收购，武汉国资只能选择反击，起诉其子公司，即华汉投资，以资产保全为由，将其所持鄂武商股权申请司法冻结；2006年4月，武汉国资阻止华汉投资转让其占的2.43%股权，并公告称其实际仍持有鄂武商19.66%股权，为第一大股东；8月初，武汉银泰和浙江银泰正式向鄂武商董事会提议召开临时股东大会，提出派人进驻其董事会的议案，并抛出武汉广场（以下简称武广）提租案，向第一大股东武汉国资发难；2006年9月，双方签订合作备忘录，同意武汉国资用现金出资2119.28万元予以替换，以此为条件，银泰集团进入鄂武商董事会，共同发展
冲突期	银泰集团提议召开临时股东大会，要求进入鄂武商董事会	2006年9月1日至18日	2006年9月1日，武汉银泰和银泰百货持有鄂武商15.86%股份，召集临时股东大会，提交关于免去胡波先生董事职务的提案，以及关于增选周明海先生为董事的提案；9月16日，第二大股东及一致行动人合计持股20.24%，再次超过武汉国资，成为第一大股东；9月18日，武汉国资迅速对银泰收购做出反应，鄂武商董事长辞职，表达难以接受三家小股东向临时股东大会提交的提租案，持有3.02%股权的第四大股东天泽控股有限公司与武汉国资签署战略合作协议，成为一致行动人，控制鄂武商，对董事会安排和股东大会表决等决策表达一致，夺回第一大股东

续表

混改阶段	争夺性质	时点划分	事件介绍
变革期	鄂武商临时股东大会正面交锋，暂停控制权争夺	2006年9月21日至2007年3月	2006年9月21日，银泰集团根据实际情况增持不低于5%的股票，单方面召集并主持鄂武商第二次临时股东大会，表决结果显示，提租案以微弱优势通过，但否决银泰集团罢免天泽董事和选举周明海进入董事会；历经1年多的较量，始终窥探不得鄂武商大股东的银泰，最终与武汉国资和解：以放弃鄂武商控制权之争、用旗下银泰百货交易的代价，拿下中南路上的世纪中南借道进军武汉市场；2007年3月，武汉国资与武汉经济发展投资（集团）有限公司（以下简称武汉经发投）共同设立武汉商联（集团）股权有限公司（以下简称武商联）；整合后，武汉国资大股东地位由武商联代替；武汉商业大重组给银泰集团谋求鄂武商控制权增添许多障碍；此后4年，银泰系停止了对鄂武商控股权的争夺
冲突期	银泰发动第二轮收购，再度上演控制权之争	2011年3月至7月14日	2011年3月28日，第二大股东及其一致行动人实际持股22.72%，超过武汉国资的22.68%股权，再度引发两大股东间的控制权争夺；3月29日至6月3日，第一大股东及其一致行动人通过证券交易所集中交易和大宗交易等方式，与第二大股东及其一致行动人的股比反复角逐，前者三次夺回优势地位；而此前，武汉开发投资有限公司（以下简称开发投，武商联一致行动人，鄂武商股东）于5月25日在武汉对浙江银泰提起诉讼，认为其下属投资公司的增持行为违反外国投资者不得在二级市场自由买卖A股上市公司股份的有关规定，武汉国资增持行为已造成6000余万元损失；开发投以证据保全为理由，申请法院冻结浙江银泰所持鄂武商的部分股权，而浙江银泰也提出管辖权异议；7月4日，浙江银泰发出致鄂武商全体股东之公开信，指出已于6月17日在杭州对武商联及其董事长提起民事诉讼；至2011年7月14日，第一大股东及一致行动人通过二级市场增持股份后，持股占总股本的29.99%
变革期	武汉国资发动要约收购，终结股权大战	2011年7月15日	2011年7月15日，鄂武商停牌，武商联及一致行动人采取要约增持，控制权之争暂告结束

续表

混改阶段	争夺性质	时点划分	事件介绍
冲突期	银泰集团与武汉国资继续争夺控制权	2012年至2014年	2012年8月28日，鄂武商召开临时股东大会，审议关于修改公司章程的议案，银泰集团、工银瑞信投反对票，浙江银泰提议派发现金红利，但遭控股股东否决；2014年5月13日，第二大股东浙江银泰派驻董事代表及其关系人湖北银泰投资管理有限公司（以下简称湖北银泰）反对2013年不分红，并提出2013年分红议案（每10股派现金1元），但最终赞成票仅占38.29%，控股股东再次赢得决定权；2014年8月，在参与民营金融的问题上，鄂武商董事会内部又起争议；8月28日，鄂武商采取通信表决方式召开第七届五次临时董事会，审议通过关于参股湖北消费金融公司的议案

注：1995年1月，鄂武商和德信亚太控股（属下）国际管理有限公司合资成立的武广与鄂武商订立20年租约，规定从武广开业起到首个10年结束时，租金逐年递增，自第11年起，重议下一个10年的租金。2006年8月初，浙江银泰向鄂武商董事会提议增加武广租金，第一大股东认为第二大股东在干预经营决策而拒绝；2006年9月11日，银泰系向股东大会提交了一项临时提案，要求重新审议1995年鄂武商与武汉广场管理有限公司签订的租赁合同，大幅提高租金。提租议案可谓用心良苦，如果第一大股东对此议案投反对票，则将背上损害全体股东尤其是广大中小股东利益的“恶名”。“武广提租案”的群众基础甚好，广大小股东为了自己的利益，在网上庄严投票；9月21日，表决通过“武广提租案”，将武汉广场租金从每年6545万元提高到2.17亿元。

2006年4月14日，银泰集团发布收购报告书。并且，声称此次收购的目的是获取鄂武商的控股地位。由此，引发与第一大股东武汉国资间的第一次争夺。双方通过“二级市场交易增持股份、联合一致行动人投票”等方式，争夺鄂武商的实际控制权。最后，形成你来我往的拉锯战。武汉国资与银泰集团持股比例，由前者领先（17.23%>16.30%）开始，然后后者领先（17.23%<18.11%），接下来前者追击和后者阻击（19.66%<20.24%），最后前者领先（22.68%>20.24%）。在该过程中，武汉国资多次联合一致行动人，实施防御“门口野蛮人”的措施，来保障其对鄂武商的控制权。经过两方8轮控制权的争夺，2006年10月18日在武汉国资持股比例高出银泰集团2.44%之后，鄂武商公告银泰集团撤销收购报告书。双方的第一次控制权之争，暂时告一段落。

武汉国资与银泰集团对鄂武商的第二次控制权争夺，开始于2011年3月29日。银泰系称其实际控制股权达到22.72%，超过国有第一大股东实际控制的股权22.68%，再度引发了国资系与银泰系的控制权争夺。2011年3月29日至6月3日，双方经历9轮“争夺鄂武商第一大股东位置”的拉锯战。之后，通过“联合一致行动人投票、二级市场交易增持、大宗股权交易收购”等一系列方式，武汉国资最后取得鄂武商 29.99%股权，即将达到上市公司收购管理办法所规定的要约收购比例界限。但是，2011 年 7 月 15 日，武汉国资发布公告称，还将通过联合一致行动人，继续增持鄂武商股份，并计划持股比例达到 30%时，就进行要约收购。至此，双方的第二次控制权之争，也暂告结束。

（二）事实本质

如表 5-2 所示，就“鄂武商控制权之争事件”而言，武汉国资与银泰集团争夺控制权的主要目的在于，鄂武商对当时武汉的商业零售版图拓展有重要的战略意义。2006 年 4 月 15 日，国务院发布《关于促进中部地区崛起的若干意见》，要求在中部地区的重点省市支持建立大型商业流通的企业集团，着力发展地区的现代服务业。其中，建设“武汉城市圈”，在中部崛起战略中发挥着突出重要的作用。在该产业扶持政策的大背景下，作为大型商业集团，鄂武商对武汉国资和银泰集团而言，具有很高的战略价值。

作为鄂武商原来的第一大股东，武汉国资（后更名为武商联）同时也是武汉中百和武汉中商两家上市公司的第一大股东。其主要职责是，在这三家上市公司中，重新组合优质的商业资产，优化核心城区的资源配置，合理布局经营网络的重要节点。以此，形成全网良性互动的一体化产业格局，取得中部区域性的商业规模优势。作为争夺鄂武商控制权的另一方，银泰集团也是以百货零售业为主营业务的大型百货零售产业集团。其发展策略是，巩固浙江领导地位、复制区域领先优势、面向全国连锁扩张。银泰集团想要通过自营式发展和投资式发展，打造商业旗舰店面，成为中国一流时尚的连锁百货集团。在对地处中西部腹地的武汉市商业氛围抱有良好预期的情况下，银泰集团收购鄂武商股权，并控制鄂武商未来经营战略走向，也是保障其发展愿景可以实现的重要环节。

因此，鄂武商控制权争夺事件的实质是，武汉国资与银泰集团对地区未来商业发展预期的战略价值之争。所以，鄂武商经营绩效增长幅度，决定着不同专用性资源股东控制权配置的存在形式（Dyck et al.，2004）。由此可见，鄂武商控制权争夺的重点，主要在于对资源配置与收益分配的控制。争夺控制权是值得花费代价的、有价值的尝试。对各类所有制股东而言，均是如此。

表 5-2　鄂武商控制权之争的事件演化

时间	控制权争夺事件	武汉国资股比变动（%）	银泰集团股比变动（%）	双方持股的对比（%）	深交所公告
第一次控制权争夺					
2006年1月6日	银泰集团以换股、协议转让、公开拍卖、二级市场交易方式获得法人股和流通股	—	+9.44	29.75：9.44	《武汉武商集团股份有限公司股东持股变动报告书》
2006年1月13日	银泰集团以协议转让方式获得法人股	—	+3.67	29.75：13.11	《关于武汉武商集团股份有限公司股权分置改革的补充法律意见书》
2006年3月30日	实施股权分置改革对价安排	-12.52	+1.61	17.23：14.72	《武汉武商集团股份有限公司股权分置改革方案实施公告》
2006年4月5日	银泰集团以二级市场交易方式获得流通股	—	+1.58	17.23：16.30	《武汉武商集团股份有限公司股东持股增加报告》
2006年4月13日	银泰集团以二级市场交易方式获得流通股	—	+1.81	17.23：18.11	《武汉武商集团股份有限公司股东持股增加报告》
2006年4月14日	银泰集团发布收购报告	—	—	—	《武汉武商集团股份有限公司收购报告书摘要》
2006年4月14日	武汉国资联合一致行动人增持成为第一大股东	+2.43	-2.43	19.66：15.68	《武汉国有资产经营公司关于武汉武商集团股份有限公司股东持股情况公告》
2006年9月16日	银泰集团联合一致行动人以二级市场交易方式增持流通股，成为第一大股东	—	+4.56	19.66：20.24	《关于武汉银泰，浙江银泰及其一致行动人增持G武商A的股份成为第一大股东的提示性公告》

续表

时间	控制权争夺事件	武汉国资股比变动（%）	银泰集团股比变动（%）	双方持股的对比（%）	深交所公告
第一次控制权争夺					
2006年9月20日	武汉国资联合一致行动人增持成为第一大股东	+3.02	—	22.68：20.24	《关于武汉国有资产经营公司及其一致行动人成为G武商A第一大股东的提示性公告》
2006年9月21日	银泰集团发布收购意向	—	—	—	《武汉武商集团股份有限公司详式权益变动报告书》
2006年9月27日	武汉国资发布收购意向	—	—	—	《武汉武商集团股份有限公司详式权益变动报告书》
2006年9月29日	银泰集团受让其一致行动人股权	—	—	—	《关于武汉银泰，浙江银泰的一致行动人卓和贸易和中信信托转让其持有G武商A股份的公告》
2006年10月18日	武汉国资一致行动人以现金出资换回银泰股权，银泰撤销收购	—	—	—	《武汉银泰，浙江银泰关于撤回2006年4月14日“收购报告书”等申请材料的公告》
第二次控制权争夺					
2011年3月29日	银泰集团二级市场增持成为第一大股东	—	+2.68	22.68：22.72	《武商集团关于浙江银泰投资有限公司二级市场增持股份的提示性公告》
2011年3月30日	武汉国资联合一致行动人增持成为第一大股东	+0.13	—	22.81：22.72	《关于武汉商联（集团）股份有限公司及其一致行动人为公司第一大股东的公告》

续表

时间	控制权争夺事件	武汉国资股比变动（%）	银泰集团股比变动（%）	双方持股的对比（%）	深交所公告
第二次控制权争夺					
2011年4月7日	银泰集团联合一致行动人通过二级市场交易方式增持成为第一大股东	—	+1.11	22.81：23.83	《武商集团关于申请停牌的提示性公告》
2011年4月11日	武汉国资联合一致行动人增持成为第一大股东	+1.18	—	23.99：23.83	《关于武汉商联（集团）股份有限公司及其一致行动人为公司第一大股东的公告》
2011年4月14日	银泰集团联合一致行动人通过二级市场交易方式增持成为第一大股东	—	+0.65	23.99：24.48	《武商集团关于申请停牌的提示性公告》
2011年4月15日	武汉国资联合一致行动人增持成为第一大股东	+0.53	—	24.52：24.48	《关于武汉商联（集团）股份有限公司及其一致行动人为公司第一大股东的公告》
2011年6月3日	武汉国资联合一致行动人增持成为第一大股东	+0.15	—	24.67：24.48	《关于武汉商联（集团）股份有限公司签署一致行动人协议暨权益变动提示性公告》
2011年6月10日	武汉国资通过二级市场交易及大宗交易方式增持	+5.00	—	29.67：24.48	《武汉武商集团股份有限公司关于公司股东权益变动的提示性公告》
2011年7月15日	武汉国资通过二级市场交易方式增持	+0.32	—	29.99：24.48	《武汉武商集团股份有限公司重大事项停牌公告》

但是，在混合所有制企业中，国有股东和非国有股东拥有不同的经营性资源。既可以争夺实际控制权，也可以维护自身的控制权。但是，这种争夺不应该选择盲目、唯利是图或资本至上的方式，而应该考虑各自资源对企业发展能

起到怎样的专用性，以此来合理配置控制权。同时，在符合市场公平竞争原则的基础上，围绕国企混改后企业未来经营战略规划，动态调整控制权的配置情况。例如，非国有股东参与控制权配置的目的在于，获得其股权的溢价收益。而与其不同的是，国有股东控制权收益还包括追求非经济性的公益目标，如提供社会服务、缩小贫富差距、保障基本就业、配合地区发展等。

三、理论机制

本书将鄂武商控制权之争选为典型性案例，是依据参与国企混改股东资本的所有制差异，即国资与非公资本两方对混合所有制企业控制权的争夺。于是，采用探索性单案例研究，将国企混改后企业控制权配置细化为不同阶段，尝试剖析“两类股东如何利用其所有的不同专用性资源，干预混合所有制企业的控制权配置”，试图揭示“基于专用性资源演化下国企混改控制权动态配置过程”中的客观规律。国企引入非公资本投资入股，与国有股东联合参与公司治理，形成混合所有制企业之后，双方在国企混改控制权的配置过程中，就会出现初创、摩擦、冲突与变革等四种配置形态，或者说是经历如下四个阶段，如图5-1所示。

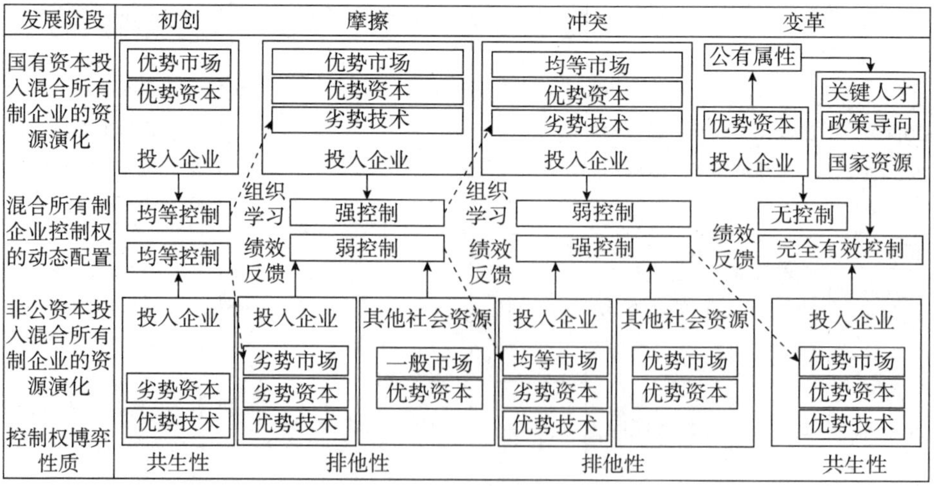

图 5-1　专用性资源演化与混合所有制企业控制权配置调整的互动模式

第一阶段，初创阶段，在国企混改的创始初期，国资与非公资本不会相互抵制。双方股东将共同致力于混改企业快速增长。所以，在战略规划和经营管理上，表现出高度的一致性和协同性。

第二阶段，摩擦阶段，国有股东与非国有股东，在国企混改后企业的经营战略或未来发展上，会表达出不同的意见。双方签订合同时的资源投入，决定控制权配置的初始状态。但后期资源专用性不断演变。所以，实际控制权的配置会与合同相偏离。在该阶段，双方尚未全面打破和谐共事的合作氛围，控制权争夺并未开始。

第三阶段，冲突阶段，是摩擦阶段的再升级。由于国企混改后企业控制权配置与专用性资源分布不符，或并未随专用性资源演化而出现偏移，没有控制权的一方会努力调用专用性资源，而占有方则出于维护原有控制权收益的目的，积极凭借专用性资源，以应对他方对自身控制权的抢夺。由此，引发不同所有制股东对混合所有制企业控制权的争夺竞赛。在此期间，专用性资源成为得失的关键。

第四阶段，变革阶段，国有股东收回国企混改后企业的实际控制权后，会对其治理结构进行变革，重新为专用性资源占有方合理配置控制权。以此，将其整合到服务于国家经济发展的战略布局之中。

如图 5-1 所示，通过对鄂武商控制权争夺事件进行典型案例分析，归纳国企混改中专用性资源演化与控制权配置动态调整间的互动模式，构建逻辑理论机制。以此，探讨“专用性资源如何影响非国有股东参与混改或夺取混改后企业的实际控制权”的内在机理，以及回答“其怎样影响国有股东发掘专用性资源优势，并逐渐收回混合所有制企业控制权”等问题。

（一）资金与管理资源奠定非公资本夺取控制权的基础

非国有股东参与国企混改，并夺得混合所有制企业的控制权，经历了与国有股东双方均等控制—非公资本弱控制—非公资本强控制—非公资本夺取控制权的动态配置过程。在国企混改之初，非公资本股东一般拥有前瞻性的科技创新，其商业模式也相对新颖，是其获得混合所有制企业均等控制权的关键性资源。在鄂武商案例中，银泰集团进入武汉市零售商业市场前，不论是与鄂武商相比，还是与第一大股东武汉国资及其下属的其他国企相比，虽然银泰集团拥有宏大的战略目标与规模化的管理经验，但比较缺乏对武汉市同行业情况的基本了解。因此，亟须以鄂武商为平台，寻找武汉当地同领域的战略性合作伙伴。当然，非公资本股东会优先对混改国企注入专用性资源（先进技术和雄厚资金）等，组建混合所有制企业。以此，实现与国有股东资源的互补效应。[①] 由

① Sirmon D. G., Hitt M. A., Ireland R. D. Managing Firm Resources in Dynamic Environments to Create Value: Looking Inside the Black Box [J]. Academy of Management Review, 2007, 32 (1): 273-292.

于还停留在混改企业初创期，非国有股东与国有股东有共同的发展目标，在战略决策和管理方式上是高度一致和协同的，保证了彼此均等获得控制权的稳定性。因此，由初始禀赋的专用性资源决定的控制权配置安排，不仅保证非国有股东参与混合所有制企业联合经营来顺利获得资本溢价，也使国有股东借鉴商业模式创新经验发挥市场优势，并使资源得到充分利用。两者相得益彰，成为促成国企混改能够深入铺开的推动力。

伴随着混合所有制企业的发展，经营规模也在快速积累。其中，市场资源对混改企业经营的影响权重逐渐增大，也成为控制权配置向市场资源所有方倾斜的重要考量。但是，银泰集团对武汉市当地的市场情况与政策环境并不熟悉，致使其在摩擦阶段失去对鄂武商的部分控制权，话语权自然会偏移到武汉国资。渠道拓展与客户资源对尚处于初创期的鄂武商来说至关重要。一方面，使得市场资源在其控制权配置考量上的影响权重突增。另一方面，还需要鄂武商投入大量资金，补充并完善其营销渠道和销售团队。虽然鄂武商混改前的市场资源大多来自武汉国资，但是其混改后的市场资源来自内生性增长。实质上，是利用银泰集团资金与管理等优质资源，再单方面回补武汉国资，出现非合同的市场资源（Yan et al.，2004）。因此，银泰集团虽然能够通过参与运营鄂武商，逐渐了解武汉市当地市场情境，但却仅限于慢的市场知识积累。而在渠道和团队等资源上，收获甚少。在双方合同约定下，银泰集团投入鄂武商的资本与技术资源，保持不变。但由于市场资源增长缓慢，银泰集团并没有办法投入非合同专用性资源。所以，与武汉国资相比，银泰集团投入的资源专用性不强。在控制权配置中，属于劣势，即处于弱控制的状态。

但是，能否充分利用这些关键性资源，还是取决于鄂武商经理层的管理能力。随着银泰集团管理创新与规模资金等优势资源对鄂武商控制权配置的影响权重越来越大，以及其原有的绝对管理技术与资本优势和迅速增长的市场资源，使得银泰集团离全面掌握鄂武商控制权，越来越近。由于鄂武商已成立有一段时间，同时零售商业连锁店的管理技术也在不断发展，所以银泰集团在未参与混改前，按照混改合同要求其投入到鄂武商的管理技术，在市场竞争中早已不再占优。那么，就需要注入新的管理模式。此时，管理技术资源丰富的所有方，将在混合所有制企业的控制权配置上，获得更多的权重，以至于超过市场资源所有者的控制权。具备管理技术快速迭代能力的银泰集团，其拥有的资源专用性程度更强，令其在争夺混合所有制企业的控制权时，有绝对的优势。此外，在摩擦阶段，由于银泰集团丢失部分鄂武商的股权，会加大对专用性资源的投入强度，以再度夺回实际控制权。

综上所述，非国有股东之所以能夺取混合所有制企业的控制权，主要是因为其持续投入优势（管理）技术资源，与多家负责当地销售的关联企业合作，以及通过学习而积累起来的市场资源。以此，确保其在技术创新与市场渠道上，均有强大的资源控制实力。然而，国有股东在混改之初，其市场资源占有重要地位。所以，对市场换技术或拉资金会产生依赖性。既不重视继续积累管理经验，也缺乏不断提升技术水平的意识。在战略上，错失进一步发展的机遇。于是，在持续借助非国有股东领先的技术与充实的资金前提下，国有股东愈来愈难克服对其的依赖性。技术的资源专用性增长，也使得非国有股东在配置混合所有制企业控制权时，有进一步讨价还价的可能性。此外，非国有股东市场资源也在持续增长，使其能摆脱对国有股东的依靠。一方面，通过运营混合所有制企业，强化了对当地市场的深入理解，并培育了混改企业的销售团队。另一方面，非国有股东在当地经营其他下属独资或参股企业，间接获得了关键性市场资源。最终，与国有股东形成对等的控制态势。

（二）重要人力资本是非公资本收回实际控制权的关键

在依靠（管理）技术、资金优势及补充的市场资源的基础上，非国有股东还进一步通过嵌入专用性人力资本，夺取混合所有制企业的实际控制权。在冲突阶段，虽然国有股东前期处于强控制，但非国有股东取得控制权之后，即便已有管理技术、资金注入和市场资源的加持，仍不能保证混改企业的正常运营。因此，为能有效应对变革阶段可能面临的种种内外部环境的不确定性，以及拥有对混合所有制企业控制权，非国有股东还会对其嵌入发挥关键性作用的人力资本。例如，在本典型案例中，银泰集团经过审慎考虑，最终想任命长期以来一直都代表其整体利益的周明海为鄂武商董事，并代表银泰集团，进入混合所有制企业董事会。以此，整合参股企业及其下属独资企业的市场资源，优化资源配置，来适应银泰集团在全国的经营战略布局。银泰集团先后共借给武汉国资 3500 万元，也为鄂武商的发展做出卓越贡献。其中，作为银泰集团代表，周明海从头至尾都在参加夺取鄂武商控制权的谈判。在某种意义上，周明海有联结金融资本的专用性人力资本优势。一方面，具备“市场判断力与影响力、改善企业运营状况、实现企业员工双赢，以及践行企业社会责任”等特质[①]，就

① Gutierrez B., Spencer S. M., Zhu G. Thinking Globally, Leading Locally: Chinese, Indian, and Western Leadership [J]. Academy of Management Annual Meeting Proceedings, 2012, 19 (1): 67-89.

能保证处于变革中的混改企业依然可以正常经营；另一方面，还拥有强大的联结资本，即与员工和中基层经理形成强连带梯队、与非公资本构筑强交融纽带、与集团内部企业合成强关联链条，以及与政府主管部门和行业协会建立强关系渠道。以此，周明海能够与内外部各方利益相关者沟通，获得实际控制权所必要的资源支持，也有助于非国有股东有效整合资本资源。

由于关键性人力资本存在一定程度上的稀缺性，又在夺取混合所有制企业控制权上发挥重要的作用。所以，对“如何才能获取到这种关键性人力资本”的问题进行深入分析，具有重要的理论价值。在其他许多非国有股东争夺混合所有制企业控制权的案例中，也都能看到。虽然非公资本“挤走”了国资，并获得了混改企业的控制权，但是很多非国有股东仅夺得其名义的控制权。然后，又无法厘清名义控制权收回后如何与政府、行业协会、供应商和客户等外部利益相关者建立经济关系，以及与混改企业员工形成合作关系。最后，非国有股东在实际上是相当于失去原以为已经掌握的混改企业控制权。与此形成鲜明对比的是，为能夺回变革中的混合所有制企业实际控制权，便启用与政府，特别是与国资委有密切往来的关键性人物。在混合所有制企业及非公资本独资的关联企业中，安排其担任总经理或董事。政府关系背景使其深谙当地的行事原则。并且，能与本地其他利益相关者，建立良好的社会经济关系。所以，也是非公资本成功跨越控制权配置变革所必需的。① 之所以银泰集团能获得各方不同的专用性资源，根源在于，银泰集团当时能摒弃控制权的排他性本质，转而赋予控制权新的内涵，即共生性。并且，建立起共同治理的控制权意识。银泰集团不仅依靠自身禀赋的技术资金资源，而且还有效吸收靠近国资委的关键性人力资本，并将其有机融入银泰集团的资源体系。以在重获混合所有制企业控制权后，化解治理关系变革所面临的多重困境。由此，名义控制权与实际控制权合二为一。国资与非公资本、国有股东与各类股东相互间共生性控制权，将是银泰集团嵌入专用性人力资源并取得混改后实际控制权的根本原因。

（三）缺失核心技术资源导致国有股东失去实际控制权

混合所有制企业控制权配置的动态调整，经历了国有股东与非国有股东均等控制—国有股东强控制—国有股东弱控制—国有股东失去控制的变化过程。在国企混改初期，国有股东具有优势的市场资源，是其获得国企混改后与非国

① Lynton N. Human Resource Management in Restructuring of Chinese Joint Ventures ［D］. Ann Arbor: University of Michigan, 1998.

有股东均等控制权的关键所在。在初创阶段，为获取先进技术，国企往往会采取“以市场换技术”模式，以市场资源、政策资源或资本资源吸引非公资本入股，组建混合所有制企业，实现资源互补效益。① 由于与非国有股东都按合同约定投入对等价值的资源，国有股东能够获得混合所有制企业的均等控制权。那么，在决定混合所有制企业控制权配置上，市场资源的权重不断增长。加之，国有股东原有的市场资源优势。所以，即便进入摩擦阶段，也使得混合所有制企业的控制权向国资偏移。在初创企业积极推进促销的过程中，国有股东掌握市场资源。由此，得以随混合所有制企业营销渠道的拓展和销售团队的扩充，而实现增大与深化，以获得非合同约定的市场资源。② 然后，就被资本化，并立即投入到混合所有制企业中。于是，国有股东投入到混改企业中的资源，不仅超过合同约定的资源量规定，还超过非国有股东投入的合同资源。由此，尽管技术资源增长缓慢，国有股东在摩擦阶段仍然能够获得混合所有制企业更多的控制权。例如，鄂武商整合并调动市场部、生产部、技术服务部等，只能服务销售部。最终，以国企原有销售班底为核心的营销团队，取得非常不错的业绩。

但是，从摩擦阶段开始，技术资源对混合所有制企业控制权配置的影响权重越来越大。然而，国有股东拥有的技术与管理资源数量却停滞不涨。同时，其市场资源又出现天花板效应，极易复制模仿。所以，会使其在冲突阶段逐渐失去混合所有制企业的实际控制权。行业技术迅猛发展，市场竞争激烈残酷，使技术资源对混合所有制企业的专用性不断增强。由此，其对控制权配置的影响权重也在变大。最终，将超过市场资源的影响力。尽管国有股东一直在致力于获取核心技术资源，但却难以有所突破。由此，也导致其在混合所有制企业控制权上的劣势越发明显。此外，在混合所有制企业经营不断发展的同时，同行业竞争对手也在迅速崛起，市场竞争越发激烈。这就要求混合所有制企业必须利用新的管理技术，获得竞争优势。所以，如果错失市场资源优势，国有股东就难以阻止混合所有制企业的控制权转向至非国有股东掌握的趋势，并逐步失去其原有的控制权占优地位。

---

① Hitt M. A., Dacin M. T., Levitas E., et al. Partner Selection in Emerging and Developed Market Contexts: Resource-based and Organizational Learning Perspectives [J]. The Academy of Management Journal, 2000 (43): 449-467.

② Yan Y., Child J. Investors' Resources and Management Participation in International Joint Ventures: A Control Perspective [J]. Asia Pacific Journal of Management, 2004, 21 (3): 287-304.

第二节　比较与启示

在股东异质化的背景下，国企混改后要设计控制权配置动态调整机制，则势在必行。面对此类问题，之前的国企改革，已展开优先股试点工作。但是，国企优先股在功能上，更倾向于满足股东投资收益诉求。加之其行权范围受限，优先股不能满足各类股东多样化的需求偏好。相较其他国家治理实践而言，允许采纳特殊股权制度，如双层股权、金股制度等，即对同股同权进行重新设计。也就是说，"一股多权"或"同股异权"不仅能更好地回应"存在股东异质性需求"，而且更贴合我国现有的国企混改控制权配置实践。所以，具体可归纳为以下两个方面的内容。一是国企混改后企业"能否采纳特殊股权制度安排"，以及"怎样针对各类资源型股东，设计何种差异化程度的股权"，都需要通过全体股东在更高的法定标准上自行商议制定的公司章程。特别是，既要照顾到非公资本股东的利益诉求，也要兼顾国企做大做强及国资保值增值的内在要求。二是国企混改设计特殊股权制度安排的落脚点，虽然更倾向于满足各类股东对控制权配置的不同偏好，但是混改后企业也可以通过非股权比例配置，满足部分股东对股份经济权利的强烈需求。具体而言，面对国企混改后企业出现各类所有制资本股东的异质性控制权配置需求，特殊股权制度安排可从以下三个方面，来保证国企混改后的治理效率。

一、非股权比例配置

在特殊股权制度安排下，国企混改后企业可根据不同所有制资本股东的专用性资源差异及投资收益偏好，对其发行的普通股，进行非比例配置混合所有制企业的控制权。通常的做法是，在混合所有制企业普通股的基础上，保持其基本经济权利不变，放大或缩小所赋予的决策投票权（决议权），从而实现非股权比例配置控制权的制度安排。如此，国企在混改时所发行的股份，就会存在投票权的不同，构造出"双层，甚至是多层"的特殊股权结构。事实上，作为对未来交易的补偿，每份股票所承载的投票权在被放大或缩小的同时，其经济权利就会相应被缩小或放大。一般情况下，投票权缩小的股票，经济性权利就相应地被放大。例如，与普通股相比，国企优先股就曾表现为弱投票权和强收益权的差异化特征。由此，满足异质性股东需求。因此，国企混改设计特殊股权制度安排，不仅能够满足部分国有股东对控制权配置的明显偏好，同时也能够满足其他非国有股东对经济性资本利得的要求，而且还能够降低各类股东满足偏好的资本成本。例如，有超级投票权的股票，被赋予的投票权会数倍于普通股。所以，对超级股票有需求的股东，不必花费大量资金、时间、精力或囤积同等投票权数量的普通股，来维系其控制权。在很大程度上，既减轻股东控股所需集中资金的成本压力，又避免大量持股所面临的市场波动风险。此外，由于限制投票权的股票的投票权被弱化，所以发行价也低于普通股。因此，偏爱股票经济性权利的股东，可以更低价格购入。

在同股同权的股权结构制度安排下，国有上市公司股东的控制权偏好和经济利益需求，都只能通过持有普通股来实现，两种要求必须同步、等比例地满足，这些与各类股东现实的差异性偏好有明显距离。股东专用性资源的异质性，导致各类股东在国企混改后，参与治理的能力也会不同。在国企混改集体决策中总会有大量投票权，因股东缺乏表决意识而被搁置作废。相应地，对控制权表现出强烈意愿的股东，却因集中大量的投票权需支付过高的股票购置成本，而无法得以满足。在股权等比例配置控制权的情境下，国企混改后只偏好于经济利益的股东，被强迫履行与其持股比例相对应的投票义务。而只偏好于决议控制权的股东，则必须为同时获得相应经济收益而买单。实际上，国企混改股份的经济利益与控制权被捆绑，要求必须对等。由此，却造成两者都未能在不同专用性资源股东之间，达到均衡分配。就集中控制权决策而言，股东被迫承担不相符的成本，这样的资源配置显然是低效的。在特殊股权结构制度安排下，不同股东各取所需。例如，超级投票权股票为集中控制权决策，提供一个“高效率、低成本”的制度创新。

二、集体决策的高效

经过改革开放 40 多年，国企市场化明显，商业性突出。促使国资委等政府部门，采取各种措施，推进国企董事会的专业化治理水平的提升。例如，授予更多的自主权和决策权。当然，也包括减少政策干预、确保决策独立性等。此外，国企混改后合理配置控制，还需更重视董事会的组成形式及其承担的角色。以此，保障其具备达成国企混改目标所需的专业技能和丰富经验。推进国企混改，要使混改前国企董事会的角色定位，逐渐从最初的负责国资监管及防范私有化，转变成为制定并与管理层共同实施战略。国企董事大部分都由国家任命，已形成一个辅助政府实施产业政策并监督把控国家战略的核心决策集体。但是，对混改后的企业而言，无论是国有股东，还是非国有股东，董事会最终都应该只对混合所有制企业的经营绩效负责。虽然《OECD 国有企业公司治理指引》强调，非国有股东应当参与董事会选举。但是，其关注的焦点在于保护中小股东的权利。而不是思考在混合所有制企业的董事会中，非国有股东该如何与国有股东、政府主管部门进行有效的互动，以此合理配置控制权，激发绩效提升。

在混合所有制企业中，非国有股东进驻董事会并参与治理决策不仅是不能避免的，而且也是必要的。从国企混改的积极性角度来看，非国有股东当选董事会代表，参与治理并影响管理实践，既能给混改企业带来互补的专用性资源，如管理经验、技术创新等，又能盘活国有资产，并规范决策流程。与非国有股东形成一致性经营目标，更有利于政府制定下一步产业转型升级的宏观和微观调整政策。由此，进一步发挥国资带动其他资本促进经济增长的引领作用。相反地，国企混改后董事会依然还是不断削弱非国有股东控制权，或对其参与治理设置不必要的流程及机制障碍。这样，就可能出现派系分裂利益角逐的战场，或仅代表个别类型股东利益的摆设。所以，国企混改后应创设相关机制，以规范非国有股东参与董事会选举与表决的治理过程。对某些重大决策事项，非国有股东需在一定条件下，被赋予更大的投票权。这样，也易于形成国有股东与非国有股东间的权力制衡。相互监督，保持对话。例如，在土耳其的国企中，非国有股东持股超过20%时，就有权直接获得董事会的代表席位。同时，与政府行政部门有直接关系的职员或公务员，不应成为混合所有制企业的董事，或者通过公司章程约定及制定特殊资格审查规定，对其他类型的国资董事代表的提名和投票进行严格限制。

三、应对利益的偏移

事实上，除专用性资源有差异外，不同所有制资本股东的异质性利益诉求还表现为，其与混合所有制企业绩效间的不一致性。所以，同股同权的股权结构制度安排，并未能够实现股东经济利益与控制权配置间的统一。尤其是在金融衍生工具迅速创新发展的现今，其对同股同权的公司治理理论产生了重大的影响。之前的金融创新工具，并未对公司法规范的治理体系有影响。然而，近20年间，现代金融工具不断发展，以至于通过资本市场，可采取多种措施，满足股东控制公司剩余收益的需求。即便与其实际控制权力配置相矛盾，也毫不顾忌。国外学者称这种现象为权利分离（Right Decoupling）或担保股份（Encumbered Shares）。其根源在于，当股东持有公司股票时，会出于规避投资风险的考虑，同时持有以该股票为担保物的金融衍生品。该金融工具与公司股票，在同一时点上，会表现出不同的经济价值，导致股东利益诉求会与公司未来绩效相矛盾。这样，就对传统企业理论产生冲击。经典公司治理理论认为，股东是公司剩余收益的所有者，让股东获得控制权，就可以最大化公司利益。上述观点是建立在股东利益与公司价值相一致的基础上。然而，各类股东会使用各种复杂的金融衍生工具，通过不同专用性资源，来满足其异质性利益偏好，但最终却导致与其他股东及公司集体的利益相冲突。

例如，非公资本股东持有混合所有制企业的股票，预计公司市值会下降。同时，又面对市场波动风险或被锁定交易。所以，为了对冲股价下跌，会购入卖出期权。此时，该股东持有头寸越多，则期望股价下跌的动机就越强，即其不再专注于参与实际经营。这样，股东与公司间存在明显的利益诉求冲突。当股东大量持有金融衍生工具时，类似情况并不罕见。值得注意的是，即便股东此刻期望公司绩效下降或表现为净负值，还依旧享有治理的表决权。显然，这种控制权配置模式，违背原已被大众接受的传统投票权规则。同时，非公资本股东不必向其他股东披露其投资情况。那么，在信息不对称情况下，其极有可能将减损混合所有制企业价值的动机转化为治理现实。但在特殊股权结构制度安排下，企业的控制权与股东的经济利益已根据其异质性而分离。对有控制权偏好的大股东或国有股东而言，往往会掌握控制权。在很大程度上，削弱存在消极期望股东的投票权，就达到“谁关心企业价值，谁来投票”的原则。以此，满足大多数股东的利益诉求，使投机行为难以实现。因此，特殊股权结构可更好地应对股东异质化与金融工具创新的挑战，更好地协调股东间及其与公司间的利益矛盾，避免治理效率下降。

第六章

我国国企混改控制权合理配置的对策体系

通过对国企混改上市前后进行比较会发现，不同所有制混合的股权结构下，企业绩效确实存在显著差异。既佐证国企混改会有经济效果，也可检验其股权多元化以后，会有助于改善治理的控制权配置机制。但是，国企整体上市对提升企业绩效，并不具有持续性。① 部分国企整合优质资产上市后，反而会被盘剥。其原因在于，国企集团与下属国有控股子公司的产权关系相对模糊，使少数大股东对母公司的控制权，被传导至国企上市公司的治理机制中，致使国企混改不够完整。② 国企改制上市后，控股权从国有股东转移到民营股东后，国企收益更可能受到“非国有控股股东频繁掏空”的威胁，导致国有资产流失。③ 当然，股权分置改革并未有效促进国企控制权配置的改善，以及治理运营效率的提高。④ 国企引入非公资本后，各类股东间形成的制衡关系，对混改控制权合理配置具有重要作用。⑤ 国企混改后的股权多元化，并不是能够建立运行良好的治理体系及获得健康发展经营绩效的充分条件。即使有大量董事或监事都代表非公资本，以及独立董事维护各类股东代表的决策权益，若没有自发适宜且合法规范的控制权配置机制，在国企治理体系中也难以有效制衡控股股东。那么，在国企混改后，提高治理绩效与经营效率，就更不可能实现。甚至于，

---

① 魏成龙，许萌，郑志，魏荣桓．国有企业整体上市绩效及其影响因素分析［J］．中国工业经济，2011（10）：151-160.

② 郑海航，姚望春．关于当前国有企业改革争论的几个问题［J］．吉林大学社会科学学报，2007（5）：30-36.

③ 涂国前，刘峰．制衡股东性质与制衡效果——来自中国民营化上市公司的经验证据［J］．管理世界，2010（11）：132-142+188.

④ 廖冠民，沈红波．国有企业的政策性负担：动因、后果及治理［J］．中国工业经济，2014（6）：96-108.

⑤ 郝云宏，汪茜．混合所有制企业股权制衡机制研究——基于“鄂武商控制权之争”的案例解析［J］．中国工业经济，2015（3）：148-160.

利益矛盾一触即发。在混合所有制企业中，不同所有制股东会出于各自立场表达决策意见。既有社会公共利益，又有企业私人利益，各种利益相互交织。于是，就成为引发控制权争夺的导火索。最终，致使治理制衡关系扭曲，决策成本增加，运营效率降低。

因此，国企混改的落脚点不应仅停留在创造多元化的股权结构上，还应着眼于完善治理体制与创新控制权配置机制，尤其要解决政企不分、治理失衡两个问题，这些都涉及控制权力的合理配置。前者易使国企混改后陷入政府意志与市场理性的选择困难中，经理亦官亦商，有碍企业家精神塑造和职业能力提升，导致经营行为扭曲，混改企业价值受损。因此，对国企混改而言，需要放松管制。但一松就乱，就容易转变为后者，致使各类股东资合心不合，为夺取控制权，董事代表相互斗争。而经理层左右为难，将国资投资与运营视为儿戏，甚至联合外部资本势力共同瓜分国有资产。因此，对国资运营而言，需要严格监管。但一管就死，又转变为前者。所以，要有所区别，根据国企混改所处的区域经济状况、营商环境变化、社会文化传统、行业生命周期、经营管理理念、政府执政理念、股东治理氛围、历史沿革、遗留难题数量、未来发展趋势等各种影响因素，将两个矛盾划分为主要和次要，但要随时随地不断变化。既不会一成不变，更不能一蹴而就。只有动态地调整控制权配置形态，才能合理地构建控制权力体系，稳步成功推进国企混改。在本质上，国企混改是我国长期贯彻国企改革方针的政策延续，也是国企治理结构和控制权配置机制在变革过程中各利益相关方不断博弈后形成的一种制度选择，有内生的必然性和生命力。

因此，需要构建全方位、立体化的对策体系，才有助于形成国企混改后动态调整控制权配置机制。以此，达到合理配置权力、促进绩效提升的效果。由此，综合运用市场（分类引入优质资源丰富国企股权结构）和政府（完善国企混改后管资本的顶层设计）两个方面力量，通过国资监管平台（推进国企治理能力和治理机制现代化），进行资源的有效整合，构建三个方面能同时发力的立体政策体系，使国企混改后的企业控制权达到合理配置，推进新时期全面深化国企改制的步伐。其具体对策从财税金融、法律法规、产业规划、社会服务配套、风投支持、区域协调、产业链空间集聚、文化积淀和企业家精神培养等方面着手。国企改革的实践证明，每次针对国企所有权的重要改革，无论是重心聚焦，还是全力推进，最终都会促使对股权结构进行适宜性调整。当然，也正是因为处于治理体系完善、国企绩效提升和国有经济发展的关键时期。国企混改后的控制权配置问题，既关系到与大型国有垄断性企业合作开放行业管制，又与国企集团公司制股份制改革相关，还涉及引导并调动其他多种所有制经济活力等各方面的经济改革。所以，控制权合理配置已成为国企混改的核心问题，同时也是我国国有经济体制改革的关键环节。

第一节　分类引入优质资源丰富国企股权结构

就经营地域区别上看，在国内，国企偏向于社会公益性经营，而在国外，更倾向于市场商业性竞争。就经营时段差异上看，当市场充分竞争时，就该采取竞争性战略，而若是自然资源垄断时，就该公益性定价。所以，处于不同时态下不同类型的各种国企，将会有动态变化、各有差异的国企股权结构。在混改中，国资持股比例与控制权配置机制也会因各有不同而不停调整。同时，要求国资监管机制也能够灵活应对。“国企是否要进行混改”“混改后国有股份比重该是多少”，以及“该如何调整混改进程的节奏”等问题，都要以确定国企功能定位和阶段类型为前提。不仅如此，就央企与地方国企、集团公司与下属子国企等各种控制权力关系而言，解释上述问题就变得更为复杂，也造成混改治理方案都各不相同。所以，国企混改及其控制权配置，要分层、分种类、分时段。由此可见，分类引入优质资源，是推进国企混改并达到股权多元化和控制权合理配置的必要条件。当前，合理配置国企混改控制权的最大障碍在于国有股东担忧国有资产流失，而非国有股东则预防应得权益被削弱和剥夺。在产权交易、市场竞争、公司治理等方面上，若仍缺乏更为明确的法律细则规定，则混改参与方的相关利益就不能得到保障，其顾虑也就难以消除。这样，就无法实质性地推进混改。因此，国企混改可以试点先行，再不断探索并细化相关法规。只有完善法律制度建设，国企混改才能全面增效。而不是仓促上马，急于求成，如严格限定混改对象、不能超越混改比例等。

一、配置合理的股权结构

（一）混改股权结构变化

如表 6-1 所示，2016 年，国家发改委将东方航空、联通集团、南方电网、哈电集团、中国核建、中国船舶等 9 家央企列为混改首批试点。2017 年，经国务院国企改革领导小组审议，又确定第二批国企混改试点名单，有 10 家。两批合计共选定 19 家国企为混改试点，而且，均为各行业代表性国企。涉及航空物流、民航服务、基础电信、配售电力、机电装备、高速铁路、金融产品等重点领域，还特别包括 7 家国防军工领域国企。从国企股权结构及控制权配置上看，国企混改试点有从国有独资改为国有绝对控股、从国有绝对控股改为国有相对控股、探索设置国家特殊管理股等多种类型，采用非公资本入股国企、国资入股民企、央企兼并地方国企、外资投资国企、政府和社会资本合作等各类方案。

表 6-1　中央企业开展国有资本投资运营公司试点名单

试点内容	试点企业
国有资本运营公司试点	中国诚通控股集团、中国国新控股公司
国有资本投资公司试点	中粮集团、国家开发投资公司、神华集团、宝钢集团、武钢集团、中国五矿集团、招商局集团、中国交通建设股份公司、保利集团

2017 年，我国国企改革绩效显现，国资整体运行良好。2017 年 1~6 月，全国国企收入持续增长，利润总额 1.41 万亿元，同比增长 24.3%，增幅高于收入增幅 7.7%。与此同时，国资投资运营公司的试点范围也在不断扩大，国家级国企改革基金正逐步发力。例如，中国国企结构调整基金已参与多个国有上市公司的定向增发，并深度参与中国联通的混改。各省份的地方国企混改政策也在落地实施。例如，作为山东省属国企，交运集团通过引入战略投资者和采用员工持股，完成第一轮混改任务。2018 年，国资委确定 31 家国企为第三批国企混改试点。其中，央企占 10 家，地方国企 21 家。

（二）完善股权治理体制

股权结构和控制权配置是国企混改治理的关键。所以，在竞争性行业，加快国企混改，主要是优化股权结构，以解决国有股权过于集中、市场化运作不健全、难以取得竞争优势等问题。于是，各类所有制资本相互混合，取长补短。国企混改后，既能促进社会资源的有效配置，又可改善追求数量和浮于形式的简单粗放式合作，转向重视质量和努力发展的内涵集约式嵌合，国企计划配给体制真正被转化为公司市场竞争机制。各类资本混合后，还要构建科学的治理体制，合理配置控制权。既要防止出现“一股独大”，也要避免股份分散。但是，这两个方面都会触发对控制权的争夺。所以，不仅要合理分配各类股东的董事席位，还要平等对待各股东的发言权和投票权。各类资本股东代表不同专用性资源诉求，既相互促进，又彼此制衡。所以，需通过治理安排，构成积极稳健的决策形式。根据现代公司治理理论，混改后企业会实行由股东大会（决策权）、董事会（代表权）、监事会（监督权）、经理层（执行权）构成的权力分离“三会一层”制。该权力结构既分工又制约，可有效决策。除必须保持国资独资、绝对控股的特殊类别国企外，混改应动态调节国有股份占比底线。以此，协调国有股“一股独大”及“内部人控制”的双重矛盾。各类股东利益共享，风险共担，制衡约束，积极治理。

国资也可采取相对控股或参股，即允许非公资本持股比例超过 1/3，甚至超过 1/2。这样，战略投资者才能真正到位，履行股东职责。通过用手投票，来发挥应有的积极股东作用。从混合股权、完善治理、强化监督、激发活力等角度出发，将优化股权结构作为国企混改的突破口。然后，再积极引入各类投资者参与混改治理，即通过有协定地放开竞争性领域的国资占比，对资金混合不设限。通过协商制定章程，以市场诉求为导向，鼓励国企自发兼并、自愿重组。而且，根据国家安全、调控战略、公司状况、实践经验及股权来设置控制权。例如，可局部试点尝试金股制度，通过公平约定，对特定经营决策事项，赋予政府股东的一票否决权。由此，保障国有经济在特定产业领域的影响控制力。此外，对高科技服务中介、技术研发事业单位，可设试点尝试员工持股，特别是对经营业绩和未来发展有直接影响或重大贡献的技术人才、管理人员和业务骨干。在股票定价、分配比例、持有期限、退出机制上，进行理性设计，以实现利益相关者的激励相容。既确保各自利益，也最大化企业价值。

（三）支持非公资本权益

通过证券买卖、产权交易等金融平台，国有股东应鼓励非公资本以社会公允价格，采取出售资产、市场收购、股权置换、债权转股、兼并重组等多种形式，参与改制上市、资产组合或增资扩股等国企混改，在混改后企业中参股或控股。对竞争性领域的国企混改应按照市场机制，基于公正公开原则，自发配置控制权。以此，驱动现代治理结构有效运行。同时，优化营商环境，提高混改后企业的活力和效率。国企可联合民企，通过政府和社会资本合作，进入基础设施建设项目和公用事业运行之中。除特别经营事项限制或环保就业要求外，可考虑给予民企部分股权投资空间，稳步开放国企融资占比限制，并加大追溯问责力度。战略投资者可出于混改国企的资源诉求，以货币现金或机器装备，以及知识产权、土地使用权等法律许可方式，完成出资混改。除允许非公资本自由进入混改国企外，若资本市场尚未完善，则还需设置其无障碍退出渠道。例如，各类产权转让的管理办法和监督规范，包括资产评估、产权置换、土地租赁、职工安置及社会保障等。

既要引入非公资本参与国企混改，也要鼓励国资以同样或更多种方式入股非国有企业。国资入股民企也必须立足于双方自愿基础上，而不是在民企做大做强后，还受到政府的行政干预。“国资是否入股，持股多少比例”，都要与民企平等协商后确定。其交易股价也需参考市场公允价格，同样也接受监管部门审核。国资可以通过投资入股、战略联合、兼并重组等合资方式，与民企进行股权融合、投资合作、资源整合。以此，发挥混合所有制经济联营一体化的运营优势。不仅要扩大国资股权投资的延展范围，还要增强并放大国有经济的主导功能。同时，支持国资与非公资本共同设立混合股权投资基金，来参与其他各类竞争性国企的改制上市与资产重组。经过改革开放 40 多年，我国居民财富日益集中，民企资本的经济影响力也可支配部分产业发展趋势。非公资本集团也强大到足以在国企混改治理控制权配置中有机可乘。但是，国企混改要坚持我国社会主义市场经济的改革方向，建立现代公司治理结构的股东制衡机制，对混改国企就显得尤为重要。

二、去行政化的内部治理

（一）董事会的去行政化

去行政化的核心，是在微观企业层面上，处理好政府与市场的关系，即市场机制在资源配置中起决定性作用，政府应更好发挥调节作用，并减少行政控制。一直以来，去行政化都是国企治理转型的重要内容。而真正实现政企分开，也是国企治理改革的终极目标。但是，由于外部市场尚未发展成熟，国有经济战略布局仍处于不断完善中。不能盲目地一声令下，全盘一模一样地建立治理结构。对不同经济类别、不同发展时段、不同社会作用的国企去行政化路径，应区别对待。并且，随着类别变化、发展进度和功能演化，要做出动态转变。对商业类国企，在股东权力配置和董事会代表席位结构上，产业资本股东和金融资本股东处于主导地位，往往标志着其处于竞争性市场环境。例如，外部职业经理人市场已成熟及相关资源要素市场化程度高时，应坚决推行去行政化，实现有资者任其职。对公益类，特别是有强行政依赖性的国企，可先推进其向社会组织转型，以保持国有控制状态。[①] 仅在管理体制上推进去行政化，会更有利于提高经营效率、保障健康发展。对于在股东权力配置和董事会决策机制中处于政府行政介入或社会资本嵌入的国企，如果外部职业经理人市场及内控机制建设都在快速发展期，那么可先对地方国企加快去行政化，为央企积累改制经验。

去行政化的内涵，不是取消行政干预市场，把政府从市场中排斥掉或无政府化，而是行政权力分类别行使、分时段深入、分步骤开展。这将是我国国企混改治理控制权配置的可选路径，其主要体现在国企混改的董事会治理上。所以，国企混改后要充分发挥混合资源型董事会的独立性。例如，通过跨区、跨行、跨业任命国企董事等治理机制，逐渐使其具备专业性的自主决策能力。在董事聘任时，政府越来越倾向于选择有专业背景及管理经验的干部，来出任外部董事或独立董事。对于非公资本股东而言，也完全能够接受这种安排，其目的必然都是加强对各类董事代表监督的独立性和专业性。由此，发挥“既有行政权，又有资源权”的双重性混合型董事会在决策中的专业决策能力和独立监管能力。国企混改后的董事甄选，要以代表性和独立性为根本，充分考虑政府股东行政权力对内部经理的控制权力。既要保护国有资产及中小股东权益，又要考虑资源股东或非公资本股东的投资利得。由各方引荐的有财务法律、经营管理等相关能力的代表担任董事，此外，还要选择代表利益相关者与社会责任价值的外部董事和独立董事。尽量跨区、跨行、跨业调动无相似履历的政府领导，以提升其治理的客观独立性。

（二）配置董事会的权力

在配置董事会控制权力中，政府和股东应聚焦于考虑“该如何充分发挥国企混改后，其董事会所具有的多样性优势”。以此，带来积极的影响，即除增强董事会动力性和专业性外，使其权力配置也能保持平衡。丰富董事会成员的多样性就是董事会多元化，值得注意的是，多元化并不局限于两元化。不能仅有代表国有股东和非公资本股东的两类董事，还需扩展至外部董事和独立董事。

---

① 杨瑞龙．“改革的顶层设计”笔谈之七　以混合经济为突破口推进国有企业改革［J］．改革，2014（5）：19-22.

一方面，通过具备知识经验、专长技能等多样性优势的董事，董事会在治理决策中会拥有更广信息渠道、存在更多视角、融合更新观点、思维转变更快。而且，在相互沟通中也能感知彼此价值，有助于提高董事的履职效率。另一方面，由于董事的教育背景、专业技能以及个人经历存在多重个体差异，战略目标偏好难以集中。在决策中，不能有效达成共识，而形成决策风险。所以，国企混改后，国资委代表无论是任命行政干部担任董事，还是准许非公资本股东代表取得董事席位，都应尽可能挑选不同专业背景、学缘结构、性别年龄等的候选人。以此，丰富董事会知识结构，提高专业水平。同时，通过集中控制权力，引导董事会有明晰的目标，降低群体决策中的扯皮低效、拉帮结派、相互推诿等风险，以体现董事会价值。

国企混改后，也要重视董监高的“连锁兼任”①，会给代理各类股东权益的董事会，在平衡权力配置过程中，带来复杂的影响。董事在多家企业兼任而形成连锁关系，不只是国企治理中才有的现象，已成为当前我国公司治理中的一种新发展趋势。在国外治理结构中，“连锁兼任”往往集中于董事群体。而在我国，特别是部分国企，却出现在高管团队中。其结果就是，国企间由于高管相互兼任，而链接成一个社会资本网络。尽管该社会网络同样也有知识扩散、引入资源等积极作用，但也会使董事不再是本家国企的董事，并泛化为私人利益小团体的董事，权力归属也变得复杂多元化，增加董事会权力制衡与监督的难度。甚至，还纵容国企高管小圈子存在，导致小金库式的腐败。事实上，国企腐败案件已呈现集团网络化特征。其背后逻辑的共性往往是，由于母子公司、关联企业间的交叉任职，形成社会连锁网络，抵消治理监管力度，形成串谋。实际上，国企混改在一定程度上，可依靠非公资本股东遏制权力侵蚀、权益侵害等行为。其关键也在于，要依法平等赋予非公资本股东参与治理的控制权力。以此，规避“内部人控制”问题。例如，在独立董事甄选过程中，选择真正独立的专业人士担任独立董事，以增强治理的监督效率。

（三）规范公司法人制度

建立规范科学的现代公司法人制度，既包括股权结构层面，又包括治理机制。前者会随着推进国企混改，而逐步完成多元化股权结构。但后者的改善，则是一个长期的过程。目前，含国有股份（参股、控股、独资）的企业始终没

---

① “连锁兼任”即同一人兼任某国企的董事、监事和高管，同时也兼任另一家或几家的董事、监事和高管。

有解决治理机制建设的难题，党组织的人事系统和国资委监管体制都有待完善。在治理实践中，许多国企高管选任未经过董事会，直接由党组织和国资委统一招聘。这样，就脱离现代股份公司的一般做法，也容易在国际市场竞争中或在有非公资本参与的混改中备受诟病。此外，许多国企已改制公开上市。如果在人事任免程序上，缺少董事会审批的程序，而由党组织和国资委直接来办，那么就很容易引发资本市场对国企信息披露不规范的质疑。所以，在治理结构安排中，既要遵循市场机制和普适合规，又要落实党管干部原则，如确定标准、规范程序、参与考察、推荐人选等。①

为规范国企的现代公司法人制度，党组织和国资委可通过国资投资公司，作为出资人代表担任股东。然后，按照现代公司治理程序，向股东大会推荐董事及其他高管等候选人。同时，通过国资投资公司担任第一大股东，进入国企董事会并控制其决策。进而，以第一大股东提名董事，实现国企混改后的人事任免。国资委也进一步放权，并扩大央企的董事会职权，为混改试点做准备。例如，2017 年，国务院办公厅印发的《关于进一步完善国有企业法人治理结构的指导意见》提出，到 2020 年，国有独资或全资公司要全面建立外部董事占多数的董事会。这些均体现出国企改革中完善其治理结构的决心。国企混改后，采取市场化选聘职业经理人，势在必行。对商业性国企高管，既要将委派改为选聘，又要给予参考市场化的薪酬激励。以此，鼓励其能有充足的信心，与外资或私企的高管展开公平竞争。

三、多种可能的融合形式

（一）混合股份制

从本质上看，混合所有制经济就是不同所有制资本间合资参股公司的组织活动，是一种资源融合互补后产生活力与效率的经济形式。② 以效率最大化和配置最优化为主导，在新时代下推动国企混改。依托多元股权结构及治理运行机制，既强化非公资本资源对国资的辅助补充与增效，又可以提升国资资源对其他各类资本的功能引导与辐射。在不失去国有经济内生动力的情况下，通过市场竞争机制和资源优化重组，不断提高国有经济对国民经济的控制影响力和

① 彭华岗．推动管理创新，提升企业竞争能力［J］．企业管理，2018（5）：13.

② 高明华．公司治理与国企发展混合所有制［J］．天津社会科学，2015（5）：76-83.

抗风险能力。

国企混改，即各类所有制资本交叉持股。在资源融合后，国资能够发挥规模经济、行业领导和政策优势，而非公资本能够发挥市场竞争力和科技创新力。各类资本混合后，长期而言，必然拥有共同期望，即完善法人治理结构、提高国资投资运营效率、促进非公资本平等使用、公平分配经营收益、积极实现共同繁荣、保持经济中高速增长、迈向中高端科技水平、面对国际竞争挑战、把握发展主动权等。国企混改有多种可能的资本融合形式和治理控制模式，虽然各混改的着力点有所不同，但都触及国企所有权的深层次变革。更为理性的做法是，基于我国社会情境和经济状况，因企施策，因时制宜。通过多方协商，选择更易释放创新动力、激发经济活力，以及改革情绪积极、社会敏感性弱、政策阻力小的领域切入，稳步推进，动态调整。从国企混改现有实践来看，改制上市、股票增发、投资收购和组建平台是当前国企混改的主要方式。但是，在国企集团层面，仍需谨慎，不宜推动所有权结构和控制权配置的急速变革，即由易到难、渐进式、动态性的国企混改才有道路的正确性和成功的可能性。

以中国联通为例，2017 年，其发布《中国联通关于混合所有制改革有关情况的专项公告》。当然，此事件也标志着，国企混改试点从方案设计转向具体实施。作为唯一的国企集团整体混改试点，中国联通混改前国有股份占比达 60%。其他各类股东基本上没有话语权，很难对第一大股东进行有效制衡①，即存在“一股独大”的问题。所以，混改重点集中在集团层面。引进中国人寿、腾讯、百度、京东、阿里巴巴、苏宁云商、光启集团、前海母基金、滴滴出行、网宿科技、中国中车、用友软件、宜通世纪、中国国企结构调整基金等多家国资和非公资本来参与。对其战略性总投资额达 780 亿元，占比 35.2%。由此，国有大股东的股权占比从 62%大幅减少至 36.7%。同时，伴随着股权结构多元化，中国联通又进一步改革其管理体制，从 27 个部门压缩至 18 个，即裁掉 33%。

（二）主要方式

1. 公开上市

目前，国企混改主要采用公开上市方式。国企改制上市后，很自然地就会引入非公资本，以实现股权多元化。虽然首次公开上市要求公司资产品质有高

---

① Teng B. S. Corporate Entrepreneurship Activities through Strategic Alliances: A Resource - based Approach toward Competitive Advantage [J]. Journal of Management Studies, 2007, 44 (1): 119-142.

标准，而且操作程序烦琐、流程周期漫长、前期准备成本高，更适合早已有上市计划且运营良好或拥有优质资源的国企。但是，国企混改仍应将其视为重要选项。一方面，国企改制公开上市是国有资产可以尽早率先实现资本化的有效途径。而且，在资本市场规范管理和强制信息披露的严格监督下，能快速促使其完善治理机制，并妥善配置控制权，也有助于合理有效地利用资源。另一方面，随着证券市场与相关法律的完善，通过改制进行首次公开上市或上市后实施定向增发等措施，能够减小国企混改的制度阻力和舆论压力。然而，若上市后国有股东“一股独大”仍未有实质性改变，或国有上市公司仅是国企集团下属的二级及以下子公司，则混改预期就大为降低。此外，要杜绝国企各种上市混改乱象，即不能将陷入经营困境的国企虚假包装，以上市圈钱。更不能欺骗资本市场的广大投资者，而经营不作为。这些行为与国企的改革初衷及其肩负的社会责任，都是格格不入的。

2. 内引外投

内引是积极引入非公资本，特别是战略投资者，参与国企混改；而外投则是国资以收购兼并、资产重组或新设企业等方式，投资有良好前景的民企。以此，内外投资并用，双向推进混改。国企引入民资、外资，就可改变原有股权结构。但是，只有合适的、积极的战略投资者进入，才可以所持股权为基础，促使国企在治理机制、商业模式、经营管理上实施一系列变革。例如，中国联通混改就是典型的案例。然而，在混改的实际操作中，该如何判断投资者是否有积极的战略品质，怎样筛选来开展合作，应如何平衡各治理主体的权责利关系，以及怎样防止恶意收购和意外撤资等，都将是摆在国企面前的难题。因此，在大规模混改前，要试点先行、总结经验、规范制度。资源优势互补、组合价值增值等期待，能否达成，将取决于国企混改后能否建立经营权自主、控制权匹配、所有权融合的治理机制和管控体系。其目标在于，激发创新动力和竞争活力。由此，增强现有业务实力、谋求占领新兴市场、优化资本布局等。或者通过新设立国资投资运营公司，构建各类资源互补、不同资本融合的投融资平台，将被兼并或新设的企业转为混合所有制，以参与国际市场竞争。虽然内引外投的制度阻力小，但要警惕盲目无效投资。

3. 员工持股

作为一项股权激励政策，国企员工持股计划若运用恰当得当，则可促进职工个体、股东群体与相关利益团体间的激励相容。[①] 作为国企混改试点的一种改制类型，员工持股将有助于国企迅速实现股权多元化。同时，也能完善治理运行和经济管理。[②] 2016 年，国资委发布的《关于国有控股混合所有制企业开展员工持股试点的意见》对员工持股又提出更为严格的要求。例如，开展员工持股的国企试点范围，被限制在处于充分竞争性领域内、国有相对控股和参股的混合所有制企业；员工持股试点国企的管控级别被限制在二级子公司及以下；严格执行增量引入、利益绑定等原则；大部分职工需要以自有资金购买国企股份，只有少数科技人员可以技术专利与应用成果入股。该政策体现的核心思想有杜绝违规非法股权交易、防止国有资产流失、保证国有股东控制权地位。通过员工持股来推进国企混改，难以在初期就产生立竿见影的效果，其往往会受“内部人控制”问题的影响，而不断反复，甚至还会强化经理层的夺取力量。但是，基于我国国情，作为国企混改的制度创新，员工持股更具可操作性，也能最大限度地转化国有股东“一股独大”控制的负面影响。当前，要进一步解放思想、优化营商环境、细化操作流程、设计退出机制，使员工在持股后，能激发并释放更多创新的潜能。

（三）特有设计

在部分特殊行业领域中，我国国企混改可采用国家特殊管理股制度。但是，应有别于西方资本主义发达国家的金股制度和双层股权结构。从政企关系看，国家特殊管理股就是将控制权浓缩到 1 股上。作为协调政企关系的制度工具，要保留而不是被抽象掉国家的所有权与收益权。既不是仅代表行政权力的金股，也不是排除行政干预的类别股。国家特殊管理股通过降低股票数量及其收益的排他性，更好地激活市场机制。不仅有利于市场竞争与政府管控相协同，还会避免西方资本主义发达国家强化政府金股的过分干预，以及双层类别股结构造成不平等权利缺陷。在遵从市场规律和公司自治的基础上，既不能完全行政化，也不能充分市场化，而是要寻求契合政企关系的控制与协调机制。从国资监管体制转型来看，国家特殊管理股制度是政府由管企业转变为管资本的一种制度安排。由国资投资运营公司接受国资委授权，并代表国家行使所有权职能，更符合资本市场规则，也有利于各类资本股东平等参与治理决策。

当然，在关乎意识形态和国家安全的关键领域，国家特殊管理股制度的权

---

① 黄群慧，余菁，王欣，等．新时期中国员工持股制度研究[J]．中国工业经济，2014(7)：5-16.

② 王在全．新一轮国有企业改革中员工持股问题研究［J］．经济纵横，2015，361（12）：32-35.

利行使主体，必须是政府或其授权的国资委及其他部门。我国国企规模体量庞大且分布领域广泛，实行国家特殊管理股要区别对待，不能一刀切。即便是西方资本主义发达国家的金股制度，也大多集中在社会公共事业及关系国计民生的传媒、互联网服务等轻资产经营领域的国企。在我国，开展国家特殊管理股制度的初期试点工作，也主要集中在有市场竞争与意识形态双重性的国有传媒企业，大多也直接关乎国家安全、精神生活及人民利益。所以，其改制方向必须由国家重点把控和严厉监督。通信传媒业与互联网服务业的特点在于，有强烈的意识形态和文化精神等非物质属性。而且，提供的产品服务，会影响居民思维方式和社会精神生活。西方资本主义发达国家采用金股和双层股权的治理制度，保障政府对社会舆论方向的掌控，防止不法分子散播有损国家利益的谣言。① 同时，有效利用特殊股的权力，进行国家干预，以防被恶意收购、操纵控制和非法利用。

四、明确分类的混改体系

国企混改要坚持从实际出发，区分必须混、适宜混和暂不混等不同情况，以实施差异化混改政策。对已经完成股份改制上市的商业类国企，需加大混改力度，进一步健全法人治理结构、提高国资运营效率。对适宜继续推进国企混改，充分发挥市场机制配置资源的基础决定性作用，因地、因业、因企施策，宜控则控，宜参则参，成熟一个推进一个。对不具备混改条件的国企，坚持宜独则独，不搞拉郎配和全覆盖，也不设时间表。建立国企分类管理体系，要总体明确国企的具体类型。通过功能定位，落实分类管理，并且，将分类也同样运用到治理机制设计和管理体制创新中。② 例如，对不同国企各类高管，分别制定不同的业绩考核流程和薪酬激励规范。对国企分类，不能仅限于法律组织形式、资产混合比重等判定标准，而要触及国企本质属性，如经济功能、行业领域、产业衔接、业务整合等。此外，明确不同领域可实现的国资运营目标和投资方式，如持股比例、经营范围、投资准入、退出条件、决策程序、价值评估等。依据上述标准，国资委将国企先划分为商业类和公益类。

---

① 葛明驷．媒介融合要求规制融合：中国传媒业特殊管理股制度分析［J］．科技与出版，2017(8)：9-13.

② 杜国用．中国国有企业分类改革的理论与实践［J］．改革与战略，2014（1）：24-29.

（一）竞争性商业领域

在一般性市场竞争领域，国资投资目标是资本盈利，国企经营目标是提升效率，与非公资本投资和民企经营的目标相同。所以，国资控制权可逐步开放或退出。在商业类国企中，既要发挥政府行政权力，制衡内部人控制影响，又要发挥非公资本股东资源权力，带动经济效率。于是，作为行政和经济两种权力的重要枢纽，独立董事有助于防范各类股东的掏空行为。此外，国企混改将所有权和经营权分离，也改变其高管的终身人事关系，迈入职业化发展路径。通过切实增强董事任命自主权，划定董事会与经理层的职责边界。而不是政府行政权力过度干预董事会，降低其专业决策（如经营目标、高管聘任和业务转换等）效率。通过董事会多数决机制，围绕国家对国企治理行为的法律指引，进行必要监督。但是，不直接干预，并不代表完全放任。国资委可提名独立董事或外部监事，并适当控制经理层及其他股东代表进入董事会比例。以此，避免出现“内部人控制”或谋取私利等问题，切实发挥董事会战略把控和监事会经营监督的作用，保护各类股东的应有利益。① 在董事、监事的甄选过程中，充分考虑其独立性，以及在财务合规、专业法务、风险防范和战略导向等领域，进行人事多元化配置。通过董事会内部治理，达到各类股东的权力制衡。既保证国企混改后治理的经营权能充分发挥作用，又保留行政权对经营权的有效监督。

（二）功能性公益领域

公益类国企更要充分发挥行政权的积极作用，防范出现治理真空、危害社会利益等行为。公益类国企在战略定位中，不以营利性为特征。在资源配置过程中，注重社会福利。因此，对高管的业绩考核，难以将一般企业的利润作为量化指标，薪酬激励也不能发挥应有的治理效应，反而更容易导致高管的不作为。因此，在进行控制权配置时，应考量行使政府行政权，来确定经营战略和任命高管。通过国家治理目标，规范公益类国企提供社会公共服务。同时，采取同类国企高管轮换、政绩晋升等手段，并实施激励与约束机制，以保障公益类国企有效治理。事实上，公益类国企在很大程度上，处在政府与企业的中间的治理状态，也更符合社会组织的治理特征。未来其治理演进应倾向于自组织

① 邵宁．关于国有企业改革发展方向的思考［J］．上海国资，2011（1）：20-23.

治理的模式，甄选和任命管理层往往是政府履行的职责，其组织内部的实际运行，则更倾向于市场机制配置。

1. 长期处于特殊领域

例如，涉及国家安全的关键领域和自然垄断行业，如军工、航天、电网等，长期都会有特殊的社会公益属性。除非产业出现重大技术革新，不会改变其特有的社会公益属性。所以，国有经济将长期占据此类行业经济的控制地位。如表 6-2 所示，国资目标是实现国家控制，国企目标是最小化成本，以及合规有效监管下维持经营，限制非公资本进入。由于自然垄断国企有产量控制、价格限定和联合经营等特征，对其的改制主要是酌情地引入市场竞争和放开价格管制。但是，对垄断利润率高的国企，有必要控制其收入分配，并限定工资总额。对涉及国家安全的领域，确保国有绝对控股。在国家经营的前提下，仍可适当吸收非公资本，以弥补国资的不足。对自然垄断及特殊经营领域（如烟草等），制定有针对性的法律。在已形成行业管控的条件下，按照《公司法》和《中华人民共和国企业国有资产法》（以下简称《企业国有资产法》）框架，基于国有控股，进行公司制运作。

2. 特定时期特殊领域

例如，重大基础设施、重要矿产资源等有特殊垄断经营性质的领域，由于市场机制尚未完善，可能存在局部垄断、赚取暴利或缺乏竞争等特征，需要国家控制，而且国企占比要大。行业越重要，改革越要系统。铁路机场建设、石油天然气开采、烟草种植专卖等，往往具有投资大、风险高、变化快、难控制等特点，国家有必要出资设立国企来经营。在一定时期内，支持、限制与调整产业的整体发展。此外，该领域的回报不是资本利得，而是国家控制。目标也应是完成国家战略，最小化成本。对重大基础设施投资建设，国家可通过多种特许经营制度，进行有效控制。当市场竞争条件成熟时，可采取公私合营①或大比例引入非公资本的方式。对重要自然矿产资源的勘探、开采和加工，国企也应占有大比重，并允许民企进入该领域。在行业管制体系健全、施工安全、环保监测等标准完善的前提下，可逐步提高民企经营比重。

① 陈小洪，赵昌文．新时期大型国有企业深化改革研究：制度变革和国家所有权政策［M］．北京：中国发展出版社，2014.

表 6-2　国有企业分类产权改革体系

<table>
<tr><th colspan="2">分类领域</th><th>具体行业</th><th>产业布局</th><th>股权结构</th></tr>
<tr><td rowspan="8">功能性</td><td rowspan="2">长期处于
特殊领域</td><td>军工（武器弹药制造等），航空航天设备制造，核电等涉及国家安全的行业</td><td rowspan="2">国家控制，限制进入</td><td rowspan="5">全资或
绝对控股</td></tr>
<tr><td>电网，邮电通信等自然垄断行业</td></tr>
<tr><td rowspan="3">特殊时期
独特属性</td><td>水电（三峡总公司），铁路，机场，港口等重大基础设施</td><td>国家控制或公私合营</td></tr>
<tr><td>石油和天然气开采，煤炭开采，若干有色金属矿（如稀土）采选等重要矿产资源</td><td>国企占较大比重</td></tr>
<tr><td>烟草，博彩等特殊性质领域</td><td>国家控制，限制进入</td></tr>
<tr><td>社会公共产品</td><td>电网，邮电通信，航空运输，铁路运输，供水，供电，供气等提供重要公共产品和服务的行业</td><td>国家控制或公私合营或国企占大比重</td><td>全资或
绝对控股</td></tr>
<tr><td rowspan="2">关系国家战略</td><td>钢铁，汽车，房地产，金融，电力，交通运输设备，石油加工，专用设备，通信设备等支柱性产业</td><td>国企仅占部分比重</td><td rowspan="2">绝对控股
相对控股</td></tr>
<tr><td>节能环保，新一代信息技术，生物制药，高端装备制造，新能源，新材料和新能源汽车等战略性产业</td><td>国企仅占部分比重</td></tr>
<tr><td>竞争性</td><td>一般竞争市场</td><td>农林牧副渔，土木工程建筑，纺织，服装，造纸，橡胶，木材加工，家具制造，食品制造，旅游，化学制品，文体用品，皮革，电气机械，通用设备</td><td>国企不宜占大比重，
国资应逐步退出</td><td>参股或退出</td></tr>
</table>

资料来源：盛毅．新一轮国有企业分类改革思路发凡［J］．改革，2014（12）：44-51.

3. 公共产品服务领域

例如，电网、邮电、通信、铁路、高速路、供电、供水、供气、供暖等，该领域提供重要社会公共产品服务，特别是政府补贴廉价出售产品或提供服务的行业。其国资目标也是实现国家控制，国企目标是最小化成本，以及提供产品服务后能够维持经营。目前，依靠成熟的市场机制调节社会公共产品服务，尚不具备条件。只能通过政府配套调控，来逐步深化经营改革。所以，国企作为供应主体最合适。国企占比要大，以保证正常供应。市场运行条件成熟后，公私合营等方式将会逐渐替代国企专营。也就是说，将开放控制权配置，并赋予非公资本更多的经营决策权，产生更大的竞争活力。

4. 国家战略支柱产业

例如，钢铁、汽车、地产、金融、电力、交通、装备机械和石油加工等支柱产业。在国民经济中，占有重要地位。而且，由于计划经济历史原因，国企占有很大比重，市场规模逐渐扩大，但国际竞争力不强。因此，支持并允许有自主经营积极性的国企混改后，继续参与市场平等竞争，并获得可支配收益，有一定的发展意义。只要法规许可和监管到位，就可逐渐降低国企比重，或仅占部分比例即可。战略性新兴产业，如节能环保、新一代信息技术、生物制药、高端装备制造、新能源、新材料和新能源汽车等，只要扶持政策到位，国企也可仅占部分比例。在该领域，国资目标是引导产业升级和推动国企发展、国企目标是做优做大做强。对国民支柱性产业和战略性新兴产业，国家可对该领域国企设立金股制试点，控制若干重大经营的决策，不必谋求绝对控股，甚至可相对控股。

（三）归属级别间差异

1. 中央与地方

从国企混改实践来看，央企和地方国企在混改思路与推进策略上，要有所不同。央企多居于国民经济的关键领域，是国有经济的重要支柱，事关国计民生。在新时代下，承担着引导全国产业结构和宏观经济调整的政策任务，肩负着实现国家创新发展的战略使命。其面临的主要任务是，在战略性新兴产业中占领制高点，将国资合理配置到科技创新成果转化上，使我国企业竞争力追平国际先进企业，以及进一步提高国资在国民经济活动中的控制影响力。由此，在混改中，央企应更注重引入战略投资者，强强联合，采用对外投资、收购兼并等的市场拓展方式，以混改为基点，推进国民经济其他领域的综合改革。虽已在央企开展新一轮试点的混改，但却不再以多方合资为主要目的。而以此为国资控制权合理配置机制改革的新契机，推动国企集团治理改善，设计更有效的经营体制。

对地方国企而言，与混改相伴而行的是去产能，即怎样使中小国企退出或被兼并重组①，其任务艰巨性不亚于混改。通过观察地方各类国企后发现，并不是所有国企都适合混改。技术落后、产能过剩、资源匮乏、地区限制的低能、

① 白让让．供给侧结构性改革下国有中小企业退出与“去产能”问题研究［J］．经济学动态，2016（7）：65-74.

低效中小型国企，只需关停退出市场，不必被纳入混改范围。基于此，地方政府主管部门可选择有意愿的优秀国企，或者组合有一般业绩表现的国企优质资产，进行混改。把经营状况良好、处于竞争领域、对地区发展有意义的国企，或者国企部分优质国有资产，作为混改试点。通过公开上市、新设国资投资运营公司等方式，完成股权混合。然后，给予优惠政策与贷款资助，以期经营业绩在短期内取得实质性改观。随着混改的推进，再视效果，稳妥设置省属国企集团改革所有权结构的试点。

2. 国资委监管

国资委需从国企出资人向经营性国资监管者角色转型，仅保留统一监管国资职能。国资监管与政府审批、股东治理有所不同。作为国务院特设机构与国资出资人结合的行政角色，国资委履行对国资的监管，其目标是最大化国家所有者权益或牢固掌控国企控制权。目前，国资委既承担国资监管者职责，又担任 97 家经营性国企的实际出资人。在国企现实经营中，作为国资监管者，国资委却比其他政府部门多块自留地。在客观上，无法毫无顾忌地监管金融、教育、卫生、科技等类别国企。① 而且，部分国企参与国际市场竞争时，总会被认为与其他国企间有共同股东，存在关联交易，并由国家行政支配，是没有自由竞争力的市场主体。国资委面临两难困境，即作为监管者，却无法统一监管，但作为国企出资人，又在管控着整个行业发展。因此，国企混改首先要明确国资委作为经营性国企监管者的角色定位。

对不同功能属性的国有资产，应分别被分配到不同政府部门监管。② 事业单位的经营性国有资产，该纳入国资委监管。对非经营性国企，应纳入财政部管理。同时，在国资监管过程中，随着国企功能和国有资产性质的变化，也应同步调整完善政府部门监管角色。例如，自然垄断资源已被开发，并成立国企完全进入市场经营，则该部分国有资产监管部门就应从自然资源部转移到国资委。此外，亟须建立统管国资投资运营全局的《国家财产法》，为其保驾护航。2017 年 12 月 30 日，中共中央印发《关于建立国务院向全国人大常委会报告国有资产管理情况制度的意见》，要求加强全国及各级人大对国有资产的监督职能。但是，具体责任人、顶层管理者尚未明确。要真正完善国有资产监督及统筹监测，需进行顶层设计与科学分工，并实现权责一致。

---

① 盛丹，刘灿雷 . 外部监管能够改善国企经营绩效与改制成效吗？［J］. 经济研究，2016，51（10）：97-111.

② 宋志平 . 以整合优化推动行业创新［J］. 企业改革与管理，2013（10）：35.

第二节　完善国企混改后主管资本的顶层设计

国企混改治理控制权配置与管控体系变革都必须尽快明确国资监管的顶层设计，从宏观上统一混改整体思路，避免各地方国企盲目推进，消除央企混改潜在隐患。我国国资监管长期深陷多头部门管理的困境。例如，经营类、金融类和文化类的国资，管理归口部门分别对应国资委、财政部和文资办。其中，三级国资委监管系统，国企资产总额占全国的71%。国企混改方案由多部门分别主导，又多主管交叉，相互牵扯。各类国企混改方案，分别由国资委、财政部、发改委等各部门负责牵头推进。所以，不同方案间难免会存在设计思路与改制内容的差异。在一定程度上，造成不同部门间的分歧，只能频繁上交国务院批示，国企混改就陷入缓慢推进的尴尬局面。因此，可尝试建立国资委统筹所有经营性国资（含金融类、产业类、教育类、文化类、卫生类等各行业经营性国资）监管。①

由此，国资委应从顶层设计的战略高度，厘清出资人与监管者两种职责的定位与权力边界。比如，增设国资投资运营公司，以落实三个层次架构。国资委履行国资监管者职责，并扮演终极所有者角色；国资投资运营公司履行直接出资人职责。两者共同构成国资监管系统，缺一不可。② 在国资监管整体方案尚未统一出炉时，要严防以混改为借口，出现盲目降低国资比重、廉价出售和擅自处理国有资产，以及弄虚作假私分国资等行为，造成国有资产的流失。公益类国企并无混改必要，商业类国企的混改才是关键。在顶层设计下，各项改革应当协调配合，特别是要注重国企混改治理的控制权配置问题。以此，降低失控风险，确保稳步推进。国资委对国资进行监管，既不同于出资人基于资本利得视角的查验，也不同于行业依据法律法规的审查，而是从国家战略角度出发，基于对国有经济在国民经济中全面布局的考量，来进行监管。同时，国资出资人职能，将由国资投资运营公司来承担。

---

① 李文贵，余明桂．民营化企业的股权结构与企业创新［J］．管理世界，2015（4）：112-125.

② 闫妍，尹力，李晓腾，等．华尔街控制下的美国经济——对我国发展国有资本投资公司的启发［J］．军工文化，2015（6）：20-23.

一、明确国家出资人所有权

（一）增强国有经济活力

1. 放大国有资本功能性

增强国有经济活力，就是要在充分竞争领域，通过交叉持股、共同投资、整体上市等方式，将更多的国企发展成为混合所有制企业。国有资产进一步被资本化，可灵活兼并、收购、出售等，从而具有良好的流动性。国企混改有利于完善公司法人治理结构，使国资运营更加有效。而且，内部治理及管控也能更好地与市场接轨，以提高决策效率，增强竞争活力。放大国资功能性，就是要通过全面深化国企改革，在保证国资控制力的前提下，尽可能投入少量资本，控制更多资产规模，以发挥国资杠杆效应，提升国家对国民经济的掌控力。放大国资功能的重要方式是，通过国企混改，在竞争性商业类国企中引入非公资本，充分利用少量国资与尽可能多的民企合资合作。而且，国企也还处于相对控股地位。政府股东掌握国企国有资产权益。国家是国资的单一所有者，其权益包括所有权、占有权、支配权、收益权和处置权等，均由政府代表国家管理。一方面，政府是国企的最终决策者；另一方面，政府又为国企经济活动承担无限责任（国企亏损由政府财政收入补贴）。①

2. 发挥国有经济控制力

国有经济控制力，是发挥国有经济对国民经济的控制主导作用，主要通过国有经济调节并保障国民经济的正常运行和转型升级。发挥国有经济控制力的目标在于，利用国有经济撬动国民经济增长、维护宏观经济稳定，以应对外部社会经济环境的风险。作为一个经济管理概念，国有经济控制力也在动态变化。保证国有经济的控制力，就要求国有资产在国企经营中，能够保值增值。否则，国有经济的控制力不能发挥任何资本性作用。例如，国有经济的绝对量，就是一个动态调整的资产价值量。由于其在各产业级别、区域层次和国企规模上的存量与流量都不相同。所以，国有经济所发挥的控制力效果也有差异。国有经济的相对量，是国有经济在国民经济中所占的份额与比重，也在动态调整中。国有经济相对量的比重，需要依据不同行业类别、区域范围、国企状况等具体

① 李炳堃．国资改革与混合所有制——基于委托代理理论视角［J］．经济问题，2017(12)：60-64.

情况而定。当然，国有经济的质量是体现其控制力的核心关键，即主要体现在国企经营状态上。而且，与国企在同行中的经济效益和市场竞争力，有密切关系。

（二）转为以管资本为主

1. 保护与行使国家股东权

国企混改并不是国企改革的全部内容。所以，不能认为只有推进混改，才是深化国企改革。更不能将国企混改等同于全部国资改革，也不能因混改推进效果不明显，就否认整个国企改革的方向。党的十八届三中全会对新时期全面深化国企改革进行了战略性部署。例如，明确国企功能定位、国有经济战略性重组、推进混改、以管资本为主建立国资管理体制，以及进一步完善国企现代公司治理机制等。① 所以，国企混改仅可归结为完善微观国企产权结构。但是，国企混改又会涉及国有经济结构调整、国有资产宏观管理等各项体制的总体构建，以及国企混改治理的控制权配置机制等各方面的综合完善。因此，需要整体统筹、协同推进。任何方面的冒失性改革，都不会取得令人满意的效果。应按照市场运行规则和现代公司制要求，以管资本为主。另外，注重通过公司法人治理结构，依法行使国有股东权利。

通过混合不同所有制资本，带动国企产权多元化结构调整，重点管好国资布局，规范投融资及国资运营，提高国资收益回报，维护国有经济安全。② 国资委从管企业转向管资本。可自主经营决策的事项，应划归于国企。将延伸到子公司的管理事项，原则上也归位于一级国企；而将配合政府承担的社会公共服务的监管归位于各主管部门。在国有参股或控股公司中，国有资产能否保值增值，完全取决于国家股东权的行使与保护。所以，要进一步建立完善国有资产法律规章体系。例如，在《企业国有资产法》的基础上，探索更合规的附加法规。③ 同时，健全国有资产的资本化评估体系和产权交易平台，使国有资产在定价、交易和流转中，可以更法制化和规范化。此外，加强对境外上市国企中的国有资产及国有股权转让，进行管理与监督。

2. 改革经营者任免与考评

构建整个国有资产监管系统内的问责机制，提高国有资产管理透明度，特

---

① 肖亚庆．加快推进中央企业间产业重组合作整合［J］．财政监督，2016（19）：107-108.

② 许召元，张文魁．国企改革对经济增速的提振效应研究［J］．经济研究，2015（4）：122-135.

③ 刘明越．国企产权制度改革的逻辑与问题研究［D］．上海：复旦大学，2013.

别是以《公司法》和《企业国有资产法》为准绳，激励并约束国企经营管理者行为。两个方面的改革可逐步使政府从国资投资运营和国企内部治理等环节中退出，将奖罚权让渡于市场法治和各类股东。只有如此，才能使不同所有制资本混合后，仍能符合市场规则持续经营，使国企混改入健康可持续发展的轨道。

革新国企经营者的任免考评制度，既是现代企业制度中激励与约束机制运行的必然要求，也是国企混改多元化产权结构下各类股东期望国有资产监管制度改革的内在诉求。国资委以管资本为主，将放开直接管人的人事职能。国企经营者的选聘、任命、评价、激励、晋升、免职等决策任务，就由国企董事会来完成。采取市场化选聘，挑选有管理能力与经营经验的职业经理人，再通过企业绩效指标体系进行考核。并且，综合利用期权奖励和职位晋升来激励管理者，以免职或降薪惩罚未按合同完成业绩的管理者。这样，将有利于转变国企管理层传统的官僚行政体制，改变经营管理理念，让混改后企业更加积极自主地参与市场竞争。整个过程也意味着，国企混改后的经营者要对董事会负责、最大化股东权益。

只有能上能下、能出能进的人事流动管理机制，才会促使经营者勤勉履职。此外，通过薪酬奖金激励经营者，也是国企治理的重要内容。长期以来，国企经营者薪酬与企业绩效关联度不强，甚至不如民企待遇。这样，不利于对其形成有效的激励作用。国企混改后，应根据国资监管规定、同行业标准、经营绩效现状与战略发展规划，并结合管理者能力与股东集体意愿，来制订务实有用的长期激励计划。[①] 以此，将对国企经营者的激励重点，从政治晋升、在职消费转移到合法报酬上，促使其能全身心投入到企业管理中。同时，通过不定期考评、延期支付、追回奖励等条款，约束国企经营者的短期利己投机行为，抵御道德风险。

二、设立国资投资运营公司

（一）含义与类别

1. 界定边界

新设或改组设立国资投资运营公司，是深化国企混改管资本顶层设计的重

① 陈晓东，金碚．国有企业高管薪酬制度改革的历史逻辑与政策效果［J］．经济纵横，2015（11）：54-58.

要举措。在现有国企集团基础上，改组国资投资运营公司，不会涉及太高的制度成本。截至2013年，我国有94家央企、113家国资委下属国企、5家财政部管辖国企，还有地方国企。其中，已发展成熟的大型多元化国企集团，普遍都为母公司。根据经营战略，对外进行股权投资而成。在母子公司间，已拥有良好的治理管控体制和控制权配置机制，可选择资产规模大、资本运营经验丰富、管理层有积极动力、有专业化投资团队的国企集团，进行国有股权治理管控体制改革。同时，兼并部分国企或收购国企集团所持国有股权及国有资产，剥离经营性业务。并且，重组该资产，设立国资投资公司。未来，可通过国企集团整体上市，彻底转为国资投资运营公司，即新设国资运营公司，改组国资投资公司。①

因此，国资运营公司和国资投资公司两者的组织存在形式和国资管理职能有区别。前者仅纯粹控股，不从事具体经营，主要是参与股权交易运营，如中国投资公司等。对原大型国有金融性投资公司及属于完全市场竞争性商业类国企集团，通过扩大授权交易领域，改组为国资运营公司。而后者则更侧重体现国家战略和政府调控的国有经济发展意图，主抓经营性业务。通过投资实业，才能拥有股权。其主要对持有的国有资产进行专业经营和高效管理。因此，对涉及国家安全和国民经济命脉的国企集团，如中石化、中国移动等，通过明确经营性业务职能，改组为国资投资公司。② 此外，地方国企集团也会新设国资投资运营公司，以落实中央精神，配合国企混改的顶层设计。

2. 具体类别

新设若干国资运营公司和改组有条件的国企为国资投资公司，主要是为了推动资源在依据市场规则和效率最优的治理机制和管控体系下进行配置。由国资委出资、监管和授权，由国有投资运营公司代表国资出资人，构建政府行政权力和国企经营权力的中介桥梁。③ 国资投资运营公司，是在国资委和国企实体间组建、国有独资、专门从事国资经营的特殊法人，是连接政府主管部门和国企的纽带。国资投资运营公司可分为国资投资公司、国资运营公司和大型国企集团。其特点在于以下三个方面：一是在原则上保持国有独资，与股权多元

---

① 文宗瑜．从垄断到所有制的混合——论基本制度层面上的中国国资改革［J］．人民论坛·学术前沿，2014（7）：66-71.

② 马骏，张文魁，项安波，等．开展国有资本投资运营公司试点的建议［J］．发展研究，2015（5）：10-13.

③ 楚序平，俞立峰，张佳慧．中国国有资本投资运营公司改革模式探析［J］．清华金融评论，2017（7）：53-56.

化的混合所有制企业相区别，处于国资监管三层结构体系的中间层，发挥承上启下的作用，既要接受国资委监管，又要履行国资出资人职能，如派驻董事代表、行使重大决策、任免监督高管等；二是股权投资公司制运营模式，以战略性投资者身份从事国资管理和投资运作，仅担任股东，获取资本利得，但不从事产品服务经营，类似中国汇金和新加坡淡马锡；三是追求盈利，将国资保值增值作为主要目标，将带有社会公共事业职能、不考核业务利润的国企，交由政府其他主管部门。当然，在现实中，应以改组为主、新建为辅，以节省各项组织成本。

（二）批复的试点

1. 央企试点

党的十九大报告提出，明确完善国有资产监管和国资授权经营体制。国资投资运营公司，正是承担上述职责，以实现国资做强做优做大为目标的重要投融资平台。2015 年，国资委选择两批央企试点改组国资投资公司和新设国资运营公司。如表 6-3 所示，除中粮集团、国家开发投资公司外，其余均为 2016 年第二批试点的国企。从试点选择名单可以看出，国资投资公司的国企试点兼具投资功能。而且，其金融服务业务对国企总利润的贡献占比，不可小觑。例如，2015 年，宝钢集团总利润 10.3 亿元，钢铁主业亏损 84.5 亿元，但金融服务获利 28.3 亿元。同样，招商局集团总利润 488.72 亿元，而金融业务利润达 265.27 亿元。

表 6-3　部分央企的混改实践

企业名称	混改方式	主要目的
中国联合网络通信集团公司	引入百度、阿里巴巴、中国国企结构调整基金等战略投资者核心员工股权激励计划	扭转业绩，增强核心业务，服务企业转型发展
中国南方航空集团公司	南方航空向美国航空发行 H 股股份并与美国航空开展代码共享、联运协议等一系列商务合作	增强核心业务，加快相关业务整合和市场化运作
中国东方航空集团公司	引入达美航空和携程作为战略投资者，东航物流通过引入战略投资者和员工持股实现股权多元化，战略投资入股法荷航，认购后者 10%的股权，并将委派 1 名董事	增强核心业务，与本行业内领先的战略投资者形成优势互补、战略协同，向国有资本投资公司转型
中国南方电网	成立混合所有制的供电公司	配合电力体制改革

续表

企业名称	混改方式	主要目的
中国航天科技集团	推动所属企业上市	加速军工资产证券化
中国核工业建设集团公司	民营企业参股所属企业，所属企业江河股份上市并实现核心员工持股	提高整个集团公司的资产证券化率，完善治理结构，实现和资本市场的良好对接

资料来源：綦好东，郭骏超，朱炜．国有企业混合所有制改革：动力、阻力与实现路径［J］．管理世界，2017（10）：8-19.

2. 地方试点

如表 6-4 所示，在地方国企中，也相继通过改建或新设成立多家国资投资运营公司。例如，在山东，建设两批国资投资运营公司：第一批改建鲁信、省国资投资控股、兖矿、山东能源、华鲁控股、山东黄金、山东高速等 7 家国企集团；第二批新建山东发展投资控股、山东土地储备开发（现山东土地发展）、齐鲁交通发展等 3 家国企集团，共计 10 家，并准备启动第三批改建。在重庆，设计"3+3+1"体系来建设国资投资运营公司，即改建重庆渝富、重庆水务、重庆地产为国资运营公司，改建重庆机电控股、重庆化医控股、重庆商社为国资投资公司，并新建专门处置不良资产业务的渝康资产经营管理公司。在上海，2014 年改建上海国际、国盛集团为国资运营公司已基本完成，剥离其下属经营性产业。2015 年，上海国际发挥运营平台功能，推进上港集团与锦江航运整合。而浦东新区同年设立区级运营平台，即上海浦东投资控股。① 在广东，改建恒健投资控股为国资运营公司，推进粤海控股组建国资投资公司。在深圳，打造深圳投资控股为有全国影响力、具有资源资产良性循环的国资投资公司。在北京，建立国资投资公司，即北京控股。

表 6-4　部分省份下属国企的混改实践

省份	主要混改方式
上海	成立国资流动平台，并将本地国企股份划转到此类平台中，推进 2~3 家科研院所通过深化改革建立多元化投资，市场化经营的机制，2~3 家企业集团整体上市或核心企业资产上市，10 家符合条件的混合所有制企业试点员工持股

① 戴秦，赵康丽，丁会凯，等．上海深化国资国企改革立法问题的探索［J］．经济问题，2018（2）：87-90.

续表

省份	主要混改方式
山东	鼓励利用境内外资本市场，上市公司平台，对行业优质资产实施充分的重组整合并加快推进企业首发上市与整体上市，省属国企开展员工持股试点
天津	退出混改招商项目，吸引非公资本，拟在5~6家集团内开展集团层面的混改试点
辽宁	推进上市，推进资产证券化，形成了省属企业资产证券化整体方案，引入战略投资者，合资合作
山西	开展资本运作，充分利用国有控股上市公司平台，推动专业重组与企业上市，稳步开展员工持股与集团层面混改试点

资料来源：綦好东，郭骏超，朱炜．国有企业混合所有制改革：动力、阻力与实现路径［J］．管理世界，2017（10）：8-19.

3. 综合评价

综上分析，国资投资公司一般由现有国企集团试点改组建立，尤其是有明显行业优势、兼具金融服务业务的央企。而在地方试点中，部分省份未区分国资投资公司和国资运营公司的职能，如山东、上海等。前者持股相对集中，扮演战略投资者角色，参与下属企业重大决策。以此，发挥产业链整合升级、经济结构优化、提升市场竞争力等作用。① 而后者尽量只负责股权运营，持股但不控股、不参与生产经营、不负债、不并表。通过在国资委与国企间设立国资投资运营公司，国资委监管职能从管人管事管资产，转向管资本。以此，为构建以管资本为主的国资监管体制打下基础。以管资本为主，更加强调国资保值增值，而不是直接监督国企具体业务运作。同时，对国企运营质量的监督和对高管履职状况的评价，也会逐步从由政府主管部门（如国资委等）为主，转为由市场竞争机制和治理管控体系来完成。经过此种变化，逐步实现政府干预与国企经营相分开。② 由此，政府意图与国企决策相隔离。在新的国资监管体制下，国企经营者需在法律规范框架内，履行对投资者的委托代理责任，并且按市场运行规律开展业务，主要关注资产价值增值和可持续发展能力。政府也将剥离直接管理国企的职能，把财政补贴和执政精力转移到营商环境建设、壮大国有经济、提供社会服务、创新战略布局上来。

---

① 李建标，李帅琦，王鹏程．两职分离形式的公司治理效应及其滞后性［J］．管理科学，2016，29（1）：53-69.

② 潘红波，夏新平，余明桂．政府干预、政治关联与地方国有企业并购［J］．经济研究，2008（4）：43-54.

三、完善国有资产监管体制

（一）监管边界

2015 年，国资委、财政部、国家发改委联合发布《关于国有企业功能界定与分类的指导意见》，提出将国企分为商业类和公益类。① 2017 年，《国务院国资委以管资本为主推进职能转变方案》提出，建立健全国资运作机制，组织、指导和监督国资运作平台开展资本运营，鼓励国企追求长远收益。② 国企混改已取得阶段性成果，一系列改革政策将会不断完善国企治理并降低代理成本。通过优化资源要素配置、资源组合溢出效应，提高国民经济的增长速度。现阶段，国企混改只有坚持市场竞争机制，在资源配置中占主导地位，才能提升经济绩效。深化国企混改的关键在于，从理论到实践，落实政府从管企业到管资本的职能转变。近年来，政策制定者和学者从国有经济战略设定、国资委职能定位、国资投资运营机制、国企混改细则等多方面，进行深入探讨。然而，仍缺乏宏观整体把控、中观领域分类、微观运行机制相结合的指导性办法。

以管企业为核心的国资监管体制有片面性，应牢牢把握国资出资人的职责定位，明确国资以管资本为主的监管边界，有效解决“国资委既是裁判员，又是运动员”的矛盾，化解“政企不分、政资不分”等问题，形成国资监管三层次模式架构，即国资委—国资投资运营公司—国企。也就是说，从政府直接管控企业，改为在中间另设一层国资投资运营平台。该机构接受上层政府授权经营国资，对下层国企控股整合业务。国资投资运营公司一般不经营业务，而主要通过对子公司的股权投资和资本管理，实现国有资产保值增值。该模式架构明确国资授权经营的具体职能，上层为国资监管，中层为国资投资运营，下层为经营性业务管理。通过股权投资进行国有经济布局，以达到国资有进有退、合理流动的目标。在三层次模式架构中，国资委、国资投资运营公司和国企三者相互制约又彼此合作。在各自职权范围内，推进资源的合理配置。同时，进一步完善市场竞争机制和现代企业制度。但是，国企混改应更多以微观公司治理机制为核心，重点关注控制权合理配置机制，而不是先从宏观国资委监管体

① 《关于国有企业功能界定与分类的指导意见》发布［J］. 办公室业务，2016（4）：4.

② 王倩倩. “管资本为主”催生自我革命［J］. 国资报告，2018（1）：60-61.

制出发。[①]

（二）三层次模式

在国际上，采用三层次国资监管模式架构的国家有很多，如意大利、英国等。其中，典型代表为新加坡的淡马锡模式。其核心经验是，建立在董事会决策基础上的国有控股企业（淡马锡），代理政府对国资的投资运营职能，理顺政企关系。该模式能将国资投放并对接资本市场，通过市场机制决定资源配置。同时，也能接受政府服务与引导。[②] 但值得注意的是，我国以管资本为主的国资监管改革，不可与淡马锡模式画等号。[③] 我国国资投资运营，既要注重资本收益，又要服务国家战略。而且，必须牢固树立国资委对经营性国资的统一监管。国资投资运营公司的战略方向应为充分体现国家意志、引领国有经济发展、实现国有资产保值增值。实践表明，自 2003 年设立后，作为国资政府监管部门，国资委发挥了改善国企经营绩效和提升国资运营成效的积极作用。

自 2009 年颁布施行《企业国有资产法》，各级政府依法代表国家对国企履行国资出资人职责，并享有股东权益。但是，未明确国资委对国资监管的职能定位，只是国务院任命非政府部门序列的特设机构。如图 6-1 所示，在我国国资布局体系中，仍未实行统一监管。而是按照金融国资和产业国资分类监管，形成了财政部管金融、国资委管实业的格局。但是，从资本的等价物内在属性来看，以所属行业领域为标准，对国资进行分类，有待商榷。如果缺乏合理依据，是不利于掌握国资的整体分布情况的，未来各领域的产融结合已是大势所趋。[④] 例如，国家电网、宝钢参股建设银行，首钢入股华夏银行等成功案例。也就是说，金融资本和产业资本已很难分开。对金融国资和产业国资分开监管，难以适应经济发展趋势，与市场竞争规律背道而驰。如果各监管部门继续各为其政，特别是将文化、医药等与国企分开监管，以后又会形成九龙治水的局面，反映了国资监管部门的改革不到位。

---

① 宋方敏．论“国有企业做强做优做大”和“国有资本做强做优做大”的一致性［J］．政治经济学评论，2018，9（2）：3-15.

② 潘泽清．以新加坡淡马锡公司为例谈国有资本运营公司投资策略选择［J］．财政科学，2017（6）：109-119.

③ 焦欢．淡马锡模式对我国国企改革的启示与局限研究［J］．时代金融，2016（24）：141+143.

④ 刘纪鹏．凤凰涅槃：刘纪鹏论国资改革［M］．北京：东方出版社，2016.

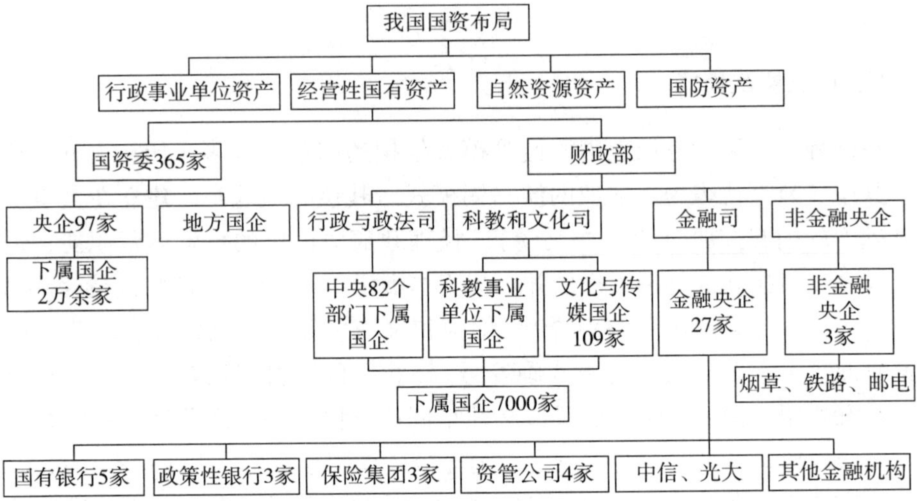

图 6-1　我国国资布局

（三）区分职权

国资监管体制改革必须处理好国资委当前“一个部门、双重职能”的矛盾，将国资委“一身两职”转变为“专精一职”。通过组建国资投资运营公司，承接国资委对经营性国有资产的管理职责，使整个国资监管系统内出现各司其职的“两身两职”。通过利用两类机构、分演两种身份、各司两项职能，将履行统一监管者职能的国资委，与行使国资直接出资人权利的国资投资运营公司彻底区分。统筹监管与出资人多元化，并行不悖。① 由此，构成国资监管三层次模式架构，即监管层、出资层和经营层，职责分工清晰明确。②

如图 6-2 所示，第一层，代表国家及地方政府的国资委。作为各级政府授权监管国资的主管部门，国资委制定国家及各地区国有经济发展战略和国资布局规划，编制国资经营预算，并任命国资投资运营公司的董事。第二层，承担国资出资人角色的国资投资运营公司，直接履行国有股东的职责，负责国资的投资经营活动，以及监管存量资本的流动，并保持国有独资形态。具体组建模式有以下两种：一是由现有国企集团改组而成；二是对国企进行科学合理的分类规划，将行业接近、规模不大的多家国企整合成系统，上层重构国资投资运

① 刘纪鹏，孙航．找准国资改革的切入点和落脚点［J］．决策与信息，2014（3）：70-71.

② 黄群慧，余菁．新时期的新思路：国有企业分类改革与治理［J］．中国工业经济，2013（11）：5-17.

营公司，直接作为下层经营实体的国有股东。第三层，国资参股或控股的实体企业，享有独立法人财产权，并从事具体的生产服务活动。

需要指出的是，随着国资监管改制逐渐深入和国企混改不断发展，第三层实体企业不会仅限于国家出资控股或聚焦于集团母公司层面，而有更宽泛的理解。事实上，在企业集团中，不仅有母子公司的区分，还有子孙公司等，即第三层实体企业依然可以通过股权投资管控股第四层、第五层的子公司。从而，基于法人财产权的股权控制链，形成国有控股集团的公司资本管理体系。

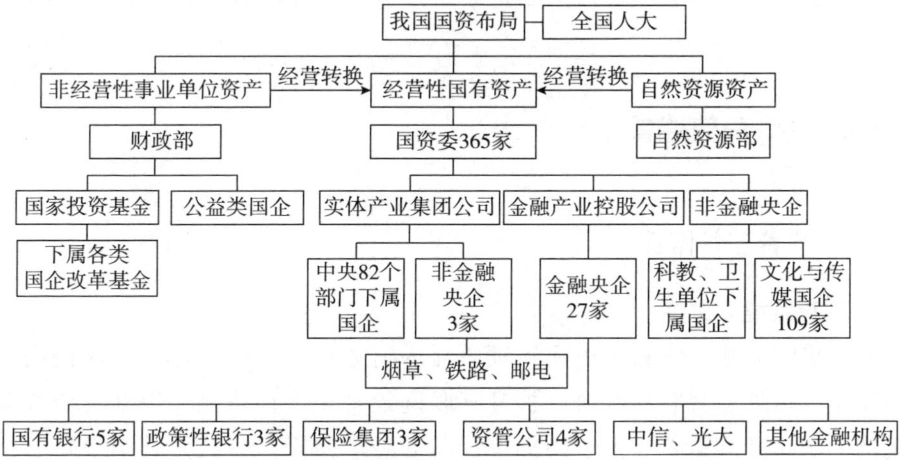

图 6-2　国资委统筹监管经营性国有资产布局

第三节　推进国企治理能力和治理机制现代化

国企混改治理控制权合理配置，将会是一个动态调整的过程，需要从试点先行到全面铺开、从阶段周期性尝试到法治制度稳步推进。最终，国企混改的全面实施，应当以相关法规完善为前提。国企混改治理的控制权合理配置，也是一个非常复杂系统的工程，涉及股权结构设计、各方利益协调、激励机制重构、产权市场建设、监管体系约束及资产价值评估等各种活动，以保障基于专用性资源演化下的适应性要求。同时，确保各类资源所有者的权益得到平等保护。股权转让、增资扩股、兼并重组等信息披露公开透明，整个交易过程被严格监管，以及第三方机构发挥中介衔接作用，也都需要以法律制度建设为前提。

习近平总书记在十八届中央纪委五次全会上强调，要完善国有资产监管制度，强化对权力集中、资金密集、资源富集的部门及岗位的监管①，防止国有资产流失。具体有以下四个方面：一是强化内部治理监督，完善国企控制权配置体系和现代公司治理制度，强化内部决策流程管控，防止权力滥用；二是强化国资出资人的职责监督，加强对经营性关键业务、股权改革重点领域、国资运营重要环节及国资境外投资运营的监督，改进外派监事制度；三是强化国资审计监管制度、纪检监察巡视工作、大案要案查处力度等专项混改监督；四是强化社会舆论监督，国有资产运营实施信息公开披露，保障社会公众的知情权和监督权。

一、进行有效监督

（一）完善监督体系

1. 风险监控

国企集团应建立涵盖各下属治理单元的财务审计、纪检监察、巡视法务等部门体系，内外监督联动配合，提升互联网信息化工作机制。以此，全覆盖协同运转，防止漏洞重叠。由于内部审计易受经理层操纵，致使其结果缺乏独立有效性。所以，建立审计部向董事会负责机制，加强董事会对经理层落实其决议情况的监督。同时，董事会下设由外部董事组成的审计委员会。董事会依法批准年度审计计划和重要审计报告，增强董事会运用审计规范运营、管控风险的能力。而且，还要进一步落实监事会检查财务、纠正高管渎职行为。此外，从“财务预算、内部审计”切入，加强财务风险管理制度。一方面，约束企业财务杠杆，限制债务融资规模，进而有效控制资产负债率，形成合理财务结构；另一方面，对不同行业国企分类设置资产负债率预警线和重点财务审计监管域，强化对国企经营者的绩效考核，限制高杠杆率国企的过度融资。另外，建立统一开放、规范高效的资源交易市场，严格执行各类产权交易准入退出制度，强化产权监管。

2. 权力监督

完善权力监督制度，就是要扎紧国资监管制度的笼子，特别是加强国企内

① 习近平在十八届中央纪委五次全会上发表重要讲话［N］．人民日报，2015-01-14（1）．

部法规建设。靠法管人，规范行为。强化控制权治理制度的刚性与透明度，避免人为因素干扰和暗箱操作。增强各项治理制度执行力，保障治理结构不会形同虚设，内部监督及时有效。同时，采取分事行权、分岗设权、分级授权、动态轮岗，强化内部治理制衡，防止控制权力滥用。当然，还要完善国资国企信息披露制度，设立统一的信息开放平台，及时、合规、准确公开国资整体运营状况、部分国企治理控制架构，以及经营财务、关联交易、高管薪酬等，建设阳光国企。与建立容错机制相区别，健全国企重大决策失误、失职渎职、滥用权力等追责倒查制度，完善重大决策评估、重要事项记录、过错认定标准等配套制度，严厉查处侵吞贪污、以权谋私、公款挥霍、逃脱债务、私开账户等违规违纪违法行为。建立企业国有资产监督问责机制，对重大违法违纪问题敷衍不追、隐匿不报、查处不力的监管人员，严格追究失职渎职责任。

（二）健全治理结构

当前，国企混改的很多实践案例，仅将工作重点放在股权结构多元化上，而忽视其最终目的，即进一步健全治理结构及完善控制权配置机制。国企混改的目标是，提高国企经营绩效、国资运营效率和促进国有经济发展。以此，最大限度的保值增值，更有效地完成各类国企使命。然而，实现上述目标最为直接的决定性因素是，混改后企业治理结构的完善。根据国务院办公厅颁布的《关于进一步完善国有企业法人治理结构的指导意见》，要具体化、制度化股东会、董事会、经理层、监事会和党组织的控制权责关系，构建高效的治理运行机制。以此，保证商业类国企的市场主体地位和公益类国企的政府指导作用。同时，将加强党的领导与完善公司治理相结合。

国企混改是否成功，不仅体现在是否引入非公资本上，还要构建有效的治理机制，不至于控制权争夺事件频发。此外，还包括：落实内部监事会对董事、经理及其他高管的监督；发挥法律顾问或委员对经营合规的法务审核；国企集团依法履行对子公司的管控；职工代表大会进行厂务民主决策与管理监督。党的十八届三中全会提出，要建立违法风险防范机制，提高依法治企能力，落实党组织在国企党风廉政建设和反腐败工作中的主体责任，以及纪检机构的监督责任。由此，健全党组织参与重大决策机制，强化党组织对国企领导履职的行为监督。并且，确保国企决策部署及其执行过程符合党和国家的方针政策与各项法律法规。

二、政府合法管制

国企混改后的控制权合理配置，也需要法治的规范。若没有明确归属的股权，或缺少强制执行的合同，国企混改治理就难以超越社会关系网络，也就不能放开政府的行政干预。运作良好和治理合规的国企控制权配置，要在国有资产监管权力和股东治理制衡制度间寻求平衡，不平衡就可能会倒向任何一方。一边对国家行政权力缺少制约，而另一边是不同股东拥有过度的否决权。改革开放 40 多年以来，国企创造出惊人的发展成就，提供了大量的公共产品，但也面临人口老龄化、国际竞争加剧等挑战。因此，建立动态协调的控制权配置机制，会更适合国企在混改后，面对激烈变化的市场环境。

（一）管理理念更新

政府代表国家干预国企经营具有必要性，但并不等于其具有有效性。[①] 政府调控行为的无效失灵现象，也相当普遍。政府行政干预必须坚持以市场机制为资源配置基础的原则，即不能损害干扰市场竞争的激励与约束作用。并且，要更多地体现为政府服务于国企经营改制，以弥补市场失灵与机制缺陷。而不是放弃并替代市场来配置资源，也不是给市场造成混乱。一方面，在提供公共服务、调控资源供求、消除行业垄断、实现社会公平、完善营商环境等方面，政府要发挥更大的辅助功能；另一方面，避免政府过度干预，即行政范围要选择恰当，监管力度应该对路，操作形式应遵循规律。由此，保证市场正常运作。所以，在国企混改后的控制权配置中，政府职能的发挥也必须持谨慎的态度。即便在政府主管的领域，也适当将引入市场竞争机制与保障社会基本福利相结合。同时，也要合法限制政府权力。行政垄断与自然垄断交织给自然资源垄断型央企带来的超额利润，会造成分配不公平，引起社会普遍不满。然而，并不是简单地将利润上缴国家财政进行二次分配就能够抵消与化解，还必须通过政府管制理念变革。既要提高国企效率，又能大众化社会福利。[②]

---

① 雷海民，梁巧转，李家军．公司政治治理影响企业的运营效率吗——基于中国上市公司的非参数检验［J］．中国工业经济，2012（9）：109-121.

② 李东升．自然垄断性中央企业的政府管制变革［J］．中国行政管理，2009（9）：16-18.

（二）主管部门重组

国企混改主管部门由国家政府授权，法律赋予其权利与职责，以保持与国企的相对独立性。同时，也是依法对国有资产微观经营主体实施行政管理与开展行为监督的政府机关。所以，国企混改主管部门及其负责人追求的任务目标是，在经营利润最大化与公共福利有保障之间找到平衡点。原政府主管部门，既负责行政监管，又兼顾经营管理，立场无法中立，不能平等对待所有利益相关者。这样，就难以制衡各方权利，易导致权益摩擦及权力争夺，自然需要转型重塑。具体内容主要包括以下四个方面：一是在法律上明确主管部门的权利与责任，剥离国资投资运营权力，授予准司法权，特别是独立于被管制的资源垄断型央企，应实现政企分离；二是给予充足的运行经费，保障其独立开展监管活动的经济基础，如 OECD 主张经费源于产业收费，避免受到行政干预，但要防止其与被监管者串谋而实行收支双线；三是提升监管人员的专业技术水平，避免全部由既缺乏行业技术背景，又没有企业监管经验者担任，难以胜任强专业性和强独立性的监管工作①；四是为利益相关者提供良性互动平台及沟通渠道，以充分表达各方诉求，减少监管失灵和过度裁量等权力滥用，促进相关治理主体间的利益协调。

（三）控制方式变革

虽然有些国企归属于自然资源垄断性领域，如通信、电力、航空、石化等，但并不等于其所有业务都有垄断性，其仍会经营部分竞争性业务。垄断性业务是整个产业的关键业务，而竞争性业务则是其从属业务。对某些自然垄断产业而言，随着资源专用性的不断演进，其垄断性也在不断减弱，甚至消失。最终，会导致整个产业或部分业务的可竞争性日益增强。所以，对于自然垄断性产业内的竞争性业务，政府应在剥离该产业央企垄断性业务的基础上放松管制壁垒，允许新进企业加入，充分发挥市场竞争机制，提高经营效率。不仅允许原不属于该产业的国企进入，更要鼓励非公资本适度参与。通过丰富市场主体和混合产权结构，培育并促进市场竞争机制的建立与完善。然而，对于国企的垄断性业务，为发挥规模效应，政府应严格控制新进企业数量。在考虑业务经营成本、垄断与竞争效率对比、业务范围演变趋势的基础上，根据现有的技术水平和经

---

①　此外，任职人员聘任需经法定程序批准。如任期内无重大过失，则严格限制调整。对重要监管事项采用合议制，集体讨论后再进行表决，遵循多数决原则，维持决策的独立性。

济状况，把握该产业的垄断管制边界。通过设定垄断性产品服务的业务价格上限，以及对垄断性央企的激励措施，维持基本的社会福利水平。①

三、混改法律框架

国企混改控制权合理配置，是一个庞大而又系统的改制过程。在法律法规框架下，平等保护各类股东的同类产权，维护社会公众等相关治理主体（含员工）的利益，对国企混改的成功推进不可或缺。法律是国家最基本的制度，任何体制改革都要以法律为准绳，依法保障各方权利。依法行事，是国企混改及之后持续经营管理和治理控制应遵循的基本原则。

（一）2015 年前

1993 年，党的十四届三中全会通过的《中共中央关于建立社会主义市场经济体制若干问题的决定》中，就已出现“混合所有”的提法；1997 年，党的十五大提出混合所有制经济；2002 年，党的十六大提出，要积极推行股份制，发展混合所有制经济；2007 年，党的十七大指出，要以现代产权制度为基础，发展混合所有制经济；2013 年，党的十八届三中全会明确指出，积极发展混合所有制经济。所以，国资、集体资本、非公资本等交叉持股的混合所有制经济，已成为基本经济制度的重要实现形式，既要有利于国有经济放大功能、国资保值增值、国企提高市场竞争力，又要有利于多种所有制资源取长补短、各类股东相互促进、不同资本共同获利。②有更多的国有经济和其他所有制经济相互融合，以发展成混合所有制经济。其中，大量国资投资项目引入非公资本，参股或许可运营。当然，也允许国企实行员工持股，促使国有股东和全体职工形成利益共同体。从上述政策变迁特征来看，当前的国企混改与我国长期推行的国企改革基本方针一脉相承。通过国企所有权改革来提高经营绩效的做法，已充分得到党和国家的认可，但其尚未触及大型自然垄断性央企及地方国企集团的所有权多元化改制问题。

2015 年 8 月，发布了国企改革的纲领性文件——《关于深化国有企业改革

① 王俊豪，肖兴志，唐要家．中国垄断性产业管制机构的设立与运行机制［M］．北京：商务印书馆，2008.

② 宁向东，吴晓亮．国有企业存在的原因、规模和范围的决定因素——一个关于企业产权类型的模型研究［J］．财经研究，2010（7）：4-16.

的指导意见》，就此拉开新一轮国企混改的序幕。2015 年 12 月，国资委发布《关于全面推进法治央企建设的意见》，明确要求深入推进央企法治建设，增强依法控制、合规经营与规范管理，并以此为重点任务，服务于完善公司治理，发展混合所有制经济。在国企混改中，严控各项法律风险。在资源流动上，国企混改主要考虑“跟谁混、如何混”的合资合作形式的问题。但在资源配置上，就转变为混改涉及的“谁来定”“听谁的”等各类股东合法权益保护问题。产权法律保护对财富创造、资本积累与收益分配都有激励效应，保护少数股东权利，尤其是非公资本股东的合法参与权，关系到其对国企混改的积极性。有恒产者，有恒心。国企混改后的控制权合理配置，是整个治理法律体系中的重要内容。

（二）2016 年后

2016 年 11 月，中共中央国务院发布《关于完善产权保护制度依法保护产权的意见》，再次要求依法有效保护各种所有制经济组织和公民的财产权。由此，建立适合各类产权得到公平保障的法律制度框架。在国企混改的实践操作中，特别是在章程规定、治理规则、运行体系等制度创新和机制设计上，体现对各类出资人股权的平等保护。例如，对董事会议事程序、专委会成员组成、重大事项投票规则等重点环节，进行合理规范的设置。由此，切实保障持有少数股权的中小股东的利益，使其对混合所有制企业的经营决策，拥有知情权、话语权及监督权。同时，除涉及国资投资运营的国企及混改后企业外，对非公资本及其控股企业，政府主管部门应进一步改进项目审批、行业规制、进出壁垒等产业政策，使其权益被公平对待且不受侵犯。而且，中央和地方各级政府出台有关国企混改的政策，并未仅停留在通知、意见等指导性文件层面上。随后，各政府主管部门相继发布多种相关政策，将各类资本股东的财产权保护、治理结构、控制权配置、员工持股等方面政策，也上升到法律层面。

这样，就形成所谓的国企改革顶层设计“1+N”政策文件体系。如表 6-5 所示，国务院、国资委、财政部、国家发改委、人保部、国家能源局等政府主管部门，共制定下发 16 份文件。与此同时，各级地方政府也出台相应政策。通过梳理可知，上述文件都从不同角度对国企混改进行具体规定。其涉及混改原则、发展目标和主要任务。例如，进一步开放竞争性经营业务、破除行政垄断、打破行业壁垒等。其中，主要介绍以下三种混合方式：一是鼓励对非公资本“投资入股、收购股权、认购可转债、股权置换”等多种引入方式，以及直接参与国企混改重组，或国有上市公司增资扩股；二是引入非公资本参与国有母公司所有权改革，或国资对“潜力大、成长快”的民企进行股权投资；三是实行员工持股计划。综上可知，与“摸着石头过河”的探索式国企改革不同，国企混改更强调“事前预防、制度先行、特色分类”的顶层设计。

表 6-5 国有企业改革政策文件汇总

发布者	发布时间	文件名称
中共中央、国务院	2015 年 8 月 24 日	《关于深化国有企业改革的指导意见》
国资委	2015 年 9 月 16 日	《关于贯彻落实中共中央国务院关于深化国有企业改革的指导意见的通知》
国务院	2015 年 9 月 23 日	《关于国有企业发展混合所有制经济的意见》
国务院	2015 年 10 月 25 日	《关于改革和完善国有资产管理体制的若干意见》
国家发改委、财政部、人保部	2015 年 10 月 26 日	《关于鼓励和规范国有企业投资项目引入非国有资本的指导意见》
国务院办公厅	2015 年 10 月 31 日	《关于加强和改进企业国有资产监督防止国有资产流失的意见》
国家发改委、国家能源局	2015 年 11 月 26 日	《关于印发电力体制改革配套文件的通知》
国资委、财政部、国家发改委	2015 年 12 月 7 日	《关于国有企业功能界定与分类的指导意见》
财政部	2015 年 12 月 23 日	《关于进一步规范和加强行政事业单位国有资产管理的指导意见》
财政部、科技部、国资委	2016 年 2 月 26 日	《国有科技型企业股权和分红激励暂行办法》
国资委	2016 年 6 月 24 日	《企业国有资产交易监督管理办法》
国务院办公厅	2016 年 7 月 17 日	《关于推动中央企业结构调整与重组的指导意见》
国务院办公厅	2016 年 8 月 2 日	《关于建立国有企业违规经营投资责任追究制度的意见》
国资委、财政部、证监会	2016 年 8 月 2 日	《关于国有控股混合所有制企业开展员工持股试点的意见》
国资委、财政部	2016 年 8 月 24 日	《关于完善中央企业功能分类考核的实施方案》
国资委	2017 年 5 月 10 日	《以管资本为主推进职能转变方案》

四、化解公众担忧

（一）公众担忧

在国企混改中，政府主管部门不断进行政策调整，其涉及管理理念更新、主管部门重组、控制方式变革等，自然会引发公众的各种担忧。维护社会公众（各类利益相关者，如普通员工、高管、债权人等）的切身利益，是国企混改顺利推进的关键。若想逐步消除社会公众担忧，就要充分尊重其知情权和监督权。不仅保证国企混改方案的公开透明和符合规范，还应及时公布各项改革进程、阶段性成效、遇到的困难问题等。并且，运用财务审计等监督方式，对国企混改进行专项评估，定期披露信息报告。在解决国企混改后职工分流或转岗下岗等老员工的待遇保障问题上，一方面，与财政、民政、社保等主管部门制定联动方案，保障其基本生活水平，并进行再就业培训；另一方面，出台帮扶政策或提供资金支持。对有市场竞争力的部分经营性业务，可从原国企中将优质资产剥离，转为独立的经营主体。这样，既能防止资产优劣不分导致的盈利业务替补亏损业务，又能保住大部分员工的岗位，减少混改的制度阻力。而且，要因企制宜，综合运用股票期权、工资奖励、企业年金、医疗保险、在职福利等多种手段，构筑全面完整和保持长效的员工激励体系。当然，其设计与实施也应重点关注收入差距扩大的问题。既要有效激励和摆脱平均主义，又不能加剧分配失衡和制造阻力。涉及社会公共产品服务的国企混改，应尽量避免价格违规上涨，任何涨价行为或调价方案都应依法履行公开听证、公众表达意见或广泛征求人民代表投票等程序。

（二）预防隐患

稳步合理进行国企混改，既是现在国企改革的重要方向，也是国有经济发挥支柱作用的重要基础。但为了防止混改出现重大偏差，必须要遵循以下五点原则：一是必须坚决杜绝无偿划拨、隧道挖掘、违规转移、变相瓜分、内外勾结、私自稀释、低估贱卖等国有资产流失现象[①]，保持混改初衷。二是不能以防止“一股独大”为借口，导致国家丧失控制权及控股权，而将国企实质上变

---

① Attig N.，Ghoul S. E.，Guedhami O. Do Multiple Large Shareholders Play a Corporate Governance Role? Evidence from East Asia［J］. Journal of Financial Research，2009，32（4）：395-422.

为自家私企，国资持股底线不得低于50%的控股限度，必须掌握国企混改后的控制权，而不是变相的私有化，国企混改的目标是国资保值增值、国有经济做强做优做大，而不是国企变弱变差变小。三是合理维护非公资本收益和合法保护职工权益，但不能为使非公资本和在岗员工参与混改而无底线地降低国有股权比重，损害国家和人民的公共利益。四是国企混改不是简单的股权多元化，各类资本混合并账就算完事，最重要的是完善内部治理控制机制和生产经营管理体制，否则就总会引发内部利益冲突和权力争夺，难以实现混改目标，甚至适得其反。五是国企混改决不能搞一刀切，要从具体的实际情况出发，实事求是，动态调整，只开展适合做大做强做优国企的混改，决不能把所有国企都混改，对特殊行业类别的国企，必须维护国有独资控股地位。

（三）让渡职能

在国资委统筹监管经营性国资的模式下，重构国资监管体系，并且将国资委的出资人职能让渡给国资投资运营公司行使。国资委只保留国资监管职能，具体表现为以下三个方面：一是作为国资战略布局与国有经济发展规划的主导者，国资委要把控国企改革趋势，即逐步厘清政企关系。从国企具体经营中脱离出来后，国资委仍主抓国资宏观战略布局，并合理规划关系国家安全、政治稳定、经济增长的战略性新兴产业发展。同时，把握新时代中国特色社会主义市场经济和国家政治体制的大方向不偏移、不倒退。在国资布局和产业规划的过程中，国资委并不直接干预国企经营决策，而是要以国有经济促进国民经济发展为出发点和落脚点。以此，主动运用市场竞争机制配置资源，使各类所有制资本自主决策。通过资本投资运营效益，引导各类资源的流动。二是作为国资经营预算的编制者，国资委通过国资预算规划进行国资管理和布局，使规划得到资金的匹配。作为国资所有者，政府应建立独立于公共预算的国资经营预算。所以，国资委要被授权全面掌握经营性国资收支及国企资产负债的实际情况。而且，建立独立账本是确保国资保值增值的制度性基础。三是作为国资投资运营公司的管理者，国资委要向国资投资运营公司派驻董事，行使国有股东权利，实现对其投资运营国资过程的管理，以及对涉及国有资产重大事项决策的控制。一方面，国资委赋予国资投资运营公司经营决策自主权。另一方面，国资委保留国资投资运营公司的部分人事任免权、重大事项决策权及财务审计核查权。

参考文献

[1] Aghion P., Bolton P. An Incomplete Contract Approach to Financial Contracting [J]. Review of Economic Studies, 1992, 59 (3): 473-494.

[2] Aghion P., Bolton P. The Financial Structure of the Firm and the Problem of Control [J]. European Economic Review, 1989, 33 (2-3): 286-293.

[3] Aghion P., Tirole J. Formal and Real Authority in Organizations [J]. Journal of Political Economy, 1997, 105 (1): 1-29.

[4] Almazan A., Starks H. L. T. Active Institutional Shareholders and Costs of Monitoring: Evidence from Executive Compensation [J]. Financial Management, 2010, 34 (4): 5-34.

[5] Alvarez S. A., Busenitz L. W. The Entrepreneurship of Resource-based Theory [J]. Journal of Management, 2007, 27 (6): 755.

[6] Amit R., Glosten L., Muller E. Entrepreneurial Ability, Venture Investments, and Risk Sharing [J]. Management Science, 1990 (36): 1233-1246.

[7] Amit R., Schoemaker P. J. H. Strategic Assets and Organizational Rent [J]. Strategic Management Journal, 1993 (14): 33-46.

[8] Avner B., Jones D. C. Employee Participation, Ownership, and Productivity: A Theoretical Framework [J]. Industrial Relations A Journal of Economy & Society, 2010, 34 (4): 532-554.

[9] Barney J. B. Firm Resources and Sustained Competitive Advantage [J]. Advances in Strategic Management, 1991, 17 (1): 3-10.

[10] Barzel Y. A Theory of the State: Economic Rights, Legal Rights, and the Scope of the State [M]. Cambridge: Cambridge University Press, 2002.

[11] Blalock L. D., Sawyer B. D., Kiken A., et al. Cognitive Load While Driving Impairs Memory of Moving but not Stationary Elements within the Environment [J]. Journal of Applied Research in Memory and Cognition, 2014, 3 (2): 95-100.

［12］ Bloch F. , Hege U. Multiple Shareholders and Control Contests ［J］. MPRA Paper, 2003.

［13］ Boateng A. , Huang W. Multiple Large Shareholders, Excess Leverage and Tunneling: Evidence from an Emerging Market ［J］. Corporate Governance An International Review, 2017, 25 (1): 58-74.

［14］ Bromiley P. Testing a Causal Model of Corporate Risk Taking and Performance ［J］. Academy of Management Journal, 1991, 34 (1) : 37-59.

［15］ Burkart M. , Gromb D. , Panunzi F. Large Shareholders, Monitoring, and the Value of the Firm ［J］. The Quarterly Journal of Economics, 1997, 112 (3): 693-728.

［16］ Claessens S. , Djankov S. , Lang L. H. P. The Separation of Ownership and Control in East Asian Corporations ［J］. Social Science Electronic Publishing, 2000, 58 (1-2): 81-112.

［17］ Coase R. H. The Nature of the Firm ［J］. Economica, 1937, 4 (16): 386-405.

［18］ Coleman J. S. The Problematics of Social Theory ［J］. Theory and Society, 1992, 21 (2): 263-283.

［19］ Combs J. G. , Ketchen C. J. Explaining Interfirm Cooperation and Performance: Toward a Reconciliation of Predictions from the Resource-Based View and Organizational Economics ［J］. Strategic Management Journal, 1999, 20 (9): 867-888.

［20］ Donaldson T. , Preston L. E. The Stakeholder Theory of the Corporation: Concepts, Evidence, and Implications ［J］. Academy of Management Review, 1995, 20 (1): 65-91.

［21］ Dushnitsky G. , Lavie D. How Alliance Formation Shapes Corporate Venture Capital Investment in the Software Industry: A Resource-based Perspective ［J］. Strategic Entrepreneurship Journal, 2010, 4 (1): 22-48.

［22］ Dushnitsky G. , Shaver J. M. Limitations to Interorganizational Knowledge Acquisition: The Paradox of Corporate Venture Capital ［J］. Strategic Management Journal, 2009, 30 (10): 1045-1064.

［23］ Dyck A. , Zingales L. Private Benefits of Control: An International Comparison ［J］. Journal of Finance, 2004, 59 (2): 537-600.

[24] Eisenhardt K. M., et al. Dynamic Capabilities: What are They? [J]. Strategic Management Journal, 2000 (21): 1105–1121.

[25] Fafchamps M., Minten B. Social Capital and Agricultural Trade [J]. American Journal of Agricultural Economics, 2001, 83 (3): 680–685.

[26] Foss N. J. Realism and Evolutionary Economics [J]. Journal of Social and Evolutionary Systems, 1994, 17 (1): 21–40.

[27] Gilbert B. A., Mcdougall P. P., Audretsch D. B. Clusters, Knowledge Spillovers and New Venture Performance: An Empirical Examination [J]. Journal of Business Venturing, 2008, 23 (4): 405–422.

[28] Granovetter M. Economic Action and Social Structure: The Problem of Embeddedness [J]. American Journal of Sociology, 1985, 91 (3): 481–510.

[29] Granovetter M. The Impact of Social Structure on Economic Outcomes [J]. Journal of Economic Perspectives, 2005, 19 (1): 33–50.

[30] Grant R. M. The Resource–based Theory of Competitive Advantage: Implications for Strategy Formulation [J]. California Management Review, 1991, 33 (3): 3–23.

[31] Grant R. M. Toward a Knowledge–based Theory of the Firm [J]. Strategic Management Journal, 1996, 17 (S2): 109–122.

[32] Gutierrez B., Spencer S. M., Zhu G. Thinking Globally, Lending Locally: Chinese, Indian, and Western Leadership [J]. Academy of Management Annual Meeting Proceedings, 2012, 19 (1): 67–89.

[33] Hitt M. A., Dacin M. T., Levitas E., et al. Partner Selection in Emerging and Developed Market Contexts: Resource–based and Organizational Learning Perspectives [J]. The Academy of Management Journal, 2000 (43): 449–467.

[34] Jensen M. H., Marshall B. B., Jahera. J. S. Retaining Majority Ownership and Control After the IPO [J]. Journal of Corporate Accounting and Finance, 2014, 25 (2): 57–65.

[35] Kim C., Pantzalis C., Park J. C. Political Geography and Stock Returns: The Value and Risk Implications of Proximity to Political Power [J]. Journal of Financial Economics, 2012, 106 (1): 196–228.

[36] Kor Y. Y., Leblebici H. How do Interdependencies among Human–capital Deployment, Development, and Diversification Strategies affect Firms' Financial Per-

formance? [J]. Strategic Management Journal, 2005, 26 (10): 967-985.

[37] Kraaijenbrink J., Spender J. C., Groen A. J. The Resource-Based View: A Review and Assessment of Its Critiques [J]. Journal of Management, 2010, 36 (1): 349-372.

[38] Lambert R. A., Larcker D. F. Executive Compensation Effects of Large Corporate Acquisitions [J]. Journal of Accounting and Public Policy, 1987, 6 (4): 231-243.

[39] Lecuona J. R., Reitzig M. Knowledge Worth Having in "Excess": The Value of Tacit and Firm-specific Human Resource Slack [J]. Strategic Management Journal, 2014, 35 (7): 954-973.

[40] Lockett A., Thompson S., Morgenstern U. The Development of the Resource-based View of the Firm: A Critical Appraisal [J]. International Journal of Management Reviews, 2010, 11 (1): 9-28.

[41] Lynton N. Human Resource Management in the Restructuring of Chinese Joint Ventures [D]. Ann Arbor: University of Michigan, 1998.

[42] Maury B., Pajuste A. Multiple Large Shareholders and Firm Value [J]. Journal of Banking & Finance, 2005, 29 (7): 1813-1834.

[43] Mowery D. C., Oxley J. E, Silverman B. S. Technological overlap and inter Firmcooperation: Implications for the Resource-based View of the Firm [J]. Research Policy, 1998 (27): 507-523.

[44] Newbert S. L. Empirical Research on Resource-Based View of the Firm: An Assessment and Suggestions for Future Research [J]. Strategic Management Journal, 2007 (28): 121-146.

[45] Opper S., Wong S. M. L., Hu R. Party Power, Market and Private Power: Chinese Communist Party Persistence in China's Listed Companies [J]. Research in Social Stratification and Mobility, 2002 (19): 105-138.

[46] Pfeffer J. Power In Organizations [J]. Journal of Policy Analysis and Management, 1981, 2 (3): 476.

[47] Pfeffer J., Salancik G. R. Social Control of Organizations [J]. British Journal of Sociology, 1978, 23 (4): 406-421.

[48] Porter M. E. Competitive Advantage [M]. New York: The Free Press, 1985.

[49] Rajan R. Zingales L. Financial Dependence and Growth [J]. American E-

conomic Review, 1998 (88): 559-586.

[50] Richard Makadok F. Toward a Synthesis of the Resource - based and Dynamic-capability Views of Rent Creation [J]. Strategic Management Journal, 2001, 22 (5): 387-401.

[51] Rumelt R. Toward a Strategic Theory of the Firm [M]//Competitive Strategic Management. New Jersey: Prentice Hall, 1984c: 556-570.

[52] Sahlman W. A. The Structure and Governance of Venture-capital Organizations [J]. Journal of Financial Economics, 1990, 27 (2): 473-521.

[53] Shieifer A., Vishny R. W. Politicians and firms [J]. Quarterly Journal of Economics, 1994, 109 (4): 995-1025.

[54] Teece D. J., Pisano G., Shuen A. Dynamic Capabilities and Strategic Management [J]. Strategic Management Journal, 1997, 18 (7): 509-533.

[55] The World Bank. World Development Report 1989 [R]. Oxford: Oxford University Press, 1989.

[56] Troilo G., De Luca L. M., Atuahene-Gima K. More Innovation with Less? A Strategic Contingency View of Slack Resources, Information Search, and Radical Innovation [J]. Journal of Product Innovation Management, 2014, 31 (2): 259-277.

[57] Williamson O. E. The Economic Institutions of Capitalism: Firms, Markets, Relational Contracting [M]. New York: The Free Press, 1985.

[58] Williamson O. E. The Mechanism of Governance [M]. Oxford: Oxford University Press, 1996.

[59] Williamson O. E. Transaction-Cost Economics: The Governance of Contractual Relations [J]. Journal of Law & Economics. 1979, 22 (2): 233-261.

[60] Yves Guerard, Martha Kelly. The Republic of Bolivia Pension Reform: Decisions in Designing the Structure of the System [J]. In Margaret Peirceed. Capitalization: A Bolivian Model of Social and Economic Reform, Woodrow Wilson Centre and North South Centre, 2000: 316.

[61] 陈炳亮. 股东多元化与企业多元化：股权与身份的作用 [J]. 软科学, 2011, 25 (7): 107-112.

[62] 陈俊龙, 汤吉军. 资产专用性与所有制结构分析——兼论我国混合所有制经济的发展 [J]. 经济问题, 2014 (6): 36-40.

[63] 陈骏, 徐玉德. 产品市场竞争、竞争态势与上市公司盈余管理 [J].

财政研究，2011（4）：58-61.

[64] 陈林．什么是国有资本经营预算制度［J］．求是，2014（7）：61.

[65] 陈林，唐杨柳．混合所有制改革与国有企业政策性负担——基于早期国企产权改革大数据的实证研究［J］．经济学家，2014（11）：13-23.

[66] 陈清泰．关于国企改革，这五方面最重要［J］．国企，2017：48-49.

[67] 陈小洪，赵昌文．新时期大型国有企业深化改革研究：制度变革和国家所有权政策［M］．北京：中国发展出版社，2014.

[68] 迟建新．科技创业企业的融资工具选择与体系组合［J］．改革，2010（1）：119-126.

[69] 储小平，王宣喻．私营家族企业融资渠道结构及其演变［J］．中国软科学，2004（1）：62-67.

[70] 崔淼，欧阳桃花，徐志．基于资源演化的跨国公司在华合资企业控制权的动态配置——科隆公司的案例研究［J］．管理世界，2013（6）：153-169.

[71] 戴锦．产权改革、竞争环境与政策工具：观照国企改革理论［J］．改革，2013（11）：123-130.

[72] 刁吉海．不断推进全面深化国资国企改革——来自党的十八届三中全会代表的心声［J］．企业文明，2013（12）：5-8.

[73] 杜国用．中国国有企业分类改革的理论与实践［J］．改革与战略，2014（1）：24-29.

[74] 杜兴强．"内部人控制"及其防范：会计人员委派制的作用［J］．经济评论，2000（3）：116-118.

[75] 方竹兰．关于国有制经济改革逻辑的反思［J］．经济与管理研究，1997（1）：10-12.

[76] 冯果，杨梦．国企二次改革与双层股权结构的运用［J］．法律科学：西北政法大学学报，2014，32（6）：150-157.

[77] 冯绍雷．"王车易位"后的俄罗斯走向及其构想中的对外战略［J］．俄罗斯研究，2011，171（5）：3-13.

[78] 高闯，关鑫．社会资本、网络连带与上市公司终极股东控制权——基于社会资本理论的分析框架［J］．中国工业经济，2008（9）：88-97.

[79] 高闯，张清．双层股权结构运作与企业创新型发展的关联度［J］．改革，2017（1）：99-109.

[80] 高明华．公司治理与国企发展混合所有制［J］．天津社会科学，2015

(5)：76-83.

[81] 葛明驷. 媒介融合要求规制融合：中国传媒业特殊管理股制度分析 [J]. 科技与出版，2017（8）：9-13.

[82] 葛杨，林乐芬. 市场理性国家理性与现代混合经济发展 [M]. 北京：中国经济出版社，2008.

[83] 葛永盛，张鹏程. 家族企业资源约束、外部投资者与合同剩余 [J]. 南开管理评论，2013（3）：57-68.

[84] 顾钰民. 马克思主义制度经济学理论体系比较研究应用分析 [M]. 上海：复旦大学出版社，2005.

[85] 关树江. 关于国企混改分类实施的探讨 [J]. 改革与开放，2017 (24)：35-36.

[86] 郭于玮，马弘. 混合所有制中的股权结构与企业全要素生产率 [J]. 经济学报，2016（2）：90-109.

[87] 国务院. 关于改革和完善国有资产管理体制的若干意见 [J]. 中华人民共和国国务院公报，2015（32）：106-110.

[88] 国勇. 央企八成资产集中八大领域 [J]. 企业改革与管理，2008 (10)：87.

[89] 郝云宏，汪茜. 混合所有制企业股权制衡机制研究——基于“鄂武商控制权之争”的案例解析 [J]. 中国工业经济，2015（3）：148-160.

[90] 何亚斌. 对企业产权交易几个理论问题的再认识 [J]. 国有资产研究，1999（4）：3-5.

[91] 胡家勇. 论完善产权保护制度 [J]. 经济学动态，2014（5）：34-41.

[92] 胡进. 威廉姆森与交易成本经济学的发展 [J]. 长江大学学报（社会科学版），2006（4）：56-59.

[93] 胡一帆，宋敏，郑红亮. 所有制结构改革对中国企业绩效的影响 [J]. 中国社会科学，2006（4）：50-64+206.

[94] 黄群慧，余菁，王欣，等. 新时期中国员工持股制度研究 [J]. 中国工业经济，2014（7）：5-16.

[95] 黄兴孪，沈维涛. 政府干预、内部人控制与上市公司并购绩效 [J]. 经济管理，2009（6）：70-76.

[96] 贾明，向翼，张喆. 政商关系的重构：商业腐败还是慈善献金 [J].

南开管理评论，2015，18（5）：4-17.

［97］寇宗来，周敏．机密还是专利？［J］．经济学（季刊），2012，11（1）：115-134.

［98］蓝定香．中国国企改革理论的三种流派及其比较评析［J］．国有经济评论，2013（2）：1-8.

［99］雷海民，梁巧转，李家军．公司政治治理影响企业的运营效率吗——基于中国上市公司的非参数检验［J］．中国工业经济，2012（9）：109-121.

［100］李稻葵．国有企业改革：产权多元化还是改善经营管理［J］．经济学报，2005（1）：1-4.

［101］李骥．外商直接投资经济实效与中国企业内向型国际化［J］．改革，2005（1）：69-76.

［102］李嘉玲．社会资本、关系风险对担保能力影响研究——以天津市为例［J］．江西财经大学学报，2011（6）：11-17.

［103］李建标，李帅琦，王鹏程．两职分离形式的公司治理效应及其滞后性［J］．管理科学，2016，29（1）：53-69.

［104］李靖，汤谷良．混合所有制不是灵丹妙药［J］．中外管理，2014（2）：38-39.

［105］李其谚．电力职工持股规范出台始末［J］．财经，2008（7）：104-106.

［106］李诗，洪涛，吴超鹏．上市公司专利对公司价值的影响——基于知识产权保护视角［J］．南开管理评论，2012（6）：4-13.

［107］李维安，韩忠雪．民营企业金字塔结构与产品市场竞争［J］．中国工业经济，2013（1）：77-89.

［108］李文贵，余明桂．民营化企业的股权结构与企业创新［J］．管理世界，2015（4）：112-125.

［109］李先瑞．股东的同质性、异质性与公司治理理论［J］．中国农业会计，2009（11）：14-16.

［110］李由．公司制度概论［M］．北京：经济科学出版社，2010.

［111］李远勤，张祥建．中国国有企业民营化前后的绩效对比分析［J］．南开经济研究，2008（4）：97-107.

［112］李跃平．回归企业本质：国企混合所有制改革的路径选择［J］．经济理论与经济管理，2015，35（1）：22-25.

［113］李自杰，陆思宇，蔡铭．基于知识属性的合资企业动态演进研

究——以华晨宝马为例［J］. 中国工业经济，2009（2）：141-150.

［114］梁英，梁喜农 . 产品市场竞争程度、控股股东性质与公司治理绩效［J］. 当代经济研究，2012（12）：75-78.

［115］廖冠民，沈红波 . 国有企业的政策性负担：动因、后果及治理［J］. 中国工业经济，2014（6）：96-108.

［116］林岗，张晨 . 关于进一步推进国有经济改革发展的一些意见［J］. 经济理论与经济管理，2013（2）：5-15.

［117］林毅夫 . 企业自生能力与国企改革［J］. 发展，2005（8）：11-12.

［118］林毅夫 . 市场经济新形势下如何启动经济增长［J］. 中国经贸导刊，1998（16）：11-12.

［119］林治华，李洪江 . 乌克兰所有制改革模式的特点［J］. 俄罗斯中亚东欧研究，2005（1）：21-27+95.

［120］刘爱玉 . 国有企业制度变革过程中工人的行动选择——一项关于无集体行动的经验研究［J］. 社会学研究，2003（6）：1-12.

［121］刘纪鹏 . 凤凰涅槃：刘纪鹏论国资改革［M］. 北京：东方出版社，2016.

［122］刘磊，万迪昉 . 企业中的核心控制权与一般控制权［J］. 中国工业经济，2004（2）：68-76.

［123］刘满凤，唐厚兴 . 基于社会网络模型的知识溢出传导过程研究［J］. 当代财经，2010（5）：61-70.

［124］刘少波 . 控制权收益悖论与超控制权收益——对大股东侵害小股东利益的一个新的理论解释［J］. 经济研究，2007，42（2）：85-96.

［125］刘小玄，李利英 . 企业产权变革的效率分析［J］. 中国社会科学，2005（2）：4-16+204.

［126］刘星，刘伟 . 监督，抑或共谋？——我国上市公司股权结构与公司价值的关系研究［J］. 会计研究，2007（6）：68-75+96.

［127］刘银国 . 国有企业公司治理研究［M］. 合肥：中国科学技术大学出版社，2008.

［128］刘志彪，石奇 . 竞争、垄断和市场势力［J］. 产业经济研究，2003（4）：71-77.

［129］卢昌崇 . 公司治理机构及新、老三会关系论［J］. 经济研究，1994（11）：10-17.

［130］卢奇骏．深化国企改革必须完善基本制度——简评《关于进一步规范国企改制工作的实施意见》［J］．中国房地产业，2006（5）：11-13.

［131］卢周来．缔约视角下的企业内部权力之谜［M］．北京：中国人民大学出版社，2009.

［132］陆剑杰．广义经济结构论［M］．北京：社会科学文献出版社，2005.

［133］陆铭，潘慧．政企纽带：民营企业家成长与企业发展［M］．北京：北京大学出版社，2009.

［134］吕长江，赵宇恒．国有企业管理者激励效应研究——基于管理者权力的解释［J］．管理世界，2008（11）：99-109.

［135］马金城，王磊．系族控制人掏空与支持上市公司的博弈——基于复星系的案例研究［J］．管理世界，2009（12）：150-163.

［136］马连福，王元芳，沈小秀．中国国有企业党组织治理效应研究——基于"内部人控制"的视角［J］．中国工业经济，2012（8）：84-97.

［137］马迎贤．组织间关系：资源依赖视角的研究综述［J］．管理评论，2005，17（2）：55-62.

［138］［美］W·理查德·斯科特．组织理论：理性、自然与开放系统的视角［M］．高俊山，译．北京：中国人民大学出版社，2011.

［139］［美］奥利弗·威廉姆森．资本主义经济制度［M］．段毅才，王伟，译．北京：商务印书馆，2002.

［140］［美］巴泽尔．产权的经济分析［M］．费方域，段毅才，译．上海：上海人民出版社，1997.

［141］［美］查尔斯·卡米克，［美］菲利普·戈尔斯基，［美］戴维·特鲁贝克，等．马克斯·韦伯的《经济与社会》：评论指针［M］．王迪，译．上海：上海三联书店，2010.

［142］［美］道格拉斯·诺斯．制度、制度变迁与经济绩效［M］．杭行，译．上海：上海人民出版社，2014.

［143］孟庆春，安起光，高杰．国企改革中国有股份最优比重问题研究［J］．山东大学学报（理学版），2005（3）：45-48.

［144］宁向东，吴晓亮．国有企业存在的原因、规模和范围的决定因素——一个关于企业产权类型的模型研究［J］．财经研究，2010（7）：4-16.

［145］潘红波，夏新平，余明桂．政府干预、政治关联与地方国有企业并

购［J］. 经济研究，2008（4）：41-52.

［146］潘红波，余明桂. 支持之手、掠夺之手与异地并购［J］. 经济研究，2011（9）：108-120.

［147］彭华涛，谢科范. 高科技企业创业社会网络的形式表征及特点分析［J］. 科学学与科学技术管理，2005，26（7）：68-71.

［148］乔石. 在八届全国人大常委会第五次会议上的讲话［J］. 人大工作通讯，1994（2）：4-6.

［149］秦剑. 营销资源和技术资源的互补、替代效应与创业型企业的新产品开发［J］. 科学学与科学技术管理，2011（2）：133-139.

［150］秦志华，徐斌. 大股东行为影响公司价值的理论模型解释［J］. 管理科学，2011，24（4）：22-31.

［151］曲亮，谢在阳，郝云宏，等. 国有企业董事会权力配置模式研究——基于二元权力耦合演进的视角［J］. 中国工业经济，2016（8）：127-144.

［152］邵安菊. 国有企业分类考核的激励约束机制研究［J］. 上海市经济管理干部学院学报，2014（2）：29-37.

［153］邵宁. 关于国有企业改革发展方向的思考［J］. 上海国资，2011（1）：20-23.

［154］盛丹. 国有企业改制、竞争程度与社会福利——基于企业成本加成率的考察［J］. 经济学（季刊），2013，12（4）：1465-1490.

［155］宋方敏. 论“国有企业做强做优做大”和“国有资本做强做优做大”的一致性［J］. 政治经济学评论，2018，9（2）：3-15.

［156］宋慧玲，刘鹏. 国有企业混合所有制改革中的特殊管理股制度研究［J］. 对外经贸，2016（3）：119-121.

［157］宋立刚，姚洋. 改制对企业绩效的影响［J］. 中国社会科学，2005（2）：17-31+204.

［158］汤吉军. 国有企业“在位诅咒”与市场导向的改革思路［J］. 经济与管理研究，2014（7）：34-41.

［159］唐海滨. 中国共产党关于非公有制经济理论和政策的创新及发展——学习党的十六届三中全会《决定》的体会［J］. 经济研究参考，2004（6）：22-30.

［160］涂国前，刘峰. 制衡股东性质与制衡效果——来自中国民营化上市公司的经验证据［J］. 管理世界，2010（11）：132-142+188.

[161] 汪青松，赵万一．股份公司内部权力配置的结构性变革——以股东“同质化”假定到“异质化”现实的演进为视角［J］．现代法学，2011，33(3)：32-42.

[162] 王春艳，林润辉，袁庆宏，等．企业控制权的获取和维持——基于创始人视角的多案例研究［J］．中国工业经济，2016（7）：144-160.

[163] 王红领，李稻葵，雷鼎鸣．政府为什么会放弃国有企业的产权[J]．经济研究，2001(8)：61-70+85-96.

[164] 王佳菲．现代市场经济条件下我国国有经济历史使命的再认识［J］．马克思主义研究，2011（9）：70-78.

[165] 王俊豪，肖兴志，唐要家．中国垄断性产业管制机构的设立与运行机制［M］．北京：商务印书馆，2008.

[166] 王雷，党兴华，王修来．基于不完全契约的风险企业控制权配置影响因素研究［J］．科研管理，2010，31（4）：59-66+90.

[167] 王雷．两类控制方式下创业企业剩余控制权、特定控制权配置机理——以金融工具为载体的创业投资两阶段投资分析［J］．科研管理，2014，35（5）：107-117.

[168] 王倩倩．“管资本为主”催生自我革命［J］．国资报告，2018（1）：60-61.

[169] 王玉海．诺斯“适应性效率”概念的内涵及其对我国制度转型的启示——兼议我国过渡性制度安排依次替代过程中的动态适应性问题［J］．制度经济学研究，2005（1）：116-134.

[170] 王在全．新一轮国有企业改革中员工持股问题研究［J］．经济纵横，2015，361（12）：32-35.

[171] 魏明海，程敏英，郑国坚．从股权结构到股东关系［J］．会计研究，2011（1）：60-67+96.

[172] 文宗瑜．从垄断到所有制的混合——论基本制度层面上的中国国资改革［J］．人民论坛·学术前沿，2014（7）：66-71.

[173] 吴高臣．国家特殊管理股的法律性质［J］．法学杂志，2018，39(1)：47-53.

[174] 吴宣恭．产权理论比较——马克思主义与西方现代产权学派［M］．北京：经济科学出版社，2000.

[175] 吴越．国企“混改”中的问题与法治追问［J］．政法论坛，2015，

33（3）：26-37.

［176］夏立军，陈信元．市场化进程、国企改革策略与公司治理结构的内生决定［J］．经济研究，2007，42（7）：82-95+136.

［177］夏小林．2014 年：国企与改革（上）——兼评被污名化的“国资一股独大”［J］．管理学刊，2014（3）：1-15.

［178］许光建，孙伟．国有企业混合所有制改革的五个关键问题［J］．宏观经济管理，2018（1）：20-25.

［179］许召元，张文魁．国企改革对经济增速的提振效应研究［J］．经济研究，2015（4）：122-135.

［180］宣晓伟．国企改革三大迷思［J］．理论学习，2013（8）：30-31.

［181］杨建东，李强，曾勇．创业者个人特质、社会资本与风险投资［J］．科研管理，2010，31（6）：65-72+112.

［182］杨俊，龚六堂．国有资本收入对养老保险的划拨率研究［J］．金融研究，2008（11）：46-55.

［183］杨青，王亚男，唐跃军．“限薪令”的政策效果：基于竞争与垄断性央企市场反应的评估［J］．金融研究，2018（1）：156-173.

［184］杨瑞龙．“改革的顶层设计”笔谈之七 以混合经济为突破口推进国有企业改革［J］．改革，2014（5）：19-22.

［185］姚冬琴．推进“混改”，当前需警惕三大问题［J］．中国经济周刊，2014（39）：40-42.

［186］姚艳虹，曾德明．高层管理者激励方式与企业绩效的相关性研究［J］．财经理论与实践，2006，27（1）：96-100.

［187］叶林祥．非国有经济的成长与国有企业的民营化——以中国经济转型为背景的分析［J］．南方经济，2005（5）：95-103.

［188］余菁．转型中的中国国有企业制度［M］．北京：经济管理出版社，2014.

［189］余绍忠．创业资源对创业绩效的影响机制研究——基于环境动态性的调节作用［J］．科学学与科学技术管理，2013（6）：133-141.

［190］袁志刚．关于国有资产流失问题的若干思考［J］．经济研究，1995（4）：37-41.

［191］张春霖．以捷克为例看大众私有化以后的公司治理问题及投资基金的作用［J］．改革，1999（4）：3-5.

[192] 张维迎，吴有昌，马捷．公有制经济中的委托人—代理人关系：理论分析和政策含义［J］．经济研究，1995（4）：10-20.

[193] 张文魁．现代企业制度的政策脉络、实施效果、发展方向［J］．中国浦东干部学院学报，2016（3）：96-106+136.

[194] 张险峰，葛宝山．资源对公司创业行为的影响研究［J］．国际商务（对外经济贸易大学学报），2011（4）：112-120.

[195] 张学勇，宋雪楠．“私有化”与“国有化”的动机与效果：历史经验与研究进展［J］．经济学动态，2012（5）：120-128.

[196] 赵昌文，蒲自立，杨安华．中国上市公司控制权私有收益的度量及影响因素［J］．中国工业经济，2004（6）：100-106.

[197] 赵晶，关鑫，高闯．社会资本控制链替代了股权控制链吗？——上市公司终极股东双重隐形控制链的构建与动用［J］．管理世界，2010(3)：127-139+167.

[198] 郑海航，姚望春．关于当前国有企业改革争论的几个问题［J］．吉林大学社会科学学报，2007（5）：30-36.

[199] 钟海燕．政府干预、内部人控制与公司投资［J］．管理世界，2010(7)：98-108.

[200] 钟昀珈，张晨宇，陈德球．国企民营化与企业创新效率：促进还是抑制？［J］．财经研究，2016（7）：4-15.

[201] 周其仁．产权与制度变迁：中国改革的经验研究［M］．北京：社会科学文献出版社，2002.

[202] 朱恒鹏．地区间竞争、财政自给率和公有制企业民营化［J］．经济研究，2004（10）：24-34.

[203] 祝继高，王春飞．大股东能有效控制管理层吗？——基于国美电器控制权争夺的案例研究［J］．管理世界，2012（4）：138-152+158.

后　记

值得注意的是，产权所依附的实际物质载体是经营性或公益性，以及能被组织配置的各类资源，其所依附的抽象物质载体就是资本，即各类不同资源被同质资本化后，而形成的股份权利。其中，控制权实质上就是企业股份权利中的“权力”。由此，国企混改后的控制权合理配置，取决于特殊资源属性→资源转化金额→资本投入数量→股份权利比重的逻辑链条。本书抓住逻辑线的前端，即特殊资源属性。也就是说，资源价值的源泉为特殊属性。通过查阅既有文献可知，该理念就是之前曾被讨论过的专用性。当然，仅以前人研究视角套用现今治理实践的话，难免会得出不适宜的研究结论。归纳大部分相关文献成果，并细化其各项资源分类后会发现，因资源不会长续，其专用性就不可能一成不变。而且，治理是适应企业实际情境的手段。所以，控制权也必会实事求是地配置，新的逻辑链条就产生了，即特殊资源属性演化→资源转化金额变动→资本投入数量增减→股份权利比重改变→控制权力动态配置。这样，在更为细化逻辑线的基础上，为本研究贡献出一个新的逻辑线前端，即专用性资源演化。但最后，国企混改治理的控制权合理配置在事实上真的会沿着这条逻辑线路进行吗？仍需更为严谨的研究来论证。

因此，本书试图从专用性资源演化的微观视角，基于当前全面深化国企混改的新形势，结合我国国企混改的现状与问题，开展对国企混改控制权合理配置的研究，以期得出有一定借鉴价值的研究成果。本书能够顺利完成，得益于北京市高精尖学科（旅游管理）建设项目的大力资助。此外，还有国家社会科学基金青年项目“专用性资源演化视角下国企混改中的控制权合理配置研究”（15CGL028）、北京市自然科学基金面上项目“京津冀科技园区环链布局与演化机制研究：基于跨区模块化协同创新视角”（9192007）、北京市教委科研计划重点项目“非首都功能疏解下中关村科技跨区环链模块化创新布局与演化研究”（17GLB079）、2019 年北京市教委高校青年拔尖人才项目，以及北京第二外国语学院教务处 2018 年校级“互联网+”国际化双创实践基地项目等联合资助。同时，感谢我的学生李诗婷、薛萌与俞雅玲提供的一些资料收集等辅助工作，北京第二外国语学院商学院领导和营销系同事们的帮助。当然，还有我的家人。

研究之前的许多铺垫性工作，也为完成本书创造了基本条件：

（1）训练有素、年轻有活力的团队。课题组由一些理论功底深厚的副教授组成，年轻精干，时间充裕。熟悉 SPSS、Eviews 软件，能熟练运用面板数据模型、层次分析法、截面 Logit 回归模型。而且，课题组成员在国家级科研项目中已有多次合作经验，即均主持过多项国家社科基金、教育部人文社科基金。同时，许多成员参与过其他国家级课题项目。本项目组合计发表学术论文 20 多篇，刊登在《科学学研究》《科学学与科学技术管理》《中国科技论坛》等十余种权威期刊。

（2）资料准备充分。①文献资料准备。课题前期搜集英文参考资料 50 余篇、英文专著 4 部，并着手翻译被引用 50 次以上的重要英文论文；搜集中文核心期刊论文 100 余篇，著作 10 余部，几乎涵盖国内相关研究的全部专家。②信息数据准备。课题组成员之前已经出版的专著中包括了大部分本课题所需要的技术创新数据。而且，课题组不断从所购买的数据库中对已有数据进行查新。

（3）优质的研究资源和研究平台。①研究方案吸取了国研中心企研所、社科院工经所及国资委研究中心等同行专家和学者建议，经集中讨论、充分论证后才确定；研究步骤详细，任务安排清晰，调研计划周密，方法选用适宜。②有多家咨询机构（如中联控股、Wind 资讯、国泰君安证券等）愿意支持本课题的研究工作，并提供研究内容所需的数据及重要的二手资料。③通过 MBA 与 EMBA 学员、校友企业和校合作单位的协助，顺利开展企业走访调研与问卷调查。

但是，毕竟学术能力有限，很多问题还没有研究透彻，有些观点还有待商榷，部分结论给得有些草率。而且，国企混改的实践情况仍在不停发展之中，新经验、新模式、新概念、新思想层出不穷。感慨研究的时间有限，未能穷尽所有研究成果和典型案例就仓促进行研究总结，恐已留下许多漏洞。因此，希望未来还能有更多的时间和精力，在今后的研究中，对上述不足之处予以弥补。

郭　斌

于北京第二外国语学院知行楼

2020 年 7 月 30 日